DROIT D'AUTEUR & PROPRIÉTÉ INTELLECTUELLE DANS LE NUMÉRIQUE

Droit d'auteur et propriété intellectuelle dans le numérique
N° 67739

DU MÊME AUTEUR

F. MATTATIA. – **RGPD et droit des données personnelles**.
N°67564, 3e édition, 2018, 235 pages.
F. MATTATIA. – **Internet et les réseaux sociaux : que dit la loi ?**
N°67774, 3e édition, 2019, 246 pages.
F. MATTATIA. – **Expliquer Internet et la loi en milieu scolaire**.
N°14136, 2015, 140 pages.

SUR LE MÊME THÈME

O. ITEANU. – **Quand le digital défie l'État de droit**.
N°11859, 2016, 192 pages.
O. ITEANU. – **L'identité numérique en question**
N°12255, 2008, 166 pages.

Fabrice Mattatia

DROIT D'AUTEUR & PROPRIÉTÉ INTELLECTUELLE DANS LE NUMÉRIQUE

2e édition

Éditions EYROLLES

ÉDITIONS EYROLLES
61, bd Saint-Germain
75240 Paris Cedex 05
www.editions-eyrolles.com

Préface

Un livre sur le droit d'auteur et la propriété intellectuelle dans le numérique… Encore ? Certes, mais cette fois, c'est sous la plume de Fabrice Mattatia que la portée est mise en musique. Pour cerner le personnage, rien de mieux que de conter la dernière fois où nous nous sommes croisés.

Le cadre ? Une conférence organisée par la Hadopi en juin 2017 dans une salle de cinéma où la prestigieuse autorité administrative indépendante a multiplié les arguments, tableaux et savants sondages pour démontrer que les sites de téléchargements illicites étaient un cloaque. Virus, spams et autres malwares menacent l'internaute à chaque clic. Le scénario était donc là, huilé, prédictif : après avoir surfé sur la peur du gendarme, voilà la Hadopi qui actionne le levier de la cybersécurité toujours pour remettre l'internaute dans le chemin du droit.

Scintillant sur scène, ombrageux en coulisses

Au fil de son allocution, Fabrice Mattatia n'a pu cependant s'empêcher une petite incise : la pratique contestable de certains musées, consistant à s'approprier des œuvres du domaine public par le sacro-saint droit d'auteur. En temps normal, un si bruyant hors-sujet aurait été sanctionné sous la baguette de l'enseignant teigneux. En vérité, le virage a été abordé avec la conviction, je crois, de démontrer les multiples visages d'une même problématique : un droit d'auteur scintillant sur scène, mais tellement ombrageux dans ses coulisses.

L'exemple de ReLIRE, cette invention franco-française qui devait permettre de numériser l'ensemble des livres indisponibles édités avant 2001, est symptomatique de cette tragédie actuelle. Taillé pour numériser à tour de bras des dizaines de milliers d'œuvres, dont la gestion devait être confiée aux sociétés de perception et de répartition des droits, le Registre des Livres Indisponibles en Réédition Électronique a été piteusement décapité par la Cour de justice de l'Union européenne.

Lors du prononcé, on aurait presque pu entendre les ricanements des adeptes du téléchargement : voilà la France, autel de l'exception culturelle, berceau de Beaumarchais, de la sainte Rue de Valois occupée par Malraux ou Albanel, prise en flagrant délit de gourmandise. La belle idée du registre des livres indisponibles reposait tout entière sur le silence implicite des auteurs. Une armée de dindons non informés plongés dans une farce cuisinée pour les déposséder.

Exception culturelle, culture de l'exception

L'histoire actuelle et future du droit d'auteur est ainsi beaucoup plus fine et complexe qu'une simple opposition entre gentils créateurs saignés par de vils pirates. Fabrice Mattatia apporte ces nuances à ne surtout pas négliger lorsqu'on pose pied en cette terre inconnue. Chacun retrouvera utilement dans ces pages les inévitables concepts fondamentaux, outre un déroulé synthétique des dispositions en vigueur, le tout ponctué d'une utile jurisprudence sur l'art et la manière d'appliquer le Da Hadopi Code.

Si le droit d'auteur occupe une bonne place, il n'est pas le seul à avoir droit de cité dans cet ample exercice panoramique qui, fort heureusement, traite aussi des licences libres chères à Richard Stallman, noms de domaines, usurpation d'identité, droit à l'image, droit des données personnelles, droit d'accès aux documents administratifs devant l'inévitable et précieuse CADA. La responsabilité des hébergeurs et fournisseurs d'accès bénéficie aussi d'un traitement à part, tant cette question d'actualité est aujourd'hui devenue épineuse. Pour contrer les diffusions illicites, des sociétés de gestion collective, mais pas seulement, débordent d'imagination pour accentuer cette responsabilité sur les flux transitant dans ces serveurs. Elles oublient toutefois que ce verrou juridique est pourtant garant de la liberté d'expression. L'ADN de toute création.

Copie privée, copies prisées

L'ouvrage a par ailleurs le bon goût de développer un sujet trop souvent délaissé, notamment dans les médias, celui de la redevance pour copie privée. Là encore, dans son exercice pédagogique, Fabrice Mattatia épingle les spécificités françaises qui conduisent à un emballement frénétique.

Pour assurer aux sociétés de gestion collective une collecte annuelle de plus de 230 millions d'euros prélevés sur les supports vierges distribués en France, rien n'est plus simple : confiez-leur douze fauteuils au sein d'une instance présentée comme paritaire, chargée de fixer assiette et taux. En face, installez un collège des redevables, où six chaises sont dédiées aux consommateurs, six autres aux industriels. Pour multiplier la collecte, l'astuce passe avant tout par la division.

Marc Rees, rédacteur en chef de NextInpact.com

Table des matières

Préface V

Introduction 1

PREMIÈRE PARTIE
Les contenus protégés 7

CHAPITRE 1
Les droits sur les œuvres littéraires et artistiques 9

Principes 9
- Origine des droits 9
- Cession des droits 13
- Abus des plates-formes Internet 15
- Originalité de l'œuvre et empreinte de la personnalité de l'auteur 17
- Droits voisins 17

Cas particuliers 18
- Œuvre créée par des employés 18
- Œuvre créée par des fonctionnaires 19
- Œuvre créée par plusieurs personnes 20
- Œuvre créée par des chercheurs (Open Access) 22

Répression de la contrefaçon 22
- Définition du délit 22
- Dommages et intérêts 23
- Concurrence déloyale, parasitisme, faute 24
- Jurisprudence sur les droits d'auteur 24
- Jurisprudence sur la concurrence déloyale 26

CHAPITRE 2

La protection des données, des bases de données et des logiciels 29

Protection des logiciels 29

Régime de droit applicable 29

Rémunération de l'auteur du logiciel 31

Droits de l'utilisateur du logiciel 31

Jurisprudence 32

Revente de logiciels d'occasion 33

Protection des bases de données 34

Protection par le droit d'auteur 34

Protection *sui generis* 34

Protection contractuelle 37

Jurisprudence 38

Protection des données 40

Qualification des données 40

Notion de vol de données 40

Protection du secret des affaires 42

CHAPITRE 3

Sites web et noms de domaines 43

Protection des sites web 43

Modes de protection 43

Détermination de l'auteur 44

Jurisprudence 44

Protection des noms de domaines 48

Aspects techniques 48

Achat d'un nom de domaine 48

Aspect fiscal 50

Jurisprudence 50

Noms de domaines et droit des marques 53

Définition de la marque 54

Formalités de dépôt 55

Droits conférés par l'enregistrement 56

Jurisprudence 56

CHAPITRE 4

Les droits à titre personnel 61

Droit au nom 61

Protection contre les utilisations commerciales 62

Protection contre les usurpations 63

Droit à l'image 64

Principes 64

Utilisation de l'image de personnes décédées 64

Jurisprudence 65

Sanctions pénales 67

Droit sur les données personnelles 69

Principes 69

Répression des violations 70

Jurisprudence 71

Peut-on être propriétaire de ses données personnelles ? 71

DEUXIÈME PARTIE

La lutte contre la contrefaçon 75

CHAPITRE 5

Les procédures de prévention et de résolution des litiges 77

Dépôts et défense des droits 77

Dépôt des marques 77

Dépôt des œuvres de l'esprit 78

Dépôt des créations numériques et des noms de domaines 79

Organismes de gestion collective 80

Généralités concernant les procédures judiciaires 81

Procédures civiles et pénales 81

Compétence des tribunaux en cas de litige transfrontalier 81

Jurisprudences transfrontalières 82

Contrefaçon de droits d'auteur 86

Responsabilité des hébergeurs 87

Commerce en ligne et contrefaçon 88

Position de la CJUE 88

Compétence des tribunaux français 89

Coopération avec les plates-formes de vente en ligne 90

Constats 90
Constat d'huissier 90
Constat par des experts privés 92
Litiges sur des noms de domaines 93
Procédures pour les sites français (.fr notamment) 93
Procédures concernant les marques 95
Plagiat scientifique 96
Plagiat et contrefaçon 96
Procédure 97
Jurisprudence 98

CHAPITRE 6
La répression de la contrefaçon numérique des œuvres 101
Répression pénale du téléchargement illégal 101
Définition du délit 101
Peine complémentaire de coupure d'accès à Internet 103
Sanctions contre l'industrie de la contrefaçon 104
Hadopi 108
Dispositif légal 108
Bilan 113

CHAPITRE 7
Mesures techniques et obligations légales 117
Mesures techniques de protection 117
Cas des logiciels 117
Cas général 119
Rôle de la Hadopi 121
Obligations des acteurs 122
Obligations légales des hébergeurs 122
Remise en ligne de contenus déjà signalés 124
Obligations des moteurs de recherche 126
Obligations des éditeurs 127
Obligations des FAI 129

TROISIÈME PARTIE
Les contenus librement utilisables 131

CHAPITRE 8
Les exceptions au droit d'auteur 133
Exception de copie privée 134
Base légale 134
Redevance 136
Application à la télévision 139
Application à l'impression 3D 140
Autres exceptions de l'article L122-5 141
Exception de courte citation 141
Exception pédagogique 142
Exception de parodie et de caricature 146
Exception d'adaptation pour les personnes handicapées 147
Exception de conservation et d'étude 148
Exception d'actualité 148
Exception pour la recherche 149
Exception de panorama 149

CHAPITRE 9
Les limites au droit d'auteur 153
Liens hypertextes 153
Autorisation des liens vers des œuvres déjà en ligne 153
Autorisation des liens en framing 156
Liens vers des contenus illicites 157
Autres limites du droit d'auteur 159
Libre accès aux publications scientifiques (Open Access) 159
Droit de photocopie 160
Prêt en bibliothèque 161
Théorie de l'accessoire 161
Exploitation numérique des livres indisponibles 164
Usage non commercial d'une marque 166
Sample 167

CHAPITRE 10

Les contenus libres 169

Domaine public 169

Principes 169

Protection d'œuvres anciennes 170

Politique de droits des musées 171

Licences libres 175

Licences libres sur les données 175

Logiciels libres 178

CHAPITRE 11

Les données publiques 181

Droit d'accès aux documents administratifs 181

Principes 181

Droit de réutilisation des documents administratifs 184

Principes 184

Recommandations concernant la réutilisation de données personnelles 186

Licences d'utilisation 188

Redevance 189

Sanctions 190

Catégories particulières de données 191

Données d'intérêt général 191

Données de référence 192

Bibliographie 195

Index 199

Introduction

L'origine du droit d'auteur et de la propriété intellectuelle

La protection des droits du créateur trouve sa source dans le principe de juste rémunération de l'effort créateur. Toutefois, la notion de droit sur une œuvre, pensée de manière théorique et séparée de la possession concrète d'un objet, ne va pas de soi. Dans le droit gréco-romain antique, l'auteur d'une œuvre plastique (sculpture) ou d'un manuscrit tirait évidemment profit de la vente de sa création, mais il ne bénéficiait ensuite d'aucun droit sur l'exploitation éventuelle de l'œuvre ou sur sa reproduction. En effet, la propriété matérielle d'une sculpture ou d'un manuscrit entraînait le droit de reproduction. L'acheteur d'une œuvre pouvait la rentabiliser en en faisant fabriquer des copies (notamment des manuscrits), qu'il revendait pour son profit personnel. Sous l'Empire romain, c'est ainsi, par le travail des ateliers de scribes, que se répandaient les œuvres littéraires, et l'on sait aussi de quelle faveur jouissaient les copies de statues grecques. L'usage condamnait toutefois ceux qui plagiaient une œuvre littéraire, notamment à l'occasion des concours, mais ce qui leur était reproché était surtout la tentative d'usurper une renommée imméritée. L'auteur bénéficiait ainsi au moins d'un droit, certes purement moral, à la reconnaissance de sa paternité. Par ailleurs, le seul exemple connu d'exposition lucrative dans l'Antiquité fut organisé par le célèbre peintre grec Zeuxis, au ve siècle avant notre ère, qui fit payer le public pour admirer ses créations. Cependant, comme il était également propriétaire des œuvres exposées, il n'y avait pas là matière à distinguer, d'un point de vue juridique, entre le droit du propriétaire et le droit du créateur.[1]

En France, sous l'Ancien Régime, l'auteur n'était pas plus protégé par défaut. Concernant les livres imprimés, le roi pouvait concéder un privilège garantissant le monopole de l'impression pendant une durée limitée, comme en témoigne le privilège ci-après, très détaillé, accordé en 1557 à un éditeur lyonnais publiant une traduction d'un texte grec :

« Nôtre cher & bien aymé Jean Temporal, Libraire, demeurant en nôtre bonne ville & cité de Lion, nous a fait dire & remontrer, qu'il a recouvré et fait traduire [titre de l'œuvre] avec grand fraiz, cousts, & despens, quasi a luy insupportables, & grand somme de deniers, qu'il luy conviendra encore faire pour les imprimer. Et pource qu'il doute, que aussi-tost qu'il aura imprimé lesdits livres, & mis en lumiere, aucuns autres Libraires & Imprimeurs de nôtre dit Royaume, entreprenans

1. Philippe Mouron, *Le droit d'exposition des œuvres graphiques et plastiques*, Presses universitaires d'Aix-Marseille, 2013.

sur luy, & sur son œuvre, les veuillent imprimer ou faire imprimer à la forme et imitacion: qui seroit par ce moyen le frustrer du recouvrement de ses deniers, qu'il a pour ce frayez: Ce que luy tourneroit à grand prejudice, dommage, & interest: Nous a humblement requis luy pourveoir de remede convenable, & par nos lettres luy octroyer certains temps, pendant lequel un autre ne puisse imprimer ou vendre lesdits livres par luy imprimez, ou faits imprimer, ny autre semblables. Pour ce est il, que nous pour les causes & consideracions que dessus, avons audit Temporal permis & octroyé, permettons & octroyons qu'il puisse et luy soit loysible de faire imprimer, & exposer en vente les dites œuvres, & d'icelles faire son proufit: faisans inhibicions & defences à tous autres Libraires & Imprimeurs, ou autres, quel qu'ils soyent ou puissent estre, sur peine de confiscacion desdits Livres & d'amende arbitraire à nous à appliquer, de n'imprimer ou faire imprimer, vendre ou mettre & distribuer en vente iceux, dedans le temps & terme de dix ans prochains venans, commençans du jour & date qu'ils seront imprimez. Lequel terme avons de nôtre grace speciale prefix & donné audit suppliant, pour soy rembourcer & recompenser des fraiz, mises, labeurs, & despens qu'il a prins, & fait tant au recouvrement, traduction, qu'impression desdites Œuvres. »

On voit que ce monopole avait pour objectif de permettre à l'éditeur de rentabiliser les sommes investies dans l'achat du manuscrit et dans sa publication. Deux points sont à souligner: d'une part c'était bien l'éditeur qui bénéficiait de ce privilège, et non l'auteur. D'autre part il ne s'agissait nullement d'un droit, mais d'une faveur accordée de manière discrétionnaire par le roi, comme le rappelle la formule finale du privilège: « Car tel est nôtre plaisir ».

Dans le silence de la loi, il demeurait toutefois possible pour l'auteur d'accroître ses revenus en passant un contrat pour l'exploitation de son œuvre. Ainsi, est passé récemment en vente publique[2] un contrat d'auteur datant de 1629, entre l'auteur d'une pièce de théâtre et une troupe de comédiens, qui s'engageaient à jouer la pièce contre le versement à l'auteur de la moitié des bénéfices.

Malgré l'existence des privilèges, des éditions pirates existaient pour les ouvrages à succès. Citons par exemple une contrefaçon de *L'Emile* de Rousseau, parue en 1762, l'année même de l'édition originale, « selon la copie de Paris, avec permission tacite » *(sic)*.

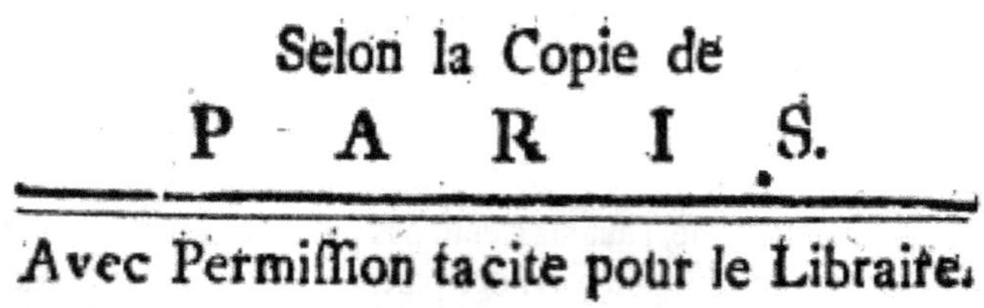
Selon la Copie de
PARIS.
Avec Permiſſion tacite pour le Libraire.

Afin de mieux protéger les intérêts des auteurs, l'écrivain français Beaumarchais fonda en 1777 une société d'auteurs dramatiques. Son action aboutit à une innovation juridique, le droit d'auteur, instauré par la loi du 13 janvier 1791: les auteurs dramatiques bénéficiaient désormais d'un monopole sur la représentation de leurs œuvres, valable pour toute leur vie, et cinq ans après

2. Salle des ventes de Chinon, 21 septembre 2016, www.herbelin.auction.fr/_fr/vente/livres-anciens-modernes-manuscrits-photographies-43115.

leur décès au profit de leurs héritiers. Soulignons que ce monopole était dirigé contre les abus des éditeurs ou des interprètes (pour les pièces de théâtre).

Concernant les autres artistes et artisans, il n'existait pas non plus sous l'Ancien Régime de protection générale de la propriété industrielle ; il revenait à chaque corporation de surveiller la probité de ses membres, et de trancher en premier ressort en cas de litige. En 1793, la Convention élargit à tous les auteurs la protection de la propriété artistique : *« les auteurs d'écrits en tous genres, les compositeurs de musique, les peintres et dessinateurs qui feront graver des tableaux ou dessins, jouiront durant leur vie entière du droit exclusif de vendre, faire vendre, distribuer leurs ouvrages dans le territoire de la République et d'en céder la propriété, en tout ou en partie. [...] Leurs héritiers ou cessionnaires jouiront du même droit durant l'espace de dix ans après la mort de leurs auteurs »*. Ce délai fut porté à 50 ans en 1866.

Se posait également la question de la protection des dessins et modèles industriels. Dans le cadre de sa politique de promotion des productions industrielles françaises, Napoléon promulgua en 1806 une loi visant à protéger spécifiquement les dessins des fabricants de tissus lyonnais. Cette loi instaurait des formalités : un dépôt était obligatoire pour bénéficier de la protection. *« Tout fabricant qui voudra pouvoir revendiquer par la suite, devant le Tribunal, la propriété d'un dessin de son invention, sera tenu d'en déposer aux archives du conseil des prud'hommes un échantillon plié sous enveloppe revêtue de ses cachets et signature, sur laquelle sera également apposé le cachet du conseil des prud'hommes »*. La protection de cette loi fut élargie peu à peu à d'autres professions, comme les papiers peints en 1823.

Certaines professions se trouvaient à la croisée des deux lois de 1791 et de 1806, par exemple les fabricants de bronzes d'ameublement (relevant à la fois de la sculpture – loi de 1791 – et du dessin de fabrique – loi de 1806)[3]. En cas de litige, les tribunaux leur appliquaient de manière imprévisible l'une ou l'autre des lois, ce qui posait un problème pratique : celle de 1791 accordait au créateur une protection inconditionnelle, dès l'acte de création, tandis que celle de 1806 exigeait un dépôt préalable, fort coûteux lorsque l'on veut protéger toute une collection de pièces détachées. Le débat se focalisa ainsi au XIXe siècle sur la question de la nature artistique de l'œuvre : si elle relevait de l'art, le tribunal lui appliquait la loi de 1791 ; sinon on recourait à celle de 1806. Mais qu'est-ce que l'art ? Une reproduction industrielle d'un objet d'art relève-t-elle de l'art ou de l'industrie ? À partir de quel degré de raffinement un objet utilitaire (chandelier, pendule, lustre...) bascule-t-il dans la catégorie artistique ? L'objet d'art doit-il par nature être inutile, ou alors doit-il être unique ? Certains juges se rabattirent sur un truisme que l'on pourrait résumer par « l'art est ce qui est produit par les artistes (et réciproquement) ». Ainsi trouve-t-on dans les motivations des jugements de l'époque : *« il suffit de faire remarquer que les modèles dont il s'agit au procès sont des œuvres conçues et exécutées par un artiste »*[4].

La profession des fabricants parisiens de bronzes d'ameublement entama alors, sous la direction de son président Eugène Soleau, une longue campagne de sensibilisation des pouvoirs publics afin de faire évoluer la loi, à la fois pour protéger toute œuvre, même industrielle, dès sa création et sans formalité de dépôt, et pour supprimer tout critère de qualité artistique : une œuvre est une œuvre et doit être protégée à ce seul titre, quel que soit son mérite. Comme l'écrivait Soleau,

3. Sabine Lubliner, *Les fabricants parisiens de bronzes d'ameublement, 1848-1900*, thèse de doctorat, Paris IV, 2003.

4. Eugène Soleau, *Étude sur la propriété des modèles d'art appliqués à l'industrie*, 1897, p.45.

« comment admettre qu'une œuvre peut cesser d'être artistique, parce que celui qui la produit n'est pas un grand artiste et qu'il cherche à retirer de son travail un bénéfice pécuniaire par la reproduction industrielle ou l'exploitation commerciale ? »[5]. Le juriste Pouillet renchérissait de même : *« l'art, il faut le dire, n'a pas de limite ; il n'a ni commencement ni fin : il n'est que l'expression de la création conçue par l'esprit humain. Dès qu'il y a création de l'esprit, l'art se manifeste. La forme sera plus ou moins châtiée, la manifestation plus ou moins grandiose, l'œuvre sera plus ou moins éphémère ; l'art n'en persistera pas moins »*[6].

L'action de lobbying de Soleau et de la chambre syndicale des fabricants de bronzes aboutit à l'adoption en 1902 d'une loi qui élargissait aux sculpteurs le champ de celle de 1791 et qui, surtout, précisait que la protection était accordée *« quels que soient le mérite et la destination de l'œuvre »*. Pour prouver l'antériorité d'une création, une loi de 1909 étendait la possibilité de dépôt à tous les dessins et modèles. Cette formalité s'effectuait dorénavant auprès de l'Office de la propriété industrielle, créé en 1901, ancêtre de l'actuel Institut national de la propriété industrielle. Et une procédure simplifiée de dépôt était créée sous le nom d'*enveloppe Soleau*, toujours utilisée aujourd'hui, y compris dans sa version numérique *e-Soleau*. Le droit moderne de la propriété intellectuelle et de la propriété industrielle, dérivé des lois de 1902 et de 1909, doit ainsi son universalité à l'action des bronziers parisiens[7].

On peut noter, de manière amusante, que ce droit moderne peut s'exercer rétroactivement. La Cour de cassation a ainsi rejeté récemment le pourvoi du découvreur d'une grotte préhistorique ornée, contre le réalisateur d'un documentaire télévisé tourné sans son autorisation : la Cour a expliqué très sérieusement que les fresques préhistoriques ayant été divulguées au public pendant des milliers d'années dans la Préhistoire, nul ne peut plus invoquer, au titre du droit d'auteur, le droit de restreindre les reproductions de ces œuvres[8].

La protection moderne des droits du créateur se divise d'une part en propriété littéraire et artistique, existant dès l'acte de création, et d'autre part en propriété industrielle nécessitant un dépôt. Cette dernière recouvre notamment les marques, les dessins et modèles, et les brevets, mais nous n'aborderons dans cet ouvrage que les aspects du droit des marques nécessaires à notre propos.

Nous étudierons également la jurisprudence, afin d'illustrer concrètement l'application du droit. La connaissance de la manière dont les tribunaux appliquent la loi est essentielle à une bonne compréhension de celle-ci. Rappelons que le système français comprend trois niveaux : les tribunaux de première instance, les cours d'appel et, enfin, la Cour de cassation. Cette dernière ne juge pas les affaires sur le fond, mais son rôle est de veiller à une application correcte du droit. Il lui revient donc de dire comment on doit comprendre la loi.

---

5. Eugène Soleau, *Étude sur la propriété des modèles d'art appliqués à l'industrie*, 1897, p.73.

6. Eugène Pouillet, *Traité théorique et pratique des Dessins et Modèles*. 5e édition, 1911, p.52.

7. Sabine Lubliner, « L'apport de l'industrie du bronze à la protection juridique des industries du luxe au XIXe siècle », dans Coquery (N.), Bonnet (A.) dir., *Le commerce du luxe. Production, exposition et circulation des objets précieux du Moyen Âge à nos jours*, Paris, Mare et Martin, 2015, pp. 177-183.

8. Cass. civ., 1ère ch., 30 novembre 2016, n° de pourvoi 15-17.301.

Abréviations

art.	Article
CA	Cour d'appel
CAA	Cour administrative d'appel
CADA	Commission d'accès aux documents administratifs
Cass. civ.	Arrêt de la Cour de cassation, chambre civile
Cass. com.	Arrêt de la Cour de cassation, chambre commerciale
Cass. crim.	Arrêt de la Cour de cassation, chambre criminelle
Cass. plén.	Arrêt de la Cour de cassation, assemblée plénière
CGU	Conditions générales d'utilisation
ch.	Chambre
CJCE	Cour de justice de la Communauté européenne
CJUE	Cour de justice de l'Union européenne
Cons. cons.	Conseil constitutionnel
CP	Code pénal
CPCE	Code des postes et des communications électroniques
CPI	Code de la propriété intellectuelle
CRPA	Code des relations entre le public et l'administration
FAI	Fournisseurs d'accès Internet
Hadopi	Haute Autorité pour la diffusion des œuvres et la protection des droits sur Internet
LCEN	Loi pour la confiance dans l'économie numérique
T. Com.	Tribunal de commerce
T. corr.	Tribunal correctionnel
T. pol.	Tribunal de police
TA	Tribunal administratif
TGI	Tribunal de grande instance
TI	Tribunal d'instance
TUE	Tribunal de l'Union européenne

PREMIÈRE PARTIE

Les contenus protégés

Le droit d'auteur et la propriété intellectuelle ont pour but d'assurer une juste rémunération de l'effort créateur. Certains droits naissent inconditionnellement du simple acte de création ; d'autres requièrent des formalités (par exemple le dépôt d'un nom de domaine).

Le droit de propriété intellectuelle n'est toutefois pas absolu. La loi va souvent instaurer un équilibre entre les droits de l'auteur et ceux du public.

La propriété intellectuelle sur une œuvre ou sur un produit consacre les droits de son créateur à contrôler l'exploitation qui en est faite et à jouir des revenus de celle-ci. Elle peut prendre plusieurs formes :

- la propriété littéraire et artistique, pour les œuvres de l'esprit (littérature, sculpture, peinture, musique, mais aussi logiciels…), leur reproduction et leur interprétation éventuelle ;
- le droit spécifique du producteur de bases de données ;
- la propriété industrielle, qui recouvre les marques, logos, secrets de fabrication, brevets, dessins et modèles, etc.

Les différents droits, les procédures à suivre pour les assurer, et les sanctions en cas d'infraction, font l'objet du Code de la propriété intellectuelle (CPI).

Cette partie expose les règles à suivre afin de protéger ses propres droits, qu'il s'agisse du droit d'auteur, des logiciels et bases de données, ou des sites web et des noms de domaines. Quelques règles particulières concernant le droit à l'image, le droit au nom et les données personnelles, seront également évoquées pour leur mise en œuvre dans l'univers numérique.

1

Les droits sur les œuvres littéraires et artistiques

Les droits sur les œuvres littéraires et artistiques ont vocation à protéger les œuvres de l'esprit (littérature, sculpture, peinture, musique...), leur reproduction et leur interprétation éventuelle.

Principes

Origine des droits

L'article L111-1 du CPI dispose que « L'auteur d'une œuvre de l'esprit jouit sur cette œuvre, du seul fait de sa création, d'un droit de propriété incorporelle exclusif et opposable à tous. »

Aucun dépôt ni aucune formalité ne sont nécessaires : le seul acte de création suffit à établir les droits de son auteur.

Aucune notion de mérite de l'œuvre n'est évoquée. Toutes les œuvres ont droit à la même protection, quelle que soit leur qualité. En revanche, il doit y avoir « création », donc, comme on le verra, exigence d'originalité.

Ce droit est incorporel (art. L111-3) car il n'est pas lié à la possession de l'objet matériel (par exemple : sculpture ou tableau). Notamment, l'acheteur de l'œuvre ne devient pas titulaire des droits, et inversement l'auteur conserve les droits même quand il vend l'œuvre.

Par le seul fait d'avoir créé l'œuvre, et même s'il l'a vendue, le créateur jouit de différents droits:

- droits moraux de divulgation, d'opposition à une modification de l'œuvre, d'y attacher son nom;
- droits patrimoniaux d'exploitation (représentation et reproduction de l'œuvre).

L'article L111-2 précise que l'œuvre est réputée créée «du seul fait de la réalisation, même inachevée, de la conception de l'auteur», même si elle n'a pas été divulguée au public.

L'auteur

L'existence de l'auteur est indispensable: celui-ci doit être une personne physique (humaine).

Une personne morale (société d'édition ou de production, par exemple) ne peut pas avoir la qualité d'auteur[1], même si elle peut dans certains cas être investie des droits de l'auteur, ou être titulaire de ces droits suite à une cession, ou par suite du travail de ses employés (voir la section «Cas particuliers», plus loin dans ce chapitre).

La jurisprudence refuse la qualité d'auteur à un animal[2].

Dans le numérique, se pose désormais la question d'une œuvre créée par une intelligence artificielle (IA) ou par un logiciel de génération automatique. Traditionnellement, les juristes estiment qu'une intervention humaine est indispensable pour que l'œuvre puisse bénéficier de la protection du droit d'auteur. Dans un dossier de création musicale, la cour d'appel de Paris a ainsi jugé que «dans tous les cas de figure, l'ordinateur, aussi sophistiqué soit-il, ne peut se substituer à la pensée musicale créatrice, n'apportant qu'un soutien logistique à l'œuvre de l'esprit dont seuls le compositeur, le musicien interprète et le directeur artistique gardent la maîtrise tout au long de la réalisation sonore»[3]. Mais le recours à l'intelligence artificielle pour créer des œuvres se multiplie, qu'il s'agisse d'œuvres picturales (*The next Rembrandt*, 2016[4]), de musique, de scénarios… Les enjeux financiers sont désormais loin d'être négligeables: le *Portrait d'Edmond Bellamy* a été vendu 423 500 $ par Christie's en 2018. Or en l'état actuel, le droit d'auteur ne s'applique pas dans une telle situation.

Pour régler la question des droits sur une telle œuvre créée par une IA, sans inventer une nouvelle catégorie de personnalité juridique pour les robots et en restant dans le cadre des dispositions actuelles, il a été suggéré[5] d'appliquer à ces œuvres la règle traditionnelle d'accession par production: le propriétaire d'une chose le devient automatiquement de tout ce qui est issu d'elle (par exemple, le propriétaire d'un troupeau est propriétaire des petits qui naissent). Les propriétaires d'une œuvre créée par IA seraient alors, de manière indivise, le titulaire des droits sur le

1. Cass. civ., 1ère ch., 15 janvier 2015, arrêt n° 13-23.566.

2. Aux États-Unis, une association de défense des animaux a intenté un procès afin de voir reconnaître à un macaque sauvage les droits d'auteur sur un selfie qu'il avait pris lui-même, sur un appareil laissé quelques instants sans surveillance. La justice a refusé de reconnaître à un animal le statut d'auteur, mais un compromis a été trouvé pour partager les bénéfices de l'exploitation de l'image avec un organisme de protection de l'habitat des macaques. Illustration: voir image Wikimedia (https://commons.wikimedia.orf/wiki/File:Macaca_nigra_self_portrait.jpg).

3. CA Paris, 3 mai 2006.

4. Voir l'illustration sur http://www.mbadmb.com/2017/10/22/the-next-rembrandt-lia-et-lart/

5. Pierre-Yves Gautier, «De la propriété des créations issues de l'intelligence artificielle», *Revue pratique de la prospective et de l'innovation*, n° 2, octobre 2018.

logiciel (art. L112-2) et celui qui a sélectionné les œuvres dont a été nourrie l'IA (au titre des droits sur une anthologie, art. L112-3). Mais ce raisonnement mélange la notion de propriété issue du Code civil (avec l'accession automatique à la propriété du croît) et celle de droits d'auteur dont on a vu qu'elle n'était pas liée à la propriété matérielle de l'œuvre. En outre, il resterait encore à gérer, de manière concrète, le partage des bénéfices entre le créateur de l'IA et l'utilisateur : comment le premier surveillera-t-il l'activité et les gains du second, afin d'exiger sa part des revenus ?

Droits moraux de l'auteur

Les droits moraux visent à assurer le contrôle de l'auteur sur l'œuvre qu'il a créée.

L'auteur jouit du *droit de divulgation* : lui seul a le droit de divulguer son œuvre, de déterminer les procédés pour ce faire et les conditions de celle-ci (art. L121-2).

Il est également maître du *respect de l'œuvre* : il peut s'opposer à toute dénaturation de sa création (par exemple, un architecte peut refuser une modification d'un bâtiment dont il est l'auteur).

Il peut exiger que son nom soit attaché à l'œuvre *(droit de paternité)*.

Ces droits moraux sont *incessibles* et *perpétuels* (art. L121-1) ; l'auteur en jouit jusqu'à sa mort. Après son décès, son nom reste attaché à l'œuvre et les autres droits moraux passent aux héritiers.

Droits patrimoniaux

Les droits patrimoniaux visent à rétribuer l'effort de création. Ils sont *cessibles* : l'auteur peut les transférer, par exemple à un éditeur, gratuitement ou contre rétribution, avec ou sans exclusivité. Ces droits sont transmis aux héritiers de l'auteur pendant 70 ans après sa mort (art. L123-1).

L'auteur jouit ainsi d'un *droit d'exploitation* qui comprend le droit de représentation et le droit de reproduction (article L122-1) :

- La *représentation* consiste dans la communication de l'œuvre au public par un procédé quelconque (y compris donc en insérant cette œuvre sur une page web ou en la proposant en téléchargement).
- La *reproduction* consiste à créer des copies matérielles de l'œuvre, quel que soit le procédé. Elle peut s'effectuer notamment par imprimerie, dessin, gravure, photographie, moulage et par tout procédé d'enregistrement (sur disque dur, DVD, clé USB, iPod...).
- L'article L113-6 du CPI prévoit que « les auteurs des œuvres pseudonymes et anonymes jouissent sur celles-ci des droits reconnus par l'article L.111-1. Ils sont représentés dans l'exercice de ces droits par l'éditeur ou le publicateur originaire, tant qu'ils n'ont pas fait connaître leur identité civile et justifié de leur qualité. »

Il existe toutefois un certain nombre d'exceptions au droit d'exploitation de l'auteur. Ces exceptions sont présentées dans la troisième partie de l'ouvrage.

Présomption de titularité

Selon l'article L113-1 du CPI, « la qualité d'auteur appartient, sauf preuve contraire, à celui ou à ceux sous le nom de qui l'œuvre est divulguée ».

Par conséquent, le fait d'exploiter une œuvre, publiquement et sans revendication contraire, fait présumer qu'on est titulaire des droits d'auteur, comme l'a énoncé la Cour de cassation :

« l'exploitation non équivoque d'une œuvre par une personne physique ou morale, sous son nom et en l'absence de revendication du ou des auteurs, fait présumer à l'égard du tiers recherché pour contrefaçon, que cette personne est titulaire sur l'œuvre, qu'elle soit ou non collective, du droit de propriété incorporelle de l'auteur »[6].

Toutefois, cette attribution doit être explicite : le simple fait de publier une œuvre (en l'occurrence une photo) sur son site web ne permet pas de présumer qu'on en est l'auteur, si on ne l'avait pas précisé au moment de la mise en ligne en y accolant son nom[7].

Œuvres protégées

L'article L112-2 du CPI prévoit que :

« Sont considérés notamment comme œuvres de l'esprit :

1° les livres, brochures et autres écrits littéraires, artistiques et scientifiques ;

2° les conférences, allocutions, sermons, plaidoiries et autres œuvres de même nature ;

3° les œuvres dramatiques ou dramatico-musicales ;

4° les œuvres chorégraphiques, les numéros et tours de cirque, les pantomimes, dont la mise en œuvre est fixée par écrit ou autrement ;

5° les compositions musicales avec ou sans paroles ;

6° les œuvres cinématographiques et autres œuvres consistant dans des séquences animées d'images, sonorisées ou non, dénommées ensemble œuvres audiovisuelles ;

7° les œuvres de dessin, de peinture, d'architecture, de sculpture, de gravure, de lithographie ;

8° les œuvres graphiques et typographiques ;

9° les œuvres photographiques et celles réalisées à l'aide de techniques analogues à la photographie ;

10° les œuvres des arts appliqués ;

11° les illustrations, les cartes géographiques ;

12° les plans, croquis et ouvrages plastiques relatifs à la géographie, à la topographie, à l'architecture et aux sciences ;

13° les logiciels, y compris le matériel de conception préparatoire ;

14° les créations des industries saisonnières de l'habillement et de la parure. »

Cette liste n'est pas limitative : en effet, le CPI protège « toutes les œuvres de l'esprit, quels qu'en soient le genre, la forme d'expression, le mérite ou la destination » (article L112-1). Sont ainsi visées les œuvres purement artistiques comme les œuvres utilitaires (objet d'ameublement par exemple), et les œuvres de génie comme les « simples » créations de chacun.

Les traductions sont également protégées, ainsi que les anthologies ou les recueils qui, par le choix ou la disposition des matières, constituent des créations intellectuelles (article L112-3).

---

6. Cass. civ., 1ère ch., 10 juillet 2014, n° de pourvoi 13-16.465.

7. TGI Paris, 20 décembre 2012.

Cession des droits

Principes

L'auteur ou ses héritiers peut céder ses droits d'exploitation à un éditeur, mais le CPI (art. L131-2) impose que le contrat soit sous forme écrite et l'article L132-7 (1er alinéa) insiste : « le consentement personnel et donné par écrit de l'auteur est obligatoire ».

Ce contrat doit être très précis (art. L131-3, 1er alinéa) : « la transmission des droits de l'auteur est subordonnée à la condition que chacun des droits cédés fasse l'objet d'une mention distincte dans l'acte de cession et que le domaine d'exploitation des droits cédés soit délimité quant à son étendue et à sa destination, quant au lieu et quant à la durée ».

L'article L131-4 prévoit les principes de rémunération de l'auteur :

« La cession par l'auteur de ses droits sur son œuvre peut être totale ou partielle. Elle doit comporter au profit de l'auteur la participation proportionnelle aux recettes provenant de la vente ou de l'exploitation.

Toutefois, la rémunération de l'auteur peut être évaluée forfaitairement dans les cas suivants :

1° La base de calcul de la participation proportionnelle ne peut être pratiquement déterminée ;

2° Les moyens de contrôler l'application de la participation font défaut ;

3° Les frais des opérations de calcul et de contrôle seraient hors de proportion avec les résultats à atteindre ;

4° La nature ou les conditions de l'exploitation rendent impossible l'application de la règle de la rémunération proportionnelle, soit que la contribution de l'auteur ne constitue pas l'un des éléments essentiels de la création intellectuelle de l'œuvre, soit que l'utilisation de l'œuvre ne présente qu'un caractère accessoire par rapport à l'objet exploité ;

5° En cas de cession des droits portant sur un logiciel ;

6° Dans les autres cas prévus au présent code.

Est également licite la conversion entre les parties, à la demande de l'auteur, des droits provenant des contrats en vigueur en annuités forfaitaires pour des durées à déterminer entre les parties ».

Cession implicite des droits

La Cour de cassation a confirmé en 2011[8] la condamnation de l'Institut de l'Information Scientifique et Technique (INIST), filiale du CNRS, et du Centre français d'exploitation du droit de copie (CFC), à 7 000 € chacun de dommages et intérêts, plus 4 000 € de frais de justice, pour avoir reproduit et mis en vente sur le site web de l'INIST des articles sans le consentement de l'auteur. En l'occurrence, le CFC et l'INIST n'avaient pas obtenu l'accord direct de l'auteur ; mais le CFC prétendait avoir obtenu l'accord des éditeurs des revues dans lesquelles les articles avaient été initialement publiés. Cependant, l'auteur n'était pas un journaliste ; il s'agissait d'un avocat qui avait envoyé des articles à des revues, et qui avait accepté une publication à titre gracieux,

8. Cass. civ., 11 décembre 2013, n° de pourvoi 11-22.031.

sans rémunération et sans contrat. Faute de contrat, l'éditeur ne détenait donc pas les droits sur les articles ; ceux-ci demeuraient dans la main de leur auteur. En effet, la publication n'entraîne pas cession des droits et cette dernière ne se présume pas. Le CFC ne pouvait donc pas avoir obtenu de la part des éditeurs un droit de reproduction des articles que ces derniers ne détenaient pas. Comme l'avait précisé la cour d'appel : « les appelantes ne peuvent se prévaloir d'une cession tacite ou implicite des droits d'auteur à l'éditeur, compte tenu des dispositions de l'article L131-3 du code de la propriété intellectuelle dès lors que la convention de cession doit résulter d'éléments précis ne pouvant laisser subsister aucun doute quant à son domaine et à ses modalités et que tel n'est pas le cas en l'espèce puisque Monsieur F. s'est borné à autoriser, le plus souvent sans contrepartie financière, leur publication dans la revue de l'éditeur. »[9]

Consentement implicite de l'auteur à la diffusion de l'œuvre

Concernant les utilisations d'une œuvre déjà publiée, la Cour de justice de l'Union européenne (CJUE) a rappelé que, bien que dans certains cas le principe d'un consentement implicite de l'auteur puisse être admis, « l'objectif de protection élevée des auteurs […] implique que les conditions dans lesquelles un consentement implicite peut être admis doivent être définies strictement, afin de ne pas priver de portée le principe même du consentement préalable de l'auteur »[10]. Elle a par conséquent invalidé le dispositif français de diffusion numérique des livres indisponibles dans le commerce. Ce dispositif appelé ReLIRE (Registre des livres indisponibles en réédition électronique), créé en 2012 par les articles L134-1 et suivants du CPI, avait pour but d'exploiter numériquement ces ouvrages, sauf opposition de l'auteur, mais sans que ce dernier soit averti de l'opération de manière effective et individualisée, ce qui faisait obstacle à son droit d'interdire une nouvelle exploitation de l'œuvre.

Droits sur des clichés

Une photographe, qui avait obtenu de son agence de presse la restitution de ses clichés argentiques sur lesquels elle détenait les droits d'exploitation, a été condamnée pour faute à 1 000 € de dommages, pour avoir fait figurer sur son site web des images numérisées de ces clichés, réalisées par l'agence. « En effet, il convient de distinguer conformément aux dispositions de l'article L111-3 du code de la propriété intellectuelle, d'une part, les œuvres photographiques sur lesquelles la photographe détient des droits incorporels et d'autre part, le fichier numérisé comportant l'image, qui est le support de l'œuvre et qui constitue un élément corporel. En l'espèce, l'agence de photographie […] a fait procéder à ses frais à la numérisation des clichés argentiques […] dans le but de promouvoir les images, ce qu'elle était en droit de faire, même sans l'autorisation de la photographe. [… L'agence] se trouve donc propriétaire des fichiers numérisés des photographies […], biens meubles corporels qui lui ont été transmis, sans pour autant pouvoir les exploiter, en l'absence d'autorisation sur ce point de la photographe »[11].

---

9. CA Paris, 2e ch., 27 mai 2011.

10. CJUE, 3e ch., 16 novembre 2016.

11. TGI Paris, 3e ch., 13 mars 2015.

Abus des plates-formes Internet

Clauses de licence d'utilisation

Il arrive que les plates-formes Internet ou les réseaux sociaux incluent dans leurs conditions générales d'utilisation (CGU) une clause prévoyant une licence d'utilisation des contenus sous droit mis en ligne, au profit de la plate-forme. Par exemple, les CGU de Facebook indiquent :

« Pour le contenu protégé par les droits de propriété intellectuelle, comme les photos ou vidéos, vous nous donnez spécifiquement la permission suivante, conformément à vos paramètres de confidentialité et des applications : vous nous accordez une licence non exclusive, transférable, sous-licenciable, sans redevance et mondiale pour l'utilisation des contenus de propriété intellectuelle que vous publiez sur Facebook ou en relation avec Facebook (licence de propriété intellectuelle) »[12].

De même, les CGU de TripAdvisor indiquent :

« Veuillez noter qu'en soumettant des contenus à ce Site par courrier électronique, publications sur le Site ou autre, y compris avis sur les hôtels, questions, photos, vidéos, commentaires, suggestions, idées ou autres contenus dans toute contribution (conjointement dénommés "Contributions"), vous concédez à TripAdvisor et à ses affiliés le droit non exclusif, exempt de redevance, perpétuel, transférable, irrévocable et susceptible de faire l'objet d'une sous-licence de (a) utiliser, reproduire, modifier, adapter, traduire, distribuer, publier, créer des œuvres dérivées, afficher publiquement et mettre à disposition ces Contributions partout dans le monde dans quelque média que ce soit, connu maintenant ou qui pourrait être mis au point ultérieurement ; et de (b) utiliser le nom que vous avez fourni lors de la soumission de cette Contribution. Vous reconnaissez que TripAdvisor peut choisir d'utiliser votre nom à son entière discrétion. Vous autorisez également TripAdvisor à poursuivre en justice toute personne ou entité qui enfreint vos droits ou ceux de TripAdvisor par violation de cet Accord ».

Ainsi, Facebook et TripAdvisor peuvent réutiliser gratuitement à leur gré, y compris pour un usage commercial ou publicitaire, tout commentaire, toute photo ou toute vidéo mis en ligne par un de leurs membres. Le fait d'accepter ces CGU pour ouvrir un compte oblige à valider cette cession et ne permet plus de la contester par la suite : en effet, les CGU sont de nature contractuelle et, « selon les termes de l'article 1134 alinéa 1er du Code civil [désormais articles 1103 et 1104] les conventions légalement formées tiennent lieu de loi à ceux qui les ont faites et doivent être exécutées de bonne foi »[13]. Toutefois, de par son manque de précision, une telle clause n'est pas conforme au droit français que l'on a exposé précédemment : « cette clause inscrite dans des conditions d'utilisation qui ne sont pas négociées par l'internaute est contestable au regard du droit d'auteur faute de préciser les limites temporelles et spatiales de la cession et de répondre aux critères de la cession à titre gratuit »[14].

---

12. https://fr-fr.facebook.com/terms, consulté le 29 décembre 2016.
13. TI Nancy, 5 septembre 2014.
14. TGI Paris, 3e ch., 29 mai 2012.

Contrats d'adhésion

Ces CGU sont par nature des contrats d'adhésion, tels que définis par le deuxième alinéa de l'article 1110 du Code civil : « le contrat d'adhésion est celui dont les conditions générales, soustraites à la négociation, sont déterminées à l'avance par l'une des parties ». Le Code civil pose des limites aux clauses d'un tel contrat :

– Article 1171 du Code civil :

« Dans un contrat d'adhésion, toute clause qui crée un déséquilibre significatif entre les droits et obligations des parties au contrat est réputée non écrite.

L'appréciation du déséquilibre significatif ne porte ni sur l'objet principal du contrat ni sur l'adéquation du prix à la prestation. »

– Article 1190 du Code civil :

« Dans le doute, le contrat de gré à gré s'interprète contre le créancier et en faveur du débiteur, et le contrat d'adhésion contre celui qui l'a proposé. »

Action de groupe

En cas de litige sur une clause abusive, l'internaute peut attaquer seul la plate-forme Internet ; il peut également, dans le cadre des litiges de consommation, recourir à une action de groupe. Selon l'article L623-1 du code de la consommation, « Une association de défense des consommateurs représentative au niveau national et agréée en application de l'article L.811-1 peut agir devant une juridiction civile afin d'obtenir la réparation des préjudices individuels subis par des consommateurs placés dans une situation similaire ou identique et ayant pour cause commune un manquement d'un ou des mêmes professionnels à leurs obligations légales ou contractuelles :

1° A l'occasion de la vente de biens ou de la fourniture de services ;

2° Ou lorsque ces préjudices résultent de pratiques anticoncurrentielles [...] ».

Le code de la consommation limite toutefois le champ de l'action de groupe : l'article L623-2 dispose : « L'action de groupe ne peut porter que sur la réparation des préjudices patrimoniaux résultant des dommages matériels subis par les consommateurs. »

Application

Par exemple, en janvier 2010, le reporter Daniel Morel, présent à Haïti lors du séisme, avait publié des photos de la catastrophe sur Twitter, dont les CGU contiennent des clauses similaires. Ses photos ont été reprises par un autre membre de Twitter, conformément aux CGU de ce réseau qui prévoient le partage des contenus publiés, puis ont été reprises, sans l'accord du photographe, par l'Agence France Presse et par son partenaire Getty Images, qui les a à son tour cédées à plusieurs médias internationaux, sans que l'auteur des photos ait donné son accord ni touché la moindre rémunération. Un tribunal américain a condamné en 2013 les agences de presse à verser 1,22 million de dollars au photographe pour l'exploitation de ses clichés.

Il convient donc d'être extrêmement prudent lors de l'utilisation des services web, surtout gratuits, et de lire attentivement leurs CGU : en utilisant ces services pour publier des contenus, on risque de perdre le contrôle de leur exploitation, ainsi que des droits d'auteur correspondants.

Il est à noter qu'une telle cession n'est pas valable dans le cas de services qui sont utilisables sans avoir accepté formellement leurs CGU. En effet, « la simple mise en ligne de ces dernières, accessibles par un onglet à demi dissimulé en partie inférieure de l'écran, ne suffit pas à mettre à la charge des utilisateurs des services proposés une obligation de nature contractuelle »[15].

Originalité de l'œuvre et empreinte de la personnalité de l'auteur

Certaines conditions ne figurent pas dans le CPI, mais sont exigées par les tribunaux pour qu'une œuvre soit protégée par le droit d'auteur : celle-ci doit présenter un caractère d'originalité, au-delà des seules contraintes techniques propres à son genre, et elle doit refléter la personnalité de son auteur. Ces conditions sont finalement assez logiques, car sans elles quelqu'un pourrait revendiquer un droit d'auteur sur une phrase banale comme « Bonjour, comment ça va ? ».

Ainsi, selon la jurisprudence de la Cour de cassation, pour être protégeable, une œuvre doit résulter « d'un effort créatif portant l'empreinte de la personnalité de [son] auteur, seul de nature à [lui] conférer le caractère d'une œuvre originale protégée, comme telle, par le droit d'auteur »[16].

Par exemple, « une photographie n'est protégeable par le droit de la propriété intellectuelle que dans la mesure où elle procède d'un effort créatif et qu'elle ne vise pas seulement à reproduire de la manière la plus fidèle possible un objet préexistant ». Une photographie banale n'est pas protégeable ; pour revendiquer la qualité d'auteur, le photographe doit avoir opéré des « choix [techniques] personnels en vue de produire un effet particulier »[17].

« En outre, l'originalité de l'œuvre ressort notamment de partis pris esthétiques et de choix arbitraires qui lui donnent une physionomie propre de sorte qu'elle porte ainsi l'empreinte de la personnalité de son auteur. Enfin, il appartient à celui qui invoque la protection au titre du droit d'auteur, d'établir et de caractériser l'originalité de l'œuvre ». Ainsi, a été refusée la protection du droit d'auteur à des photographies « prises par un photographe faisant état d'un simple savoir-faire technique, non protégeable par le droit d'auteur, dès lors qu'elles sont dénuées de partis pris esthétiques et de choix arbitraires (absence de décor, de lumière ou mise en scène particulière) qui leur donneraient une apparence propre, leur permettant de porter chacune l'empreinte de la personnalité de leur auteur »[18]. On voit ainsi apparaître la condition d'originalité : cette notion ne figure pas explicitement dans le CPI, mais elle est exigée par les tribunaux pour appliquer à une œuvre la protection du droit d'auteur.

Droits voisins

Dans le cas de l'interprétation des chansons, des pièces de théâtre ou des films, les acteurs, artistes-interprètes et producteurs, qui sont des auxiliaires de la création, bénéficient de droits similaires à ceux des auteurs, notamment en ce qui concerne les droits de reproduction et de représentation. Les interprètes jouissent également du droit moral sur leur prestation (droit au respect de leur nom par exemple).

---

15. Cass. civ., 1ère ch., 31 octobre 2012.

16. Cass. crim., 4 novembre 2008, n° de pourvoi 08-81.955.

17. TGI Paris, 20 décembre 2012.

18. TGI Paris, 29 janvier 2016.

Selon l'article L211-4 du CPI, la durée des droits patrimoniaux des artistes-interprètes, des producteurs et des entreprises de communication audiovisuelle, est de 50 ans à compter du 1er janvier de l'année suivant celle de l'interprétation, de l'enregistrement ou de la mise à disposition du public du CD, du DVD ou de l'œuvre sous forme numérique. Cette durée peut dans certains cas être portée à 70 ans.

Cas particuliers

Œuvre créée par des employés

De manière générale, « la qualité d'auteur appartient, sauf preuve contraire, à celui ou à ceux sous le nom de qui l'œuvre est divulguée » (art. L113-1). Et, sauf exceptions, « l'existence ou la conclusion d'un contrat de louage d'ouvrage ou de service par l'auteur d'une œuvre de l'esprit n'emporte pas dérogation à la jouissance du droit reconnu par le premier alinéa [de l'article L111-1], sous réserve des exceptions prévues par le présent code. Sous les mêmes réserves, il n'est pas non plus dérogé à la jouissance de ce même droit lorsque l'auteur de l'œuvre de l'esprit est un agent de l'Etat, d'une collectivité territoriale, d'un établissement public à caractère administratif, d'une autorité administrative indépendante dotée de la personnalité morale ou de la Banque de France » (art. L111-1).

Toutefois, se pose la question des œuvres créées, dans le cadre de leur travail, par les employés d'une société ou par des fonctionnaires. Qui est alors le titulaire des droits ?

Si la création de l'employé a lieu dans le cadre de son travail et de sa mission, et que sa contribution s'insère dans un ensemble sans demeurer discernable, alors l'œuvre est dite collective ; les droits en reviennent à l'organisation (entreprise, administration, association…) qui l'a commandée et dirigée. En effet, selon le CPI (art. L113-2), « est dite collective l'œuvre créée sur l'initiative d'une personne physique ou morale qui l'édite, la publie et la divulgue sous sa direction et son nom et dans laquelle la contribution personnelle des divers auteurs participant à son élaboration se fond dans l'ensemble en vue duquel elle est conçue, sans qu'il soit possible d'attribuer à chacun d'eux un droit distinct sur l'ensemble réalisé. » Dans ce cas, « l'œuvre collective est, sauf preuve contraire, la propriété de la personne physique ou morale sous le nom de laquelle elle est divulguée. Cette personne est investie des droits de l'auteur » (art. L113-5). La durée de la protection des œuvres collectives est de « soixante-dix années à compter du 1er janvier de l'année civile suivant celle où l'œuvre a été publiée » (L123-3).

Notons que, pour les journalistes, le code (art. L132-36) prévoit que, sauf mention contraire dans le contrat de collaboration, les droits d'exploitation sur les œuvres réalisées pour un titre de presse par les journalistes sont cédés à titre exclusif à l'employeur.

Jurisprudence

Une personne morale peut poursuivre l'auteur des contrefaçons d'une œuvre qu'elle édite sous son nom, car elle est présumée titulaire des droits d'exploitation. « En l'absence de revendication d'une personne physique qui s'en prétendrait l'auteur, l'exploitation de l'œuvre par une personne morale sous son nom fait présumer à l'égard des tiers recherchés pour contrefaçon, que cette personne est titulaire, sur l'œuvre, des droits patrimoniaux de l'auteur »[19].

Pour les métiers créatifs, il est conseillé que le contrat de travail détaille précisément l'étendue de la cession des droits à l'employeur. En effet, « l'existence d'un contrat de travail conclu par l'auteur d'une œuvre de l'esprit n'emporte aucune dérogation à la jouissance de ses droits de propriété incorporelle, dont la transmission est subordonnée à la condition que le domaine d'exploitation des droits cédés, soit délimité quant à son étendue et à sa destination, quant au lieu et quant à la durée »[20], cela conformément à l'article L131-3 du CPI.

Œuvre créée par des fonctionnaires

Le code prévoit également des dispositions spécifiques dans le cas des fonctionnaires. Toutefois, ces dispositions « ne s'appliquent pas aux agents auteurs d'œuvres dont la divulgation n'est soumise, en vertu de leur statut ou des règles qui régissent leurs fonctions, à aucun contrôle préalable de l'autorité hiérarchique » (art. L111-1), c'est-à-dire en particulier aux enseignants-chercheurs et aux universitaires qui jouissent d'une liberté d'expression dans le cadre de leurs travaux.

Concernant le fonctionnaire qui crée une œuvre de l'esprit « dans l'exercice de ses fonctions ou d'après les instructions reçues », son droit moral sur sa création est restreint, pour d'évidentes raisons de fonctionnement du service public. En particulier, son droit de divulgation « s'exerce dans le respect des règles auxquelles il est soumis en sa qualité d'agent et de celles qui régissent l'organisation, le fonctionnement et l'activité de la personne publique qui l'emploie. L'agent ne peut :

1° S'opposer à la modification de l'œuvre décidée dans l'intérêt du service par l'autorité investie du pouvoir hiérarchique, lorsque cette modification ne porte pas atteinte à son honneur ou à sa réputation ;

2° Exercer son droit de repentir et de retrait, sauf accord de l'autorité investie du pouvoir hiérarchique » (art. L121-7-1).

Les droits patrimoniaux de ce fonctionnaire sont adaptés à cette situation. Ainsi, l'État est titulaire du droit d'exploitation de l'œuvre, mais uniquement pour une mission de service public. Comme l'indique le CPI (art. L131-3-1), « dans la mesure strictement nécessaire à l'accomplissement d'une mission de service public, le droit d'exploitation d'une œuvre créée par un agent de l'Etat dans l'exercice de ses fonctions ou d'après les instructions reçues est, dès la création, cédé de plein droit à l'Etat. Pour l'exploitation commerciale de l'œuvre [...], l'Etat ne dispose envers l'agent auteur que d'un droit de préférence. »

Toutefois, le code précise que « cette disposition n'est pas applicable dans le cas d'activités de recherche scientifique d'un établissement public à caractère scientifique et technologique ou d'un établissement public à caractère scientifique, culturel et professionnel, lorsque ces activités font l'objet d'un contrat avec une personne morale de droit privé » (art. L131-3-1). En revanche, elle s'applique également, outre l'État, « aux collectivités territoriales, aux

19. CA Paris, 20 février 2013, n° 11/06089.

20. Cass. civ., 1ère ch., 16 décembre 1992, n° de pourvoi 91-11.480.

établissements publics à caractère administratif, aux autorités administratives indépendantes dotées de la personnalité morale et à la Banque de France à propos des œuvres créées par leurs agents dans l'exercice de leurs fonctions ou d'après les instructions reçues» (art. L131-3-2).

L'article L131-3-3 du CPI, créé en 2006, prévoyait qu'un décret devait fixer les modalités d'application des articles précédents et préciser les conditions de partage des bénéfices de l'exploitation commerciale d'une œuvre entre le fonctionnaire et son employeur. Ce décret n'a toujours pas été publié.

Jurisprudence

La Commission d'accès aux documents administratifs a estimé[21] qu'un agent d'une collectivité territoriale, auteur d'une photographie pour l'inventaire du patrimoine culturel, conserve les droits patrimoniaux relatifs à une éventuelle commercialisation de ses clichés, en application de l'article L131-3-1. En effet, la cession des clichés à des tiers dans une visée commerciale excède les missions de service public de la collectivité.

Œuvre créée par plusieurs personnes

Lorsque plusieurs personnes sont à l'origine de l'œuvre, se pose la question de la détermination du titulaire des droits d'auteur. Les articles L113-2 à L113-5 du CPI prévoient trois situations.

Œuvre de collaboration

«Est dite de collaboration l'œuvre à la création de laquelle ont concouru plusieurs personnes physiques» (art. L113-2).

L'article L113-3 prévoit:

«L'œuvre de collaboration est la propriété commune des coauteurs.

Les coauteurs doivent exercer leurs droits d'un commun accord. En cas de désaccord, il appartient à la juridiction civile de statuer.

Lorsque la participation de chacun des coauteurs relève de genres différents, chacun peut, sauf convention contraire, exploiter séparément sa contribution personnelle, sans toutefois porter préjudice à l'exploitation de l'œuvre commune.»

Œuvre composite

«Est dite composite l'œuvre nouvelle à laquelle est incorporée une œuvre préexistante sans la collaboration de l'auteur de cette dernière» (art. L113-2).

L'article L113-4 prévoit:

«L'œuvre composite est la propriété de l'auteur qui l'a réalisée, sous réserve des droits de l'auteur de l'œuvre préexistante.»

On peut ranger par exemple dans cette catégorie les jeux vidéo ou les applications de réalité virtuelle, qui incorporent souvent d'autres œuvres (images, musique...). Ils doivent respecter

21. CADA, conseil n° 20092706, 5 novembre 2009.

chacun des droits relatifs aux éléments qu'ils incorporent, et peuvent à leur tour le cas échéant bénéficier de la protection du droit d'auteur. La Cour de cassation a ainsi souligné : « un jeu vidéo est une œuvre complexe qui ne saurait être réduite à sa seule dimension logicielle, quelle que soit l'importance de celle-ci, de sorte que chacune de ses composantes est soumise au régime qui lui est applicable en fonction de sa nature. »[22]

Œuvre collective

« Est dite collective l'œuvre créée sur l'initiative d'une personne physique ou morale qui l'édite, la publie et la divulgue sous sa direction et son nom et dans laquelle la contribution personnelle des divers auteurs participant à son élaboration se fond dans l'ensemble en vue duquel elle est conçue, sans qu'il soit possible d'attribuer à chacun d'eux un droit distinct sur l'ensemble réalisé » (art. L113-2).

L'article L113-5 prévoit :

« L'œuvre collective est, sauf preuve contraire, la propriété de la personne physique ou morale sous le nom de laquelle elle est divulguée.

Cette personne est investie des droits de l'auteur. »

Ainsi, l'exploitation d'une œuvre collective par une personne morale, sous son nom et sans revendication d'un auteur tiers, fait présumer que cette personne morale détient les droits de propriété sur l'œuvre. Il s'agit d'un cas particulier d'une jurisprudence de la Cour de cassation : « l'exploitation non équivoque d'une œuvre par une personne physique ou morale, sous son nom et en l'absence de revendication du ou des auteurs, fait présumer à l'égard du tiers recherché pour contrefaçon, que cette personne est titulaire sur l'œuvre, qu'elle soit ou non collective, du droit de propriété incorporelle de l'auteur »[23].

Jurisprudence : site de contributions d'internautes

Contrairement à ce que prétendaient ses propriétaires, le site *www.viedemerde.fr*, qui rassemble des anecdotes amusantes d'internautes, n'est pas une œuvre collective. En effet, bien que le site soit édité à l'initiative de ses propriétaires et sous leur direction (la forme des anecdotes est imposée), la condition relative au fait que les contributions personnelles se fondent dans l'ensemble n'est pas remplie : « si chaque internaute doit respecter le format élaboré par les fondateurs du site, sa contribution est publiée sous son nom, son pseudo ou en indiquant qu'elle est anonyme ce qui est encore une façon d'individualiser l'auteur. Les différentes contributions ne se confondent donc pas dans l'ensemble et le fait que chaque contribution ait une structure précise et similaire du fait du respect des instructions du format qui par ailleurs n'est pas original pour reprendre un site américain antérieur [...] ne peut à lui seul suffire comme instructions données aux auteurs ». En conséquence, les propriétaires du site ne sont pas titulaires des droits d'auteur sur le contenu du site. Dans le cas où ce contenu est suffisamment original pour bénéficier de la protection du droit d'auteur, « ce droit appartiendrait nécessairement à la personne physique qui a créé le texte »[24].

22. Cass. civ., 1ère ch., 25 juin 2009, n° de pourvoi 07-20.387.

23. Cass. civ., 1ère ch., 10 juillet 2014, n° de pourvoi 13-16.465.

24. TGI Paris, 22 mai 2014.

Œuvre créée par des chercheurs (Open Access)

Les auteurs d'articles issus de recherches financées au moins pour moitié par des fonds publics bénéficient d'un droit spécifique inscrit à l'article L533-4 du code de la recherche (et non du CPI). Ce droit a pour but de faciliter l'accès de la communauté scientifique aux résultats des recherches financées par le public.

Si l'article a été publié dans un périodique paraissant au moins une fois par an, l'auteur a le droit, « même après avoir accordé des droits exclusifs à un éditeur, [...] de mettre à disposition gratuitement dans un format ouvert, par voie numérique, sous réserve de l'accord des éventuels coauteurs, la version finale de son manuscrit acceptée pour publication » (c'est-à-dire la version en mode texte avant mise en page par l'éditeur). Cette publication peut se faire immédiatement, dans le cas où « l'éditeur met lui-même celle-ci gratuitement à disposition par voie numérique ou, à défaut, à l'expiration d'un délai courant à compter de la date de la première publication. Ce délai est au maximum de six mois pour une publication dans le domaine des sciences, de la technique et de la médecine et de douze mois dans celui des sciences humaines et sociales ». Ce « délai d'embargo » au profit de l'éditeur a pour objectif de permettre à ce dernier d'exploiter commercialement l'article avant sa mise en ligne gratuite.

Cette publication par l'auteur ne peut pas faire l'objet d'une exploitation commerciale.

Par ailleurs, le même article dispose que « l'éditeur d'un écrit scientifique mentionné [plus haut] ne peut limiter la réutilisation des données de la recherche rendues publiques dans le cadre de sa publication ».

Enfin, il n'est pas possible de déroger par contrat à ces dispositions. En effet, « les dispositions du présent article sont d'ordre public et toute clause contraire à celles-ci est réputée non écrite ».

Répression de la contrefaçon

Définition du délit

L'article L122-4 du CPI dispose que « toute représentation ou reproduction intégrale ou partielle faite sans le consentement de l'auteur ou de ses ayants droit ou ayants cause est illicite. Il en est de même pour la traduction, l'adaptation ou la transformation, l'arrangement ou la reproduction par un art ou un procédé quelconque ». Le non-respect des droits d'auteur constitue le délit de contrefaçon, réprimé par le CPI.

Concernant la production et la commercialisation de contrefaçons, le CPI prévoit ainsi :

Article L335-2

« Toute édition d'écrits, de composition musicale, de dessin, de peinture ou de toute autre production, imprimée ou gravée en entier ou en partie, au mépris des lois et règlements relatifs à la propriété des auteurs, est une contrefaçon et toute contrefaçon est un délit.

La contrefaçon en France d'ouvrages publiés en France ou à l'étranger est punie de trois ans d'emprisonnement et de 300 000 euros d'amende.

Seront punis des mêmes peines le débit, l'exportation, l'importation, le transbordement ou la détention aux fins précitées des ouvrages contrefaisants.

Lorsque les délits prévus par le présent article ont été commis en bande organisée, les peines sont portées à sept ans d'emprisonnement et à 750 000 euros d'amende. »

Article L335-2-1

« Est puni de trois ans d'emprisonnement et de 300 000 euros d'amende le fait :

1° D'éditer, de mettre à la disposition du public ou de communiquer au public, sciemment et sous quelque forme que ce soit, un logiciel manifestement destiné à la mise à disposition du public non autorisée d'oeuvres ou d'objets protégés ;

2° D'inciter sciemment, y compris à travers une annonce publicitaire, à l'usage d'un logiciel mentionné au 1. »

L'article L335-3 du CPI, qui réprime toute reproduction, représentation ou diffusion non autorisée d'une œuvre, permet de viser aussi bien celui qui propose des contrefaçons à la vente que l'utilisateur ou le consommateur de contrefaçon :

« Est également un délit de contrefaçon toute reproduction, représentation ou diffusion, par quelque moyen que ce soit, d'une œuvre de l'esprit en violation des droits de l'auteur, tels qu'ils sont définis et réglementés par la loi.

Est également un délit de contrefaçon la violation de l'un des droits de l'auteur d'un logiciel définis à l'article L. 122-6.

Est également un délit de contrefaçon toute captation totale ou partielle d'une œuvre cinématographique ou audiovisuelle en salle de spectacle cinématographique. »

La contrefaçon est réprimée, même si elle a été réalisée de bonne foi : « la contrefaçon est caractérisée, indépendamment de toute faute ou mauvaise foi, par la reproduction, la représentation ou l'exploitation d'une oeuvre de l'esprit en violation des droits de propriété intellectuelle qui y sont attachés »[25].

Dommages et intérêts

Le juge peut accorder des dommages et intérêts au titulaire de droits d'auteur lésé. Selon le CPI (article L331-1-3) :

« Pour fixer les dommages et intérêts, la juridiction prend en considération distinctement :

1° Les conséquences économiques négatives de l'atteinte aux droits, dont le manque à gagner et la perte subis par la partie lésée ;

2° Le préjudice moral causé à cette dernière ;

3° Et les bénéfices réalisés par l'auteur de l'atteinte aux droits, y compris les économies d'investissements intellectuels, matériels et promotionnels que celui-ci a retirées de l'atteinte aux droits.

Toutefois, la juridiction peut, à titre d'alternative et sur demande de la partie lésée, allouer à titre de dommages et intérêts une somme forfaitaire. Cette somme est supérieure au montant des redevances ou droits qui auraient été dus si l'auteur de l'atteinte avait demandé

25. Cass. civ., 1ère ch., 29 mai 2001, n° de pourvoi 99-15.284.

l'autorisation d'utiliser le droit auquel il a porté atteinte. Cette somme n'est pas exclusive de l'indemnisation du préjudice moral causé à la partie lésée. »

Concurrence déloyale, parasitisme, faute

Outre la contrefaçon telle que définie par le CPI, utilisée par une entreprise dans le but d'imiter les produits d'un concurrent, les tribunaux sanctionnent également les faits de profiter de la renommée et des investissements d'autrui (parasitisme) et de tromper le consommateur (confusion), constitutifs de la concurrence déloyale. Il a été jugé « que le parasitisme économique se définit comme l'ensemble des comportements par lesquels un agent économique s'immisce dans le sillage d'un autre afin de tirer profit, sans rien dépenser, de ses efforts et de son savoir-faire »[26], « de la notoriété acquise ou des investissements consentis ; que le parasitisme résulte d'un ensemble d'éléments appréhendés dans leur globalité »[27], « que cet agissement qui consiste à "vivre aux crochets" d'un autre, n'implique pas nécessairement un risque de confusion, ni même une situation de concurrence ; qu'il suppose une faute, un préjudice et un lien de causalité entre les deux »[28].

Ces comportements constituent une faute ouvrant droit à la réparation du préjudice, au titre de de l'article 1240 du Code civil qui dispose :

« Tout fait quelconque de l'homme, qui cause à autrui un dommage, oblige celui par la faute duquel il est arrivé à le réparer ». Il s'agit là d'un article fondamental du droit français, qui n'a pas été modifié depuis Napoléon et qui portait jusqu'en 2016 le numéro 1382.

Jurisprudence sur les droits d'auteur

Depuis 200 ans s'est évidemment développée une abondante jurisprudence sur le droit d'auteur en général. Nous nous concentrerons sur quelques cas intéressant plus spécifiquement le contexte numérique.

Originalité et droit d'auteur sur un tweet

Un tweet est-il une « œuvre de l'esprit » et, à ce titre, protégeable par le droit d'auteur ? La question n'est pas que théorique : la pratique du retweet, qui consiste à rediffuser les tweets d'autrui, fait partie intégrante du fonctionnement de Twitter et peut laisser place à une tentation de s'approprier l'œuvre d'autrui.

Pour être protégée, il faut que la rédaction du tweet soit suffisamment originale. Une simple information factuelle n'est pas une œuvre de l'esprit. En revanche, les mots d'humour, les prises de position, les rédactions surprenantes, peuvent le devenir. En janvier 2014, l'éditeur Larousse a publié un ouvrage *Les perles des tweets et du net*, reprenant des tweets marquants, sans l'accord de leurs auteurs, sans citer leur nom et sans les en avoir informés. Devant la menace de procès en contrefaçon et en violation du droit d'auteur, l'éditeur a rapidement retiré l'ouvrage de la vente.

26. Cass. com., 26 janvier 1999.

27. CA Paris, 4e ch., 7 octobre 2015.

28. CA Paris, 2e ch., 30 septembre 2009.

Reproduction numérique d'une œuvre physique

Le propriétaire d'une œuvre physique (tableau, sculpture, dessin…) n'a pas le droit de la reproduire sur son site Internet ou sur des objets publicitaires sans l'autorisation de l'auteur. En effet, ce dernier a cédé l'œuvre, mais pas les droits incorporels de reproduction ou de modification[29]. Une société a ainsi été condamnée à payer 3 500 € de dommages (plus 2 000 € de remboursement des frais de justice), au peintre à qui elle avait acheté un tableau qu'elle avait par la suite utilisé pour décorer sa boutique, son véhicule utilitaire, ses objets publicitaires et son site web[30].

Condamnation pour contrefaçon de dessins de Tintin

Un site publiant à la fois des parodies des aventures de Tintin et des reprises des personnages de la bande dessinée, sans travestissement quelconque, sur des produits tels que cartes de vœux ou billets de banque imaginaires, est en raison de ces dernières susceptible de constituer une contrefaçon et donc un trouble manifestement illicite[31]. Les parodies publiées sur le site, en revanche, étaient bien autorisées par l'exception de parodie (voir la troisième partie de cet ouvrage). Le site ayant déjà été fermé par son éditeur, le juge des référés a condamné ce dernier à verser aux ayants droit d'Hergé une provision de 1 500 € sur les dommages et intérêts à déterminer lors du jugement sur le fond, ainsi que 2 000 € de remboursement des frais de justice.

Lourde condamnation pour reproduction non autorisée de photos et de catalogues

La société d'information sur le marché de l'art Artprice a été condamnée à verser près d'un million d'euros de dommages et intérêts à une société de vente aux enchères dont elle avait reproduit sans autorisation sur son site les catalogues (contrefaçon), ainsi qu'à un photographe dont elle avait mis en ligne les clichés (contrefaçon) sans indiquer le nom de l'auteur (atteinte à son droit à la paternité sur ses œuvres et à son droit à leur intégrité)[32]. Le montant élevé des dommages s'explique par le bénéfice économique retiré par Artprice, qui vend ses bases de données à ses abonnés.

Droits d'auteur sur un avatar

La société Vente-privée.com est bien titulaire des droits d'auteur sur l'avatar Cécile de Rostand qui lui sert depuis 2003 à humaniser les contacts avec la clientèle à travers son blog et son forum de discussion. En effet, cette œuvre est divulguée sous le nom de la société, qui a créé le nom, l'apparence et le « caractère » de cet avatar, éléments originaux qui portent bien l'empreinte de la personnalité de leur auteur. Par conséquent, le dépôt par un tiers d'une marque « Cécile de Rostand », qui porte atteinte aux droits d'auteur de la société Vente-privée.com, est frauduleux

29. NB : avant la loi du 11 avril 1910, la vente sans réserve d'une œuvre d'art emportait cession du droit de reproduction. Le propriétaire d'une œuvre acquise avant cette date est donc titulaire du droit de reproduction, toujours opposable aux tiers si l'artiste est décédé depuis moins de 70 ans, ce qui est par exemple le cas pour l'héritier d'un collectionneur qui avait acheté avant 1910 des tableaux de Picasso et de Matisse (Cass. civ., 1ère ch., 10 septembre 2015).

30. TGI Paris, 21 juin 2013.

31. TGI Paris, 11 juin 2004.

32. CA Paris, 26 juin 2013.

et doit être annulé. Sont attribués à la société Vente-privée.com des dommages et intérêts d'un montant de 5 000 €, plus 10 000 € de remboursement de frais de justice[33].

Jurisprudence sur la concurrence déloyale

De même, nous nous concentrons ici sur des exemples touchant le secteur numérique.

Contrefaçon d'un jeu en ligne

Un site de jeu en ligne qui reprenait d'un site concurrent, outre la thématique générale (ce qui en soi n'est pas répréhensible), plusieurs éléments et intitulés précis, ainsi que des passages entiers de ses conditions générales, a été condamné à 15 000 € de dommages et intérêts pour concurrence déloyale, ainsi qu'à 5 000 € de frais de justice[34].

Contrefaçon d'un objet de luxe dans un jeu vidéo

Il est du ressort de l'appréciation souveraine du juge du fond de déterminer si un objet reproduit dans un jeu vidéo constitue ou non une contrefaçon d'un objet réel, en se basant sur des critères de ressemblances et d'impression d'ensemble. Toutefois, le juge doit à cette occasion vérifier si ces ressemblances, ainsi que les éléments de présentation de l'objet dans le jeu (« choix de l'emblème, du nom et de la typographie »), « considérés dans leur ensemble, [sont] de nature à engendrer un risque de confusion dans l'esprit de la clientèle ou, à tout le moins un détournement de la notoriété » du créateur de l'objet réel, ce qui serait susceptible de constituer une concurrence déloyale[35].

Condamnation pour concurrence déloyale via une revue de presse

Concernant les revues de presse, la société The Web Family de Jean-Marc Morandini a été condamnée à 50 000 € de dommages et intérêts et 6 000 € de frais, pour concurrence déloyale au détriment du site web de l'hebdomadaire *Le Point*, dont elle reprenait textuellement les brèves sur son propre site[36]. The Web Family s'appropriait ainsi sans investissement les revenus publicitaires liés aux lecteurs de ces brèves, revenus qui auraient dû revenir au *Point*. Le fait que The Web Family citait sa source ne l'autorisait pas pour autant à reproduire systématiquement le travail d'autrui.

Notons que dans ce dossier, la cour n'a pas reconnu au *Point* la propriété des droits d'auteur sur les brèves. Celles-ci, longues de quelques lignes seulement, ne témoignaient pas « d'un véritable effort créatif » et n'étaient donc protégeables par le droit d'auteur.

Cet arrêt rappelle que si la loi autorise les revues de presse, celles-ci ne doivent pas pour autant devenir le support d'une véritable concurrence aux auteurs des articles originaux.

33. TGI Nanterre, 3 décembre 2015.
34. TGI Paris, 15 mars 2013.
35. Cass. com., 8 avril 2014.
36. CA Paris, 9 novembre 2012.

Autorisation des sites de fans

Un fan d'une série peut créer une page Facebook dédiée à l'objet de sa passion, dans laquelle il utilise la marque, le logo, le nom et des images de la série, tant que le fan n'induit pas les internautes en erreur (indication du titulaire des droits) et qu'il ne retire de cette page Facebook aucun avantage économique, notamment en n'exerçant aucune activité commerciale susceptible de concurrencer les ayants droit[37].

Reproduction d'horoscope

La société Yahoo! a été condamnée à 54 816 € de dommages et intérêts et à 10 000 € de frais, pour actes de parasitisme et de concurrence déloyale commis en reproduisant sans autorisation des horoscopes d'une société spécialisée[38].

À retenir

- Une œuvre de l'esprit est protégée dès sa création, quels que soient son genre ou son mérite, à condition d'être originale et de porter l'empreinte de la personnalité de son auteur.
- Les droits moraux de l'auteur (mention de son nom, intégrité de l'œuvre, choix de la divulgation) sont perpétuels et incessibles. Après le décès de l'auteur, ils passent aux héritiers.
- Les droits patrimoniaux d'exploitation de l'œuvre (reproduction, représentation) sont cessibles, par exemple à un éditeur ou à un producteur. Leur durée est de 70 ans après le décès de l'auteur.
- La cession doit se faire par écrit et détailler très précisément l'étendue des droits cédés.
- Ces droits sont incorporels, ce qui signifie qu'ils ne sont pas liés à la possession matérielle de l'œuvre.
- Une personne morale qui fait créer par ses employés une œuvre collective est investie des droits de l'auteur sur cette œuvre. En revanche, l'employé conserve ses droits sur une œuvre individuelle. Pour les métiers créatifs, il est donc conseillé de préciser dans le contrat de travail l'étendue des cessions prévues.
- Les fonctionnaires bénéficient d'un droit moral réduit pour les œuvres créées dans l'exercice de leurs fonctions, afin de ne pas perturber le fonctionnement du service public. L'État bénéficie du droit d'exploitation de ces œuvres pour les missions de service public, mais pas pour une éventuelle commercialisation.
- La violation des droits de l'auteur constitue le délit de contrefaçon.
- Plus largement, le fait pour une entreprise de tirer profit des efforts et du savoir-faire d'un concurrent, sans rien dépenser, peut être qualifié de parasitisme ou de concurrence déloyale, qui sont des fautes ouvrant droit à la réparation du préjudice.

37. TGI Paris, 28 novembre 2013.

38. T. com. Montpellier, 16 décembre 2015.

2

La protection des données, des bases de données et des logiciels

Si le CPI prévoit des dispositions particulières pour les logiciels et pour les bases de données, en revanche, le statut des données elles-mêmes fait débat.

Protection des logiciels

Régime de droit applicable

La question de la brevetabilité des logiciels est récurrente. En France, l'article L611-10 du CPI exclut la possibilité de déposer un brevet pour un « programme d'ordinateur ». On a vu au chapitre précédent que les logiciels étaient compris dans la liste des œuvres de l'esprit figurant à l'article L112-2 du CPI. Ils sont donc protégés par le droit d'auteur.

Originalité

Le CPI ne précise pas explicitement que pour bénéficier de la protection du droit d'auteur, le logiciel doit présenter un caractère d'originalité, mais cette condition découle des principes mêmes de la propriété littéraire et artistique vus au chapitre précédent.

Ainsi, un algorithme, « simple succession d'opérations ne traduisant qu'un énoncé logique de fonctionnalités est insusceptible de protection » au titre du droit d'auteur[1].

1. CA Paris, pôle 5 ch. 11, 8 septembre 2017, n° 15/06329.

La Cour de cassation a ainsi indiqué dans son célèbre arrêt Pachot que, pour bénéficier de la protection du droit d'auteur, le créateur du logiciel doit avoir « fait preuve d'un effort personnalisé allant au-delà de la simple mise en œuvre d'une logique automatique et contraignante et que la matérialisation de cet effort résidait dans une structure individualisée » qui porte « la marque de son apport intellectuel »[2].

La Cour a confirmé sa position dans des arrêts plus récents en expliquant que pour démontrer cette originalité, il fallait montrer « en quoi les choix opérés témoignaient d'un apport intellectuel propre et d'un effort personnalisé de celui qui avait élaboré le logiciel litigieux, seuls de nature à lui conférer le caractère d'une œuvre originale protégée, comme telle, par le droit d'auteur »[3]. Et, selon la Cour, les « éléments de nature à justifier de l'originalité des composantes du logiciel » sont les « lignes de programmation, les codes ou l'organigramme, ou du matériel de conception préparatoire »[4].

Titularité des droits moraux

Les droits moraux sur les logiciels reviennent à leur auteur. Toutefois, afin de permettre, de manière pragmatique, une exploitation paisible du logiciel et une gestion de ses évolutions par l'éditeur, ils sont réduits par rapport au droit commun. L'article L127-1 dispose ainsi :

« Sauf stipulation contraire plus favorable à l'auteur d'un logiciel, celui-ci ne peut :

1° S'opposer à la modification du logiciel par le cessionnaire des droits mentionnés au 2° de l'article L. 122-6, lorsqu'elle n'est préjudiciable ni à son honneur ni à sa réputation ;

2° Exercer son droit de repentir ou de retrait ».

Ainsi, l'auteur ne peut faire cesser la commercialisation du logiciel (droit de retrait), ni décider unilatéralement de le modifier après commercialisation (droit de repentir), ni interdire une modification par l'éditeur, sauf si celle-ci est préjudiciable à son honneur ou à sa réputation.

Le droit moral de l'auteur de logiciel se réduit donc au droit de divulgation (décider de la publication) et au droit de paternité (attachement de son nom à l'œuvre).

Titularité des droits patrimoniaux

Lorsqu'un salarié d'une société ou d'un organisme public crée un logiciel dans le cadre de sa mission, les droits d'auteur reviennent-ils au salarié ou à son employeur ? Concernant les droits patrimoniaux, l'article L113-9 du CPI dispose que « sauf dispositions statutaires ou stipulations contraires, les droits patrimoniaux sur les logiciels et leur documentation créés par un ou plusieurs employés dans l'exercice de leurs fonctions ou d'après les instructions de leur employeur sont dévolus à l'employeur qui est seul habilité à les exercer ».

Il se déduit par ailleurs de cet article que la documentation des logiciels est elle aussi une œuvre protégée, ce qui n'est pas explicitement mentionné par le CPI.

---

2. Cass. plén., 7 mars 1986, n° de pourvoi 83-10477.

3. Cass. civ., 1ère ch., 17 octobre 2012.

4. Cass. civ., 1ère ch., 14 novembre 2013.

Cet article L113-9 généralise pour les droits patrimoniaux, dans le cas des logiciels même créés par un unique salarié, la situation prévue pour les œuvres collectives (article L113-2) vue au chapitre précédent.

La durée de la protection des œuvres collectives est de « soixante-dix années à compter du 1er janvier de l'année civile suivant celle où l'œuvre a été publiée » (article L123-3).

Droits patrimonial d'exploitation

Le droit d'exploitation d'un logiciel, qui fait partie des droits patrimoniaux, comprend le droit d'effectuer et d'autoriser (article L122-6) :

- la reproduction permanente ou provisoire d'un logiciel en tout ou partie, par tout moyen et sous toute forme. Dans la mesure où le chargement, l'affichage, l'exécution, la transmission et le stockage de ce logiciel nécessitent une reproduction, ces actes ne sont possibles qu'avec l'autorisation de l'auteur ;
- la traduction ou toute adaptation du logiciel ;
- la vente, la distribution gratuite ou la location de ce logiciel.

Jurisprudence

En cas de départ de l'entreprise commercialisant son logiciel, l'auteur a toujours droit à voir son nom figurer sur le logiciel, même modifié, et sur sa documentation[5].

Rémunération de l'auteur du logiciel

Contrairement au droit commun qui prévoit, contre la cession du droit d'exploitation, une rémunération de l'auteur proportionnelle aux recettes, le 5° de l'article L131-4 dispose que l'auteur d'un logiciel peut percevoir une rémunération forfaitaire.

Dans ce cas, si *a posteriori* l'auteur s'aperçoit que la valeur du logiciel a été sous-estimée, ainsi que sa rémunération forfaitaire, et que son préjudice est de plus de sept douzièmes, il peut demander la révision du prix du contrat (art. L131-5).

Droits de l'utilisateur du logiciel

L'article L122-6-1 du CPI détaille les droits de l'utilisateur.

Ainsi, l'autorisation de l'auteur n'est pas nécessaire pour les reproductions, traductions ou adaptations « nécessaires pour permettre l'utilisation du logiciel, conformément à sa destination, par la personne ayant le droit de l'utiliser, y compris pour corriger des erreurs », sauf si le contrat d'utilisation le stipule différemment.

L'utilisateur a également le droit de faire une copie de sauvegarde.

La personne ayant le droit de l'utiliser peut également, sans autorisation de l'auteur, observer et tester le logiciel et sa sécurité pour en déterminer les principes.

5. TGI Nanterre, 2 novembre 1993.

L'utilisateur a également le droit d'accéder au code du logiciel sans autorisation de l'auteur si cela est indispensable pour assurer l'interopérabilité avec d'autres logiciels, aux conditions que les informations nécessaires à l'interopérabilité ne soient pas déjà disponibles, et que cet acte se limite aux parties du code concernées par cette interopérabilité.

Ce droit d'observation du logiciel et d'accès au code ne signifie évidemment pas que l'utilisateur a le droit de rédiger un programme similaire : cela deviendrait de la contrefaçon.

Enfin, le CPI rappelle par ailleurs (article L122-6-2) que l'utilisation illicite des moyens de supprimer ou de contourner les dispositifs techniques protégeant un logiciel constitue une contrefaçon. La publicité ou la notice d'utilisation de ces moyens (en vue de leurs usages licites !) doit porter mention de ce rappel.

Jurisprudence

Parasitisme d'un logiciel

Outre la protection offerte par le CPI, un logiciel peut également être protégé par le droit commun. Un développeur, qui avait réutilisé les codes sources de son ancien employeur pour lancer des applications concurrentes, agissements qualifiés de « parasitisme, s'agissant d'une appropriation sans autorisation du travail ou du savoir-faire d'autrui et de ses investissements », a ainsi été condamné à rendre à son ancien employeur les revenus indûment perçus[6].

Litige sur la paternité d'un logiciel

Lorsque plusieurs personnes ont concouru à la création de l'œuvre, il sera nécessaire de préciser l'apport de chacun en cas de litige sur la répartition des droits.

La cour d'appel de Paris a débouté une personne qui revendiquait la qualité de co-auteur sur un logiciel, développé par une société qu'elle avait créée avec des associés, mais qu'elle avait quittée. La cour a noté que c'est un de ses collègues qui, depuis l'origine, était désigné publiquement comme l'auteur du logiciel, et qui était cité comme tel dans tous les documents. Ce collègue bénéficiait dès lors d'une présomption de qualité d'auteur, que seules des preuves indiscutables auraient permis de renverser. Or, le plaignant ne disposait pas de telles preuves permettant d'évaluer l'importance de sa participation à l'élaboration du logiciel[7].

Il est donc indispensable, si l'on souhaite pouvoir revendiquer des droits sur l'élaboration d'un logiciel, de constituer des preuves de sa participation, au besoin par voie d'huissier.

Vente de logiciels pirates

Des personnes spécialisées dans la vente de copies pirates du système d'exploitation Windows XP ont été condamnées à verser 4,6 millions d'euros de dommages et intérêt à Microsoft[8].

---

6. CA Aix, 10 octobre 2013.

7. CA Paris, 27 février 2013.

8. TGI Bayonne, 3 janvier 2017.

Jeu vidéo et réalité virtuelle

Les logiciels les plus complexes du point de vue de la propriété littéraire et artistique, comme les jeux vidéo ou les applications de réalité virtuelle, incorporent souvent d'autres œuvres (images, musique…). Ils doivent alors respecter chacun des droits relatifs aux éléments qu'ils incorporent, et peuvent à leur tour le cas échéant bénéficier de la protection du droit d'auteur. La Cour de cassation a ainsi souligné : « un jeu vidéo est une œuvre complexe qui ne saurait être réduite à sa seule dimension logicielle, quelle que soit l'importance de celle-ci, de sorte que chacune de ses composantes est soumise au régime qui lui est applicable en fonction de sa nature. »[9]

Revente de logiciels d'occasion

La loi ne prévoit pas le cas spécifique de la revente de logiciels d'occasion, mais la CJUE a eu l'occasion de se prononcer sur cette question.

Revente d'un logiciel téléchargeable

La CJUE a indiqué qu'en cas de vente d'une licence d'utilisation à durée illimitée d'un logiciel téléchargeable, le titulaire des droits ne peut interdire la revente de cette licence et un nouveau téléchargement du logiciel. Si un contrat de mise à jour a été souscrit et fait partie de la vente, il doit continuer à s'appliquer. Le vendeur doit rendre inutilisable sa propre copie au moment de la revente et ne pas la conserver sur son serveur. La revente d'une fraction de licence de groupe n'est pas autorisée[10].

La Cour précise que « il est indifférent, dans une situation telle que celle en cause au principal, que la copie du programme d'ordinateur a été mise à la disposition du client par le titulaire du droit concerné au moyen d'un téléchargement à partir du site internet de ce dernier ou au moyen d'un support matériel tel qu'un CD-ROM ou un DVD ».

Un marché du logiciel d'occasion a ainsi pu se constituer, avec des places de marché et des acteurs spécialisés dans la revente de licences de seconde main, pour les professionnels ou pour les acteurs publics (Usedsoft, Softcorner).

Revente de la copie de sauvegarde

Toutefois, la CJUE a précisé que la revente de la copie d'un logiciel doit porter sur un programme téléchargeable, comme dans le cas précédent, ou sur l'exemplaire original de la copie matérielle (CD ou DVD). On ne peut revendre la copie de sauvegarde, même si l'original n'est plus disponible. « Si l'acquéreur initial de la copie d'un programme d'ordinateur accompagnée d'une licence d'utilisation illimitée est en droit de revendre d'occasion cette copie et sa licence à un sous-acquéreur, il ne peut en revanche, lorsque le support physique d'origine de la copie qui lui a été initialement délivrée est endommagé, détruit ou égaré, fournir à ce sous-acquéreur sa copie de sauvegarde de ce programme sans l'autorisation du titulaire du droit ». En effet, le droit à une copie de sauvegarde prévu à l'article L122-6-1 du CPI doit être interprété strictement

9. Cass. civ., 1ère ch., 25 juin 2009, n° de pourvoi 07-20.387.

10. CJUE, 3 juillet 2012, affaire C-128/11.

et ne peut servir à constituer un support de revente[11]. En cas de perte du support d'origine, le téléchargement sur le site du fournisseur doit être privilégié.

Protection des bases de données

Les bases de données peuvent relever de deux régimes de protection distincts : le droit d'auteur commun, ou un droit particulier dit *sui generis*.

Protection par le droit d'auteur

L'article L112-3 du CPI dispose que la protection du droit d'auteur s'étend, sous réserve des droits de l'auteur de l'œuvre originale, aux « recueils d'œuvres ou de données diverses, tels que les bases de données, qui, par le choix ou la disposition des matières, constituent des créations intellectuelles. On entend par base de données un recueil d'œuvres, de données ou d'autres éléments indépendants, disposés de manière systématique ou méthodique, et individuellement accessibles par des moyens électroniques ou par tout autre moyen ». Une base de données peut donc bénéficier de la protection du droit d'auteur classique, à condition qu'elle remplisse effectivement les conditions de cette protection, notamment l'originalité. Il s'agit ici de l'originalité de la forme de la base de données, et non de son contenu. Il sera donc nécessaire, pour bénéficier de cette protection, de prouver en quoi la forme de cette base est originale.

Comme l'indique un jugement, « il convient donc de rechercher si la base de données comporte un apport intellectuel caractérisant une création originale, laquelle exclut notamment la reprise d'éléments du domaine public. L'originalité s'apprécie ainsi au regard du plan, de la composition, de la forme, de la structure, du langage et plus généralement, de l'expression de l'oeuvre en cause et exige de son auteur, la preuve d'un effort personnalisé dépassant la mise en oeuvre d'une logique automatique et contraignante dans la conception et l'écriture du programme »[12].

Protection *sui generis*

Condition d'investissement substantiel

Le CPI (art. L341-1) prévoit par ailleurs une protection globale du contenu de la base, à la condition que sa réalisation ait nécessité un « investissement substantiel » :

« Le producteur d'une base de données, entendu comme la personne qui prend l'initiative et le risque des investissements correspondants, bénéficie d'une protection du contenu de la base lorsque la constitution, la vérification ou la présentation de celui-ci atteste d'un investissement financier, matériel ou humain substantiel.

Cette protection est indépendante et s'exerce sans préjudice de celles résultant du droit d'auteur ou d'un autre droit sur la base de données ou un de ses éléments constitutifs ».

11. CJUE, 12 octobre 2016, affaire C-166/15.

12. TGI Lille, 1ère ch., 19 novembre 2009.

Selon la CJUE, « La notion d'investissement lié à l'obtention du contenu d'une base de données [...] doit s'entendre comme désignant les moyens consacrés à la recherche d'éléments existants et à leur rassemblement dans ladite base. Elle ne comprend pas les moyens mis en œuvre pour la création des éléments constitutifs du contenu d'une base de données »[13].

Selon la Cour de cassation, l'appréciation du caractère substantiel de l'investissement doit porter « sur les dépenses relatives à la constitution des bases de données litigieuses [...] et plus spécialement, sur les investissements consentis pour la réunion des données pertinentes, leur mise à jour, et leur traitement afin de les organiser au sein desdites bases »[14].

Droits du producteur

Dès lors, les droits du producteur de la base de données sont les suivants :

« Article L342-1

Le producteur de bases de données a le droit d'interdire :

1° L'extraction, par transfert permanent ou temporaire de la totalité ou d'une partie qualitativement ou quantitativement substantielle du contenu d'une base de données sur un autre support, par tout moyen et sous toute forme que ce soit ;

2° La réutilisation, par la mise à la disposition du public de la totalité ou d'une partie qualitativement ou quantitativement substantielle du contenu de la base, quelle qu'en soit la forme.

Ces droits peuvent être transmis ou cédés ou faire l'objet d'une licence.

Le prêt public n'est pas un acte d'extraction ou de réutilisation ».

« Article L342-2

Le producteur peut également interdire l'extraction ou la réutilisation répétée et systématique de parties qualitativement ou quantitativement non substantielles du contenu de la base lorsque ces opérations excèdent manifestement les conditions d'utilisation normale de la base de données ».

Toutefois, si le producteur est une administration ou une personne de droit public, les droits ci-dessus « ne peuvent faire obstacle à la réutilisation du contenu des bases de données que ces administrations publient », en application du Code des relations entre le public et l'administration (CRPA, article L321-3, voir en troisième partie de l'ouvrage).

Durée des droits

L'article L342-5 dispose que « Les droits prévus à l'article L.342-1 prennent effet à compter de l'achèvement de la fabrication de la base de données. Ils expirent quinze ans après le 1er janvier de l'année civile qui suit celle de cet achèvement.

Lorsqu'une base de données a fait l'objet d'une mise à la disposition du public avant l'expiration de la période prévue à l'alinéa précédent, les droits expirent quinze ans après le 1er janvier de l'année civile suivant celle de cette première mise à disposition.

13. CJUE, 9 novembre 2004, affaire C-444/02.

14. Cass. civ., 1ère ch., 19 juin 2013.

Toutefois, dans le cas où une base de données protégée fait l'objet d'un nouvel investissement substantiel, sa protection expire quinze ans après le 1er janvier de l'année civile suivant celle de ce nouvel investissement».

Limitation des droits

Toutefois, le CPI (art. L342-3) prévoit une limitation de ces droits:

«Lorsqu'une base de données est mise à la disposition du public par le titulaire des droits, celui-ci ne peut interdire:

1° L'extraction ou la réutilisation d'une partie non substantielle, appréciée de façon qualitative ou quantitative, du contenu de la base, par la personne qui y a licitement accès;

2° L'extraction à des fins privées d'une partie qualitativement ou quantitativement substantielle du contenu d'une base de données non électronique sous réserve du respect des droits d'auteur ou des droits voisins sur les œuvres ou éléments incorporés dans la base;

3° L'extraction et la réutilisation d'une base de données dans les conditions définies au 7° de l'article L.122-5, au 1° de l'article L.122-5-1 et à l'article L.122-5-2 [adaptation pour les personnes handicapées];

4° L'extraction et la réutilisation d'une partie substantielle, appréciée de façon qualitative ou quantitative, du contenu de la base, sous réserve des bases de données conçues à des fins pédagogiques et des bases de données réalisées pour une édition numérique de l'écrit, à des fins exclusives d'illustration dans le cadre de l'enseignement et de la recherche, à l'exclusion de toute activité ludique ou récréative, dès lors que le public auquel cette extraction et cette réutilisation sont destinées est composé majoritairement d'élèves, d'étudiants, d'enseignants ou de chercheurs directement concernés, que la source est indiquée, que l'utilisation de cette extraction et cette réutilisation ne donne lieu à aucune exploitation commerciale et qu'elle est compensée par une rémunération négociée sur une base forfaitaire;

5° Les copies ou reproductions numériques de la base réalisées par une personne qui y a licitement accès, en vue de fouilles de textes et de données incluses ou associées aux écrits scientifiques dans un cadre de recherche, à l'exclusion de toute finalité commerciale. La conservation et la communication des copies techniques issues des traitements, au terme des activités de recherche pour lesquelles elles ont été produites, sont assurées par des organismes désignés par décret. Les autres copies ou reproductions sont détruites.

Toute clause contraire au 1° ci-dessus est nulle.

Les exceptions énumérées par le présent article ne peuvent porter atteinte à l'exploitation normale de la base de données ni causer un préjudice injustifié aux intérêts légitimes du producteur de la base».

Mesures techniques de protection

Sous réserve de permettre les usages prévus au L342-3, les producteurs de bases de données peuvent recourir à des mesures techniques «propres à empêcher ou à limiter les utilisations d'une base de données que le producteur n'a pas autorisées» (article L342-3-1).

Afin de faciliter la preuve d'une éventuelle contrefaçon future de la base de données, une « astuce » consiste à insérer dans la base un certain nombre de données sciemment inventées ou erronées. En cas d'extraction non autorisée de la base par un tiers, la présence de ces erreurs permettra de démontrer la copie servile.

Atteintes aux droits du producteur

Le CPI (article L343-4) punit « de trois ans d'emprisonnement et de 300 000 euros d'amende le fait de porter atteinte aux droits du producteur d'une base de données tels que définis à l'article L. 342-1. Lorsque le délit a été commis en bande organisée, les peines sont portées à sept ans d'emprisonnement et à 750 000 euros d'amende ».

Par ailleurs, (article L343-5), « les personnes physiques coupables de l'un des délits prévus au présent chapitre peuvent en outre être condamnées, à leurs frais, à retirer des circuits commerciaux les objets jugés contrefaisants et toute chose qui a servi ou était destinée à commettre l'infraction.

La juridiction peut ordonner la destruction aux frais du condamné ou la remise à la partie lésée des objets et choses retirés des circuits commerciaux ou confisqués, sans préjudice de tous dommages et intérêts.

Elle peut également ordonner, aux frais du condamné, l'affichage ou la diffusion du jugement prononçant la condamnation, dans les conditions et sous les peines prévues à l'article 131-35 du code pénal ».

En cas de condamnation d'une personne morale, le montant de l'amende encourue est multiplié par cinq (article L343-6). Enfin (article L343-7), « En cas de récidive des infractions définies à l'article L. 343-4 ou si le délinquant est ou a été lié à la partie lésée par convention, les peines encourues sont portées au double. Les coupables peuvent, en outre, être privés pour un temps qui n'excédera pas cinq ans du droit d'élection et d'éligibilité pour les tribunaux de commerce, les chambres de commerce et d'industrie territoriales et les chambres de métiers, ainsi que pour les conseils de prud'hommes ».

Protection contractuelle

Le créateur d'une base de données qui ne serait protégée ni par le droit d'auteur, ni par le droit *sui generis*, a néanmoins la possibilité d'établir des limitations contractuelles à l'utilisation de celle-ci par des tiers. Il peut ainsi, par exemple, insérer dans ses conditions générales d'utilisation (CGU) une interdiction ou une limitation de l'extraction de données par un tiers pour un usage commercial.

Le créateur ne jouissant ici d'aucun des droits prévus au CPI pour les auteurs ou les producteurs de bases de données, cette faculté lui permet de rétablir un nouvel équilibre avec les droits des utilisateurs. Dans ce cas, ces derniers ne peuvent pas se prévaloir des droits de l'utilisateur prévus par le CPI, par exemple le droit d'extraction d'une partie non substantielle de la base[15].

15. CJUE, 2e ch., 15 janvier 2015.

Jurisprudence

Preuve des investissements

Une entreprise souhaitant bénéficier pour une base de données de la protection *sui generis* « se doit de rapporter la preuve d'investissements spécifiques qui ne se confondent pas avec ceux qu'elle consacre à la création des éléments constitutifs de sa base de données et à des opérations de vérification »[16]. Elle a donc intérêt à conserver toutes preuves permettant d'établir la réalité des investissements consacrés au développement de la base elle-même, en les distinguant des investissements consacrés à la collecte ou à la création des données.

Ainsi, faute d'avoir justifié « que les investissements qu'elle invoque sont bien relatifs à la collecte de données, à la mise jour de sa base et à son architecture en les distinguant de ceux concernant » la production des données, ainsi que de ceux relatifs à la gestion quotidienne de la base, et en ne permettant pas « à la cour d'apprécier si les investissements qu'elle invoque comme ayant été réalisés exclusivement pour la base de données l'ont réellement été à cette seule fin, [une société] ne peut bénéficier de la protection *sui generis* du producteur de base de données prévue par l'article L.341-1 du code de la propriété intellectuelle et [...], de ce fait, les moyens et arguments de cette société relatives à son droit d'interdire l'extraction et/ou la réutilisation systématique du contenu de sa base, tel que prévu par l'article L342-1, ne sont pas pertinents »[17].

Investissement substantiel

Un site de vente en ligne de jantes automobiles, qui avait reproduit la base de données de modèles d'un concurrent, a été condamné à verser à ce dernier 5 000 € de dommages et intérêts. Le plaignant avait démontré avoir consacré 500 heures à constituer cette base et avoir dépensé 30 000 € de frais de prestataire informatique, ce qui constituait bien un investissement substantiel pour une société dont le capital s'élevait à 7 500 €[18].

Droit *sui generis* et droit d'auteur

Un producteur bénéficiant de la protection *sui generis* ne peut invoquer sur ce seul fondement un droit moral d'auteur sur les données. Il ne peut pas non plus, conformément à l'article L342-3, interdire l'extraction et la réutilisation d'une quantité non substantielle de données par une personne y ayant licitement accès[19].

Double protection

Une base de données peut parfaitement, si elle en remplit les conditions, bénéficier à la fois de la protection *sui generis* et de celle du droit d'auteur. Il a ainsi été jugé qu'une base de données répertoriant les radars routiers avec une grande précision sur leur localisation était originale, au

16. Cass. civ., 12 novembre 2015, n° de pourvoi 14-14.501.
17. CA Paris, 2e ch., 23 mars 2012.
18. TGI Paris, 6 décembre 2013.
19. CA Versailles, 12e ch., 11 avril 2002.

sens de l'article L112-3 du CPI, et qu'elle avait bénéficié d'investissements substantiels puisque la société propriétaire employait 9 personnes (sur 32) pour la développer et la tenir à jour. Cette dernière était donc « recevable à agir tant au titre des droits d'auteur qu'au titre des droits de producteur de base de données »[20].

Contrefaçon d'une base de données

La société Xooloo, créatrice d'un système de contrôle parental basé sur une liste blanche de sites web autorisés, a obtenu la condamnation pour contrefaçon des sociétés Optenet et France Télécom, à plus de 3,8 millions d'euros de dommages et intérêts. Ces sociétés avaient recopié la base de données de Xooloo sans son autorisation, violant ainsi ses droits d'auteur et de producteur. Pour justifier le droit d'auteur, il a été retenu « que la constitution de la base de données avait nécessité le découpage et l'analyse non seulement de l'ensemble des pages et rubriques des sites sélectionnés mais aussi des liens mis en ligne par les éditeurs, pour s'assurer de la conformité de chaque contenu avec les choix éditoriaux de la charte de la société Xooloo, et [...] que la base de données se compose d'une longue liste d'adresses URL renvoyant vers des sites, des rubriques de sites, et des pages, avec un portail thématique regroupant les adresses les plus pertinentes listées par genre (musique, sport, voyages etc.), destiné à faciliter la navigation des enfants ; Que la cour d'appel en a déduit que la « liste blanche » était le résultat de choix personnels opérés au regard de la conformité des contenus qui la constituent à la charte qui gouverne la démarche de la société Xooloo, et traduisait un apport intellectuel, caractérisant, au regard des choix effectués et de la classification élaborées, une œuvre collective originale, éligible à la protection par le droit d'auteur »[21]. Et concernant le droit du producteur, « Xooloo a investi pour créer ce portail enfants des sommes dont le montant est, certes, contesté par les sociétés défenderesses, mais qui au vu des comptes de Xooloo peut être qualifié d'important, pour une société créée en 2000, par des personnes physiques, il s'ensuit que Xooloo peut bénéficier de la protection instaurée par l'article L341-1 du CPI »[22].

Xooloo a facilité la preuve de la copie de sa base en montrant la similitude d'un grand nombre d'adresses URL, dont « des adresses dites « sentinelles » délibérément tronquées par Xooloo »[23] dans sa base originale.

Base de données personnelles

Un fichier de données à caractère personnel qui n'a pas fait l'objet des formalités prévues par la loi 78-17 Informatique et Libertés auprès de la Commission nationale de l'informatique et des libertés, a un objet illicite. Il n'est donc pas commercialisable et ne peut faire l'objet d'une vente par son créateur[24].

---

20. TGI Lille, 1ère ch., 19 novembre 2009.
21. Cass. civ., 13 mai 2014.
22. T. com. Paris, 19e ch., 17 décembre 2009, confirmé par Cass. civ., 13 mai 2014.
23. Cass. civ., 13 mai 2014.
24. Cass. com., 25 juin 2013.

Protection des données

Les données ne bénéficient pas en elles-mêmes d'une protection particulière par la loi ou par le CPI, même si elles peuvent éventuellement, dans les cas où elles en remplissent les conditions, prétendre à la protection du droit d'auteur. Le problème de la qualification se pose alors parfois pour des questions de propriété ou de vol de ces données.

Qualification des données

Qualification de « biens »

En confirmant la condamnation pour abus de confiance d'un employé démissionnaire qui avait, pendant son préavis contractuel, recopié pour son usage personnel des fichiers de son employeur, la Cour de cassation a estimé que les données constituent des « biens »[25]. En effet, l'abus de confiance consiste à « détourner, au préjudice d'autrui, des fonds, des valeurs ou un bien quelconque qui lui ont été remis » (article 314-1 du Code pénal). Et, comme la Cour l'avait indiqué dans un arrêt de principe antérieur, « les dispositions de l'article 314-1 du Code pénal s'appliquent à un bien quelconque et non pas seulement à un bien corporel »[26].

Qualification de « choses »

En confirmant la condamnation pour vol d'un journaliste qui avait téléchargé sans autorisation des données, la Cour de cassation a estimé que les données constituent des « choses »[27]. En effet, le vol « est la soustraction frauduleuse de la chose d'autrui » (article 311-1 du Code pénal).

Cette solution est contestée, ainsi que l'écrit en commentaire un avocat spécialisé[28], « la notion de "chose" a toujours été entendue comme une réalité concrète, tangible, autrement dit la chose est nécessairement corporelle. Et lorsqu'on la soustrait, on prive son propriétaire de son usage et de sa disposition. A l'opposé, le droit français a toujours placé le terme de bien. A la différence de la chose, le bien a toujours renvoyé à la valeur d'un élément qui peut être dépourvu de corps physique. »

Notion de vol de données

Jurisprudence constante de la Cour de cassation

La Cour de cassation a confirmé à plusieurs reprises des condamnations pour vol de données sur le fondement de l'article 311-1 du Code pénal :

- condamnation d'un informaticien démissionnaire ayant emporté une copie des logiciels de son ancien employeur (« vol de données informatiques relatives à un logiciel »)[29] ;

---

25. Cass. crim., 22 octobre 2014, n° de pourvoi 13-82.630.

26. Cass. crim., 14 novembre 2000, n° de pourvoi 99-84.522.

27. Cass. crim., 20 mai 2015, n° de pourvoi 14-81.336.

28. Olivier Itéanu, *Le vol est un délit informatique ?*, 28 juin 2015, http://blog.iteanu.com/index.php?post/2015/06/28/Le-vol-est-un-d%C3%A9lit-informatique.

29. Cass. crim., 9 septembre 2003, n° de pourvoi 02-87.098.

- condamnation d'un dirigeant d'entreprise ayant donné à son employé instruction de recopier des fichiers informatiques appartenant à un concurrent (« vol de fichiers informatiques »)[30] ;
- condamnation d'un journaliste ayant téléchargé sans autorisation des données (« vol de données »)[31].

Problématique

Cette solution pose question puisque, selon l'article 311-1 du Code pénal, « le vol est la soustraction frauduleuse de la chose d'autrui ». Or, dans aucun des exemples précédents il n'y a eu « soustraction » à proprement parler : les propriétaires respectifs des données n'en ont jamais été dépossédés. Cela devrait alors en toute logique empêcher de recourir à l'incrimination de « vol ». En outre, le plus souvent, les légitimes propriétaires ne peuvent présenter aucun préjudice chiffré. Pas de données manquantes, pas de préjudice : comment justifier le fondement de la plainte ?

Cette définition du vol par la « soustraction » constitue un des textes les plus anciens de notre droit moderne puisqu'elle remonte au Code Napoléon (1804). Or, paradoxalement, le droit romain antique était peut-être mieux adapté au vol de données. En effet, les *Institutes* de l'empereur Justinien, publiées en 529[32], définissaient plus largement le vol *(furtum)* comme « contractatio rei fraudulosa » : la manipulation frauduleuse d'une chose (livre IV, titre I, 1). Et de préciser : « furtum autem fit, non solum cum quis intercipiendi causa rem alienam amovet, sed generaliter cum quis alienam rem invito domino contractat » : il y a vol, non seulement quand on déplace la chose d'autrui pour la dérober, mais de manière générale quand on en dispose sans la volonté du propriétaire (IV, I, 6). Toutefois, dès l'Ancien Régime, le droit français était revenu à une conception plus stricte du vol : « nous n'admettons point d'autre larcin [vol], que celui qui se fait de la chose même, pour se l'approprier. Ainsi, l'usage de la chose d'autrui invito domino n'est pas considéré comme un larcin »[33].

Puisque, dans un vol de données, celles-ci ne sont pas « soustraites », mais recopiées, elles demeurent à la disposition de leur légitime propriétaire, qui ne devrait donc pas déposer plainte pour « vol ». Ainsi en avait jugé le tribunal de grande instance de Créteil (23 avril 2013), qui rappelait que « en l'absence de toute soustraction matérielle de documents [...], le simple fait d'avoir téléchargé et enregistré sur plusieurs supports des fichiers informatiques [du légitime propriétaire] qui n'en a jamais été dépossédé, puisque ces données, élément immatériel, demeuraient disponibles et accessibles à tous sur le serveur, ne peut constituer l'élément matériel du vol, la soustraction frauduleuse de la chose d'autrui, délit supposant, pour être constitué, l'appréhension d'une chose ». Toutefois, la cour d'appel de Paris a infirmé (5 février 2014) ce jugement et a considéré au contraire que le vol de données était bien caractérisé par le fait de réaliser « des copies de fichiers informatiques inaccessibles au public à des fins personnelles à l'insu et contre le gré de leur propriétaire ». On retrouve ici la manipulation contre le gré du propriétaire *(invito domino)* : la cour d'appel applique donc apparemment le droit romain à la place du Code pénal ! Et, comme on l'a vu, la Cour de cassation a validé cette solution[34].

30. Cass. crim., 4 mars 2008, n° de pourvoi 07-84.002.
31. Cass. crim., 20 mai 2015, n° de pourvoi 14-81.336.
32. Denys Godefroy, *Corpus juris civilis*, Genève, Laemarium, 1591.
33. Claude-Joseph de Ferrière, *Nouvelle traduction des Institutes de l'empereur Justinien*, Paris, Saugrain, 1750, tome V, p. 268.
34. Cass. crim., 20 mai 2015, n° de pourvoi 14-81.336.

Nouvelle incrimination

La nouvelle rédaction de l'article 323-3 du Code pénal permet de dépasser cette polémique. Cet article réprime désormais le fait « d'extraire, de détenir, de reproduire, de transmettre » frauduleusement des données. Cette nouvelle rédaction rend inutiles le recours à l'article 311-1 du Code pénal et les débats sur son applicabilité, d'autant plus que la sanction du vol « traditionnel » (article 311-3) n'est que de trois ans de prison et 45 000 € d'amende, soit moins que ce qui est prévu par le nouvel article 323-3 : la sanction encourue est désormais de cinq ans de prison et 75 000 € d'amende, et elle est portée à sept ans et 100 000 € s'il s'agit de données personnelles volées dans un système d'information de l'État.

Protection du secret des affaires

Par ailleurs, de manière générale, le Code de commerce protège les informations relevant du secret des affaires. Selon l'article L151-1 de ce Code,

« Est protégée au titre du secret des affaires toute information répondant aux critères suivants :

1° Elle n'est pas, en elle-même ou dans la configuration et l'assemblage exacts de ses éléments, généralement connue ou aisément accessible pour les personnes familières de ce type d'informations en raison de leur secteur d'activité ;

2° Elle revêt une valeur commerciale, effective ou potentielle, du fait de son caractère secret ;

3° Elle fait l'objet de la part de son détenteur légitime de mesures de protection raisonnables, compte tenu des circonstances, pour en conserver le caractère secret. »

L'obtention, l'utilisation ou la divulgation d'un secret des affaires sont illicites lorsqu'elles sont réalisées sans le consentement de son détenteur légitime. Dans le cadre d'une action relative à la prévention ou la cessation d'une atteinte à un secret des affaires, le juge peut, sans préjudice de l'octroi de dommages et intérêts, prescrire, y compris sous astreinte, toute mesure proportionnée de nature à empêcher ou à faire cesser une telle atteinte.

À retenir

- Les logiciels et l'organisation des bases de données sont éventuellement protégeables par le droit d'auteur, en tant qu'œuvres de l'esprit, à condition de remplir le critère d'originalité.
- Le contenu des bases de données peut faire l'objet, le cas échéant, d'une protection par le droit d'auteur, mais également d'une protection *sui generis* au profit du producteur, si celui-ci a consenti un investissement substantiel pour la réalisation de la base (sauf dans le cas de l'État).
- Les droits patrimoniaux sur un logiciel sont dévolus à l'employeur; les droits moraux de l'auteur sont restreints.
- La violation des droits sur un logiciel ou sur une base de données constitue un délit réprimé par le CPI.
- Les données peuvent également le cas échéant être protégées par le droit d'auteur. Le « vol de données » est réprimé par la jurisprudence et, en tant qu'extraction frauduleuse de données, par le Code pénal.

3

Sites web et noms de domaines

Protection des sites web

Modes de protection

Protection par le CPI

Un site web est une œuvre de l'esprit et peut donc bénéficier de la protection du droit d'auteur prévue par le CPI s'il présente les qualités d'originalité requises : « Si un site internet peut constituer une œuvre de l'esprit protégeable, seul le choix des couleurs, des formes, du graphisme, de l'agencement, de la programmation et des fonctionnalités peut lui conférer un tel caractère »[1].

A contrario, s'il se limite au remplissage de rubriques (par exemple un profil Facebook), le manque d'originalité interdit de lui accorder cette protection.

Si le site contient des bases de données, celles-ci sont également protégeables selon les modalités présentées au chapitre précédent.

Dans le cas où le site incorpore des images, textes ou éléments multimédias développés par des tiers, l'autorisation de chacun des titulaires des droits sur ces éléments doit avoir été obtenue.

1. TGI Bordeaux, 1ère ch., 8 novembre 2016.

Concurrence déloyale, parasitisme, faute

Comme exposé au chapitre 1, la concurrence déloyale et le parasitisme constituent des fautes ouvrant droit à la réparation du préjudice, au titre de l'article 1240 du Code civil (nouvelle numérotation, anciennement article 1382), et sont applicables aux litiges concernant les sites web.

Pour faciliter la preuve de la contrefaçon, encore faut-il au préalable avoir déposé l'intégralité du contenu du site auprès d'un huissier de justice ou d'un organisme spécialisé comme l'Agence pour la protection des programmes (voir le chapitre 5). Cela permet notamment d'établir l'antériorité du site, de son contenu et de ses rubriques.

Détermination de l'auteur

Création du site en interne

Si le site web est conçu et développé par la même personne, il n'y a pas de difficulté à en désigner l'auteur. Les choses sont plus compliquées lorsque plusieurs personnes ont collaboré à sa création, ou si l'auteur est un employé : le partage des droits dans ces cas est prévu par le CPI (voir chapitre 1).

Création du site sous-traitée

Lorsque la création d'un site web est sous-traitée à un prestataire, si le commanditaire se borne à passer une commande d'ordre général, sans donner « des indications précises sur la présentation des différentes pages et l'agencement des éléments qui les composent, sur le graphisme, l'animation ou l'arborescence favorisant la consultation d'un site »[2], alors c'est le prestataire qui est considéré comme l'auteur du site web. Son client bénéficie évidemment d'un droit d'exploitation, mais le prestataire auteur conserve les droits moraux, notamment celui de voir son nom demeurer sur le site même dans le cas où le client change ultérieurement d'hébergeur.

Jurisprudence

Absence de protection d'un concept de site

Le simple concept d'un site web n'est pas protégé par le droit d'auteur. En effet, les idées sont de libre parcours et ne sauraient de quelque manière que ce soit faire l'objet d'une appropriation.

Ainsi, la société Vente Privée.com reprochait à la société Club Privé « des actes de parasitisme, soutenant que celle-ci a repris par suivisme son mode de fonctionnement consistant en la vente de produits de marque à prix discount sur un site internet, la participation aux ventes conditionnées à l'inscription [...] comme membres laquelle peut intervenir sous forme de parrainage, l'invitation à des ventes adressées par courrier électronique, le principe de la visualisation de bandes annonces ». Or, la cour a jugé que, « considérant que n'est pas établie la captation d'un savoir-faire, du travail intellectuel et des investissements de la société Vente Privée.com ; qu'à supposer que cette société soit la conceptrice du mode de fonctionnement

2. TGI Paris, 3e ch., 10 novembre 2011.

qu'elle décrit, ce qui n'est pas au demeurant établi, celui-ci recouvre un concept commercial dont l'exploitation par des concurrents n'est pas critiquable et correspond à une pratique couramment observé auprès des sites marchands sur internet à la date des faits litigieux », la concurrence déloyale et le parasitisme n'étaient pas démontrés[3].

De même, a ainsi été déboutée une personne ayant eu « l'idée et le projet de créer un site internet en vue de la présentation de biens immobiliers et de la mise en relation de vendeurs et de potentiels acquéreurs, mais sans pour autant les transformer en une création susceptible d'être protégée au titre du droit d'auteur ». Les droits d'auteur ont été reconnus au prestataire ayant conçu et réalisé le site sur la base de ce concept[4].

Preuve de l'originalité d'un site

La Cour de cassation a annulé la condamnation pour contrefaçon d'une personne qui avait reconnu avoir « mis en ligne un site internet en reproduisant, sans autorisation, les créations graphiques et rédactionnelles respectivement réalisées par Thomas Y... et par Servane Z... qui avaient été chargés de la conception de ce site ». En effet, la cour d'appel n'avait pas recherché « si et en quoi chacune des oeuvres, dont la protection était sollicitée, résultait d'un effort créatif portant l'empreinte de la personnalité de leurs auteurs, seul de nature à leur conférer le caractère d'une oeuvre originale protégée, comme telle, par le droit d'auteur »[5]. Pour un site web comme pour toute œuvre de l'esprit, il est indispensable de démontrer pour quelles raisons il est protégé par le droit d'auteur, avant de pouvoir attaquer un contrefacteur.

Droits du prestataire ayant développé le site

Ont été reconnus les droits d'auteur d'un prestataire qui avait développé et hébergé un site pour un client. Ce dernier avait ensuite transféré le site chez un prestataire concurrent, qui l'avait conservé tout en substituant son nom à celui du créateur, ce qui constituait une contrefaçon. Le client a été condamné à verser 3 000 € au prestataire auteur du site, en réparation du préjudice subi, et le nouveau prestataire a été condamné à lui verser 8 000 € pour concurrence déloyale[6].

Contrefaçons de site web

Les dirigeants d'une entreprise qui avaient plagié le site Internet d'une société de diffusion d'annonces immobilières, reproduisant « notamment son logo avec des étoiles et la totalité des rubriques [...], l'exact libellé de ses annonces publicitaires dans certains journaux gratuits et également les documents commerciaux : plaquette de présentation, brochure mode d'emploi, contrat de diffusion, dossier descriptif du bien, et aussi le livre commercial en tous points identiques », ont été condamnés pour contrefaçon des droits d'auteur sur le site et sur les documents, ainsi que pour contrefaçon de marque, à des peines de douze et huit mois d'emprisonnement avec sursis et à 200 000 € de dommages et intérêts[7].

3. CA Versailles, 12e ch., 2 juillet 2013.
4. TGI Bordeaux, 1ère ch., 8 novembre 2016.
5. Cass. crim., 4 novembre 2008, n° de pourvoi 08-81.955.
6. TGI Paris, 3e ch., 10 novembre 2011.
7. CA Montpellier, 3e ch., 13 avril 2016.

Une société exploitant un site Internet de contenus de charme a obtenu la condamnation d'un concurrent qui en avait exécuté une copie servile. Elle a démontré au tribunal que son site web « présente les caractéristiques principales suivantes : des menus en tête de page avec le positionnement d'onglets sur une bande horizontale permettant l'accès aux différentes rubriques et catégories d'articles mis en vente ; le positionnement de la fenêtre « service client » en haut de la colonne de droite ; le positionnement de la rubrique « sexy doctor » dans le bas de la colonne de droite, illustrée par la photographie d'un homme portant un vêtement de médecin ; l'utilisation d'un fond de page bleu, les champs de recherche surmontés d'une photographie, le mode de présentation de la rubrique « sexy doctor » sous forme de 8 sous-rubriques rangées en deux colonnes de quatre icônes de forme carrée ; la présentation du « Kama sutra », la rédaction de nombreux textes sur plus de 80 pages répondant aux différentes rubriques ; que ces caractéristiques apparaissent originales dans le secteur du charme sur internet et que le défendeur ne présente aucune antériorité de ce modèle ; qu'il est justifié des investissements financiers réalisés pour la création de ce site ; qu'en conséquence, le contenu du site internet « www.sexyavenue.com » est digne de bénéficier de la protection légale réservée aux oeuvres de création. Attendu que la contrefaçon s'apprécie sur les ressemblances en fonction de ce qu'en pense un consommateur d'attention moyenne ; que de la comparaison des deux sites internet, par les éléments produits au débat, dont le Tribunal a pu disposer, il ressort une ressemblance manifeste », le tribunal a interdit de poursuivre l'exploitation du site contrefait et a condamné le plagiaire, pour contrefaçon des droits d'auteur, concurrence déloyale et parasitisme, à verser au plaignant 30000 € de dommages et intérêts ainsi que des frais de justice[8].

Condamnations pour parasitisme

Une procédure en parasitisme ou en concurrence déloyale ne nécessite pas pour le demandeur de devoir prouver l'existence de ses droits d'auteur. De nombreuses sociétés ont donc recours à ce fondement pour leurs actions.

Une société qui avait inséré sur son site web des illustrations présentant de « troublantes similitudes » avec celles d'un concurrent, « alors que lesdites similitudes ne peuvent évidemment pas être justifiées par une nécessité technique », a été reconnue coupable de parasitisme et condamnée à supprimer les illustrations litigieuses et à verser 5000 € de dommages et intérêts en plus des frais de justice[9].

Une société qui avait créé un jeu virtuel en ligne imitant celui d'un concurrent, a invoqué le fait que « sans contester une certaine similarité, [cette dernière] serait commune à tous les jeux de simulation de vie, et dictée par des nécessités fonctionnelles ». Le tribunal a rejeté cet argument, précisant que « s'il est indéniable que bon nombre de fonctionnalités sont inhérentes à ce genre de jeux virtuels, force est de constater que certains vocables que l'on retrouve sur le site de la société défenderesse comme sur celui de la société [plaignante] n'étaient pas sur le site antérieur ni sur les autres sites montrés à titre d'exemple. [La société défenderesse] ne précise pas en quoi ces vocables, intitulés ou boutiques seraient, comme elle l'allègue,

8. T. com. Paris, 15e ch., 30 octobre 2009.

9. CA Paris, 2e ch., 30 septembre 2009.

dictés par les nécessités fonctionnelles de ce type de jeux. [...] Certes, les rubriques de ces conditions générales, à savoir définitions, inscription, fonctionnement, forum, obligations des parties, responsabilité, propriété intellectuelle, résiliation, protection des données, modifications et dispositions générales sont communément présentes dans différents sites internet. Il n'en demeure pas moins que leur contenu varie cependant, et fort heureusement selon les sites internet, et qu'en l'espèce la société défenderesse ne peut contester avoir repris certains passages en entier au site internet de la demanderesse». La société imitatrice a été reconnue coupable de concurrence déloyale et condamnée à verser 15000 € de dommages et intérêts en plus des frais de constat et de justice[10].

Une personne, démissionnaire d'une société de création d'applications de divertissement, qui avait emmené une copie des codes sources et lancé des applications concurrentes, et qui ne justifiait «d'aucune nécessité technique, contrainte de production ou de norme existante imposant une reproduction à l'identique des applications litigieuses», a été reconnue coupable de parasitisme et condamnée en référé à cesser l'exploitation de ces applications et à verser à son ancien employeur 3000 € de provisions en plus des frais de justice[11].

Une société qui avait créé un site web imitant celui d'un concurrent, par «volonté de se placer dans le sillage» de ce dernier, a été reconnue coupable de parasitisme et condamnée à verser 8000 € de dommages et intérêts en plus des frais de justice[12].

Une société qui avait créé une plate-forme d'investissement, imitant celle d'un concurrent, a été reconnue coupable d'actes déloyaux et parasitaires, puis condamnée à verser 30000 € de dommages et intérêts en plus des frais de constat et de justice, ainsi qu'à supprimer les contenus reproduits servilement[13].

Parasitisme d'un site web banal

Si un site qui ne présente pas de caractère original ne peut être protégé sur le fondement du droit d'auteur, il peut l'être sur le fondement du parasitisme. La société Sound Strategy, spécialisée dans les messages vocaux pour PME, ayant saisi la justice suite à la découverte d'un site concurrent présentant de nombreuses similitudes de conception et de contenu, le tribunal a estimé que «l'existence sur le marché de sites ressemblant à celui de Sound Strategy ou de la banalité supposée de son concept ne sont pas de nature à démontrer l'absence de parasitisme alors que le, seul fait de s'inspirer de la valeur économique de Sound Strategy, qui a réalisé des investissements, suffit à dénoter un agissement parasitaire»; il a condamné le plagiaire à 5000 € de dommages et intérêts en plus des frais de justice[14].

10. TGI Paris, 3e ch., 15 mars 2013.

11. CA Aix, 1ère ch., 10 octobre 2013.

12. CA Paris, 4e ch., 7 octobre 2015.

13. T. com. Paris, 15e ch., 14 mars 2016.

14. T. com. Paris, 15e ch., 28 septembre 2015.

Défaut d'originalité d'un site web

Le site web qui assigne un concurrent pour contrefaçon doit démontrer l'originalité de son site, sous peine d'être débouté. En effet, « le contenu d'un site internet est susceptible de bénéficier de la protection du droit d'auteur si son créateur démontre que la forme et la présentation et/ou le contenu de son site procèdent d'un apport personnel qui relève l'empreinte de sa personnalité. [Par ailleurs,] le fait que le site contienne des éléments, dont l'originalité n'a pas été retenue précédemment, n'empêche pas la société [...] de revendiquer la protection du droit d'auteur, dès lors qu'elle justifie en quoi le choix de combiner l'ensemble ces éléments constitue une démarche originale.

Cependant, il est constant, comme le relèvent les défenderesses, que la demanderesse échoue à démontrer en quoi la combinaison des éléments est empreinte de la personnalité de l'auteur. Elle ne justifie pas des choix qui ont présidé à l'ordonnancement des rubriques et à l'arborescence du site, à la mise en perspective des produits présentés, qui attestent plus d'un savoir-faire commercial commun à d'autre sites marchands qu'à un réel effort créatif, dès lors qu'ils permettent de naviguer aisément sur le site et répondent à un impératif utilitaire largement répandu pour le commerce en ligne. Elle ne démontre pas non plus que le choix des couleurs lui conférerait une physionomie particulière à l'époque de sa création [...]. A défaut de prouver le caractère original des éléments revendiqués et du contenu du site web [initial], la société [...] sera déclarée irrecevable dans sa demande en contrefaçon de droit d'auteur »[15].

Protection des noms de domaines

Aspects techniques

Pour accéder à un site web, celui-ci doit avoir un nom de domaine de la forme *www.ledomaine.fr* (ou *www.ledomaine.com*, ou toute autre extension).

En fait, techniquement, l'adresse d'une page web (dite *adresse IP*) consiste en une suite de chiffres de la forme *127.0.0.1*, qui détermine exactement le serveur sur lequel elle se trouve. Pour des raisons d'ergonomie, il est plus facile pour l'internaute de se souvenir d'une adresse de la forme *editions-eyrolles.com* que de la forme *213.244.11.249*. Internet propose donc des noms de domaines, qui se superposent aux adresses de base. Les serveurs du réseau Internet (dits *DNS* – Domain Name System) savent traduire les noms de domaines en adresses IP.

Achat d'un nom de domaine

Démarches

Chacun peut créer et acheter un nom de domaine pour son site web. Cette opération s'effectue auprès de prestataires appelés *registrars*, qui vendent en outre différents services annexes (hébergement de sites, serveur de messagerie, adresses mail liées au nom de domaine...). L'achat d'un

15. TGI Paris, 3e ch., 12 janvier 2017.

nom de domaine se fait généralement pour la durée d'une année, renouvelable. Le prix varie selon les extensions (*.fr*, *.com*, *.org*...) et selon les prestations annexes proposées par le *registrar* (messagerie mail, hébergement de site...) ; cela est accessible à partir d'une quinzaine d'euros par an.

Une organisation peut faire enregistrer son nom de domaine par un prestataire informatique. Elle doit toutefois être vigilante sur le fait que c'est bien elle qui est désignée auprès du *registrar* comme titulaire du nom de domaine, et non le prestataire. Dans cette dernière hypothèse, en cas de rupture des relations de sous-traitance, le prestataire demeurerait titulaire du nom, ce qui mettrait l'organisation dans l'impossibilité d'exploiter son site web et sa messagerie. Cette situation constituerait un trouble manifestement illicite justifiant le transfert du nom de domaine vers l'organisation qui en est la légitime titulaire[16].

Limitations

Comme les noms de domaines ne peuvent exister qu'une seule fois au niveau mondial, leur attribution se fait selon la règle du premier arrivé, premier servi. Il y a toutefois quelques limitations : certains mots sont interdits car réservés techniquement par le système. D'autres noms ne peuvent être réservés que par certaines catégories de clients (noms de sociétés par exemple).

Le Code des postes et des communications électroniques (CPCE) dispose en son article L45-2 que l'enregistrement d'un nom de domaine peut être refusé si celui-ci est contraire à l'ordre public ou aux bonnes mœurs, s'il porte atteinte à la propriété intellectuelle d'un tiers (s'il correspond par exemple à une marque enregistrée par ce tiers), ou s'il est similaire au nom de l'État, d'une collectivité territoriale, ou d'un organisme public. Le nom de domaine ne doit pas non plus porter atteinte aux droits de la personnalité d'un tiers, par exemple reprendre le nom patronymique de ce tiers. L'article R20-44-46 du CPCE dispose que :

« Peut notamment caractériser la mauvaise foi, pour l'application des 2° et 3° de l'article L. 45-2, le fait, pour le demandeur ou le titulaire d'un nom de domaine :

- d'avoir obtenu ou demandé l'enregistrement de ce nom principalement en vue de le vendre, de le louer ou de le transférer de quelque manière que ce soit à un organisme public, à une collectivité locale ou au titulaire d'un nom identique ou apparenté sur lequel un droit est reconnu et non pour l'exploiter effectivement ;
- d'avoir obtenu ou demandé l'enregistrement d'un nom de domaine principalement dans le but de nuire à la réputation du titulaire d'un intérêt légitime ou d'un droit reconnu sur ce nom ou sur un nom apparenté, ou à celle d'un produit ou service assimilé à ce nom dans l'esprit du consommateur ;
- d'avoir obtenu ou demandé l'enregistrement d'un nom de domaine principalement dans le but de profiter de la renommée du titulaire d'un intérêt légitime ou d'un droit reconnu sur ce nom ou sur un nom apparenté, ou de celle d'un produit ou service assimilé à ce nom, en créant une confusion dans l'esprit du consommateur. »

Ces dernières dispositions visent à mettre un terme à la pratique du *cybersquatting*, c'est-à-dire au fait de réserver un site correspondant au nom d'un tiers, soit pour gêner ce dernier (s'il s'agit d'un

16. TGI Paris, 16 mars 2015.

adversaire politique ou d'un concurrent commercial), soit dans l'objectif lucratif de lui revendre le domaine à un prix élevé.

Comme dans les chapitres précédents, le droit d'auteur, la concurrence déloyale et le comportement fautif (article 1240 du Code civil, anciennement 1382) peuvent également être invoqués en cas de litige sur un nom de domaine.

Aspect fiscal

L'administration fiscale considère qu'un nom de domaine doit figurer parmi les actifs de l'entreprise, en tant qu'immobilisation incorporelle, avec les conséquences fiscales qui s'ensuivent. Ainsi, selon elle, « ce droit d'usage [d'un nom de domaine] est constitutif d'une source potentielle de revenus et doté d'une pérennité suffisante pour la personne à qui il est attribué ; qu'il en résulte qu'il doit être regardé, pour l'application des articles 38 et 38 quinquies de l'annexe III au code général des impôts, comme un élément d'immobilisation incorporelle qui devait figurer à l'actif du bilan de la société requérante, sans qu'il soit nécessaire pour le qualifier ainsi de se prononcer sur la cessibilité du nom de domaine qui en est à l'origine »[17].

Jurisprudence

Enregistrement d'un domaine au nom d'un concurrent (cybersquatting)

Un candidat à des élections locales a été condamné pour avoir déposé un nom de domaine correspondant au nom de son adversaire aux élections. « Ce seul fait est fautif, au sens de l'article 1382 du Code civil [désormais article 1240], et constitue en outre une infraction aux dispositions de l'article R. 20-44-46 [du CPCE]. La faute est d'autant plus grave qu'elle a été commise de façon tout à fait délibérée afin de porter atteinte à une liste concurrente ». Ce candidat a été condamné à verser 5 000 € de dommages et intérêts à son adversaire et à lui rembourser 2 000 € de frais de justice[18].

Une personne ayant enregistré des noms de domaines utilisant le nom d'une société sur lequel elle ne détenait aucun droit, dans le but de proposer d'entrer en affaires avec celle-ci, a commis une faute. Elle a été condamnée sous astreinte à transférer ces noms de domaines à la société en question[19].

Contrairement au nom, le prénom n'ouvre aucun droit

En 2001, le fils de Milka Budimir offrait à sa mère, qui exploitait un établissement de couturière en province à l'enseigne Milka Couture, le nom de domaine *milka.fr*.

En 2002, la société Kraft Foods, propriétaire de la marque de chocolat Milka, a demandé à Mme Budimir d'arrêter l'exploitation de ce nom de domaine et de le lui transférer. Faute d'accord amiable, Kraft Foods a porté l'affaire en justice, qui a jugé que « à la différence du nom

17. TA Montreuil, 1ère ch., 9 février 2012, confirmé par CAA Paris, 30 avril 2013, confirmé sur ce point par CE, 7 décembre 2016.
18. TGI Saint-Malo, 7 mars 2008.
19. TGI Lons le Saunier, 15 janvier 2014.

patronymique, le prénom ne confère aucun droit privatif à son titulaire sauf [...] à démontrer qu'elle a acquis une certaine célébrité sous ce prénom ». Même s'il n'existait aucune confusion possible dans l'esprit du public entre les chocolats de Kraft Foods et les services purement locaux de la « petite couturière de la Drôme », le simple fait d'utiliser le nom de domaine *milka.fr* constituait une exploitation injustifiée de la marque déposée Milka. La cour d'appel a donc confirmé le jugement de première instance, qui décidait « que le transfert sans frais à la société Kraft Foods du nom de domaine milka.fr constituait une exacte réparation du préjudice par elle subi en raison de cette exploitation ». Le nom de domaine est donc revenu au groupe agro-alimentaire[20].

Un nom de domaine peu original n'est pas protégé par la propriété intellectuelle

Pour être protégé par le droit de la propriété intellectuelle et de la concurrence, un nom de domaine doit revêtir un caractère distinctif et original ; il ne doit pas se borner à décrire l'activité de son titulaire. Ainsi, ont été déboutés les propriétaires du domaine *mariagesencorse.com*, qui se plaignaient de la concurrence déloyale du site concurrent *mariageencorse.com*. Le nom *mariagesencorse* a été considéré par les juges comme trop générique et trop descriptif pour pouvoir revendiquer une protection, même en présence d'un risque de confusion :

« En vertu du principe de la libre concurrence, seul le titulaire d'un nom de domaine distinctif peut en rechercher la protection sur le fondement de l'article 1382 du code civil au titre de la concurrence déloyale, l'enregistrement d'un nom de domaine auprès d'une autorité de nommage ne lui conférant aucun droit privatif ni le bénéfice d'aucun statut juridique propre. En effet, une entreprise ne peut par le biais de son nom de domaine se voir conférer "un droit quasi exclusif" d'exercer une activité, même sur un territoire délimité. Or, en l'espèce, la cour relève que le nom de domaine "www.mariagesencorse.com" est une juxtaposition d'un mot usuel et d'une provenance ou d'un lieu géographique, qui évoque l'objet et le lieu de l'activité de son titulaire sur internet. Aussi, même s'il existe une confusion dans l'esprit des internautes, les intimés ne peuvent valablement se prévaloir de la protection du nom de leur domaine, s'agissant d'un nom de domaine générique et descriptif »[21].

De même, a été déboutée la société de pompes funèbres titulaire du nom de domaine *e-obseques.fr*, qui se plaignait de la concurrence des services funéraires de la Ville de Paris avec le domaine *i-obseques.fr*. Le tribunal a noté qu'en choisissant un nom de domaine descriptif, la société avait cherché à faire des économies et avait « évité les investissements indispensables pour donner une notoriété propre à une adresse internet ». Protéger un nom aussi peu original reviendrait à créer un monopole sur un terme descriptif[22].

Toutefois, même si le nom de domaine ne présente pas de caractère distinctif et ne présente aucune originalité, il y a lieu de rechercher si les faits n'ont pas été commis dans le but de profiter de la notoriété ou des investissements de la société imitée (parasitisme)[23].

20. CA Versailles, 12e ch., 27 avril 2006.

21. CA Bastia, 20 mars 2013.

22. T. com. Paris, 15e ch., 24 mai 2013.

23. Cass. com., 17 mars 2015, n° de pourvoi 14-16.728, 287.

Un nom de domaine peu original peut être protégé par l'action en concurrence déloyale

Selon la Cour de cassation, « l'action en concurrence déloyale étant ouverte à celui qui ne peut se prévaloir d'un droit privatif, le caractère original ou distinctif des éléments dont la reprise est incriminée n'est pas une condition de son bien fondé, mais un facteur susceptible d'être pertinent pour l'examen d'un risque de confusion »[24].

Typosquatting

Le *typosquatting* consiste à enregistrer des noms de domaines proches de ceux des concurrents, pour profiter des éventuelles fautes de frappe ou d'inattention des internautes, par exemple en ajoutant ou supprimant un s (voir l'exemple précédent *mariagesencorse.com*) ou en remplaçant un e par un z, lettre voisine sur le clavier.

Ainsi, une société qui concurrençait celle exploitant le site *pneus-online*, nom reconnu original et pas purement descriptif, en utilisant les noms de domaines *pneuonline*, *pneusonline* et *pneu-online*, a commis une faute et a été condamnée à verser 300 000 € de dommages au plaignant[25].

Détournement de clientèle d'un site web

Inclure le nom de domaine d'un concurrent parmi les mots-clés ou les balises de son propre site, afin d'attirer vers soi les requêtes effectuées sur les moteurs de recherche, constitue un acte de concurrence déloyale et de parasitisme. Une société a ainsi été condamnée à verser 50 000 € de dommages et 30 000 € de frais à son concurrent. La cour a en revanche écarté la contrefaçon de marque, le fait d'utiliser la marque d'un concurrent de manière invisible n'étant pas susceptible de générer une confusion dans l'esprit de l'internaute[26].

De même, inclure la dénomination d'une société tierce dont on distribue les produits dans les mots-clés et dans l'adresse URL de son propre site, manifeste « l'existence de pratiques déloyales dont résultait un risque de confusion sur l'origine des produits commercialisés par les deux sociétés, constitutif d'un trouble manifestement illicite »[27].

Rachat de nom de domaine et concurrence déloyale

Le fait de profiter de l'expiration du nom de domaine d'un concurrent pour le racheter et le diriger vers son propre site, alors que ce nom de domaine, identique au nom commercial du concurrent, était utilisé par ce dernier, constitue « une faute constitutive de concurrence déloyale » qui porte atteinte à l'attractivité et à l'image du concurrent, crée de la confusion dans l'esprit du public et justifie le versement de dommages et intérêts (15 000 € en l'espèce)[28].

---

24. Cass. com., 6 décembre 2016.
25. CA Lyon, 3e ch., 31 janvier 2008.
26. CA Paris, 2e ch., 28 mars 2014.
27. Cass. com., 20 mai 2014, n° de pourvoi 13-17.200.
28. Cass. com., 2 février 2016.

Contrefaçon de droit d'auteur

L'expression « Val-Thorens » procède « d'un processus consistant à utiliser des toponymes (le vallon du ruisseau Thorens) pour parvenir à une expression nouvelle, propre à désigner ces œuvres d'une manière particulière, originale et reconnaissable. Il s'agit là d'un processus créatif, portant la marque de la personnalité de l'auteur qui parvient ainsi à un titre protégeable en tant que tel. » Le titulaire des droits sur cette œuvre collective est l'Office du tourisme de Val-Thorens et l'enregistrement par un tiers sans son autorisation « des noms de domaine val-thorens.net et val-thorens.org constitue bien une contrefaçon de ce droit »[29].

Transfert du nom de domaine d'une collectivité

Une agence web qui avait réservé en 2004 les noms de domaines *saoneetloire.fr* et *saone-et-loire.fr* et, en 2012, le nom accentué *saône-et-loire.fr*, a été condamnée à les transférer au profit du département de Saône-et-Loire, « faute pour la société [...] de justifier d'un intérêt légitime au sens de l'article L.45-2.3° [du CPCE] ». L'agence a également été condamnée à 20 000 € de dommages et intérêts pour atteinte au nom de la collectivité territoriale et à 5 000 € pour contrefaçon de la marque déposée « saône-et-loire le département ». Cet arrêt annule la décision de l'Afnic, prise dans le cadre de la procédure Syreli (voir chapitre 5), qui avait refusé le transfert de ces noms de domaine[30].

Nom de domaine et appellation d'origine contrôlée (AOC)

En 2017, dans le cadre d'une procédure alternative de résolution des litiges (voir chapitre 5), l'Afnic a donné droit à la demande de la Fédération des vins de Nantes, chargée de la défense de l'AOC Muscadet, de lui transférer la propriété du domaine muscadet.fr qui avait été déposé par un tiers.

Nom de l'État

Constatant que « l'appellation "France" constitue pour l'Etat français un élément d'identité assimilable au nom patronymique d'une personne physique », la cour d'appel de Paris a ordonné le transfert à l'État français du nom de domaine france.com précédemment exploité par une agence de voyage américaine[31].

Noms de domaines et droit des marques

Dans de nombreux cas, le nom de domaine déposé par une organisation correspond à une marque. Or, le droit des marques fait partie de la propriété industrielle, différente de la propriété littéraire et artistique (droit d'auteur) évoquée au chapitre 1. Il fait l'objet des articles L711-1 et suivants du CPI et présente plusieurs spécificités qu'il est utile de synthétiser.

29. CA Lyon, 1ère ch., 28 mai 2014.

30. CA Versailles, 12e ch., 14 mars 2017.

31. CA Paris, pôle 5 ch. 2, 22 septembre 2017.

Définition de la marque

L'article L711-1 du CPI dispose que :

« La marque de fabrique, de commerce ou de service est un signe susceptible de représentation graphique servant à distinguer les produits ou services d'une personne physique ou morale.

Peuvent notamment constituer un tel signe :

a) Les dénominations sous toutes les formes telles que : mots, assemblages de mots, noms patronymiques et géographiques, pseudonymes, lettres, chiffres, sigles [...] »

Caractère distinctif

Pour être valable, une marque doit être distinctive. Selon l'article L711-2 du CPI :

« Le caractère distinctif d'un signe de nature à constituer une marque s'apprécie à l'égard des produits ou services désignés.

Sont dépourvus de caractère distinctif :

a) Les signes ou dénominations qui, dans le langage courant ou professionnel, sont exclusivement la désignation nécessaire, générique ou usuelle du produit ou du service ;

b) Les signes ou dénominations pouvant servir à désigner une caractéristique du produit ou du service, et notamment l'espèce, la qualité, la quantité, la destination, la valeur, la provenance géographique, l'époque de la production du bien ou de la prestation de service ;

c) Les signes constitués exclusivement par la forme imposée par la nature ou la fonction du produit, ou conférant à ce dernier sa valeur substantielle.

Le caractère distinctif peut, sauf dans le cas prévu au c, être acquis par l'usage. »

Limites

Enfin, certaines limites existent dans le choix d'une marque. Selon l'article L711-4 du CPI :

« Ne peut être adopté comme marque un signe portant atteinte à des droits antérieurs, et notamment :

a) A une marque antérieure enregistrée ou notoirement connue au sens de l'article 6 bis de la convention de Paris pour la protection de la propriété industrielle ;

b) A une dénomination ou raison sociale, s'il existe un risque de confusion dans l'esprit du public ;

c) A un nom commercial ou à une enseigne connus sur l'ensemble du territoire national, s'il existe un risque de confusion dans l'esprit du public ;

d) A une appellation d'origine protégée ou à une indication géographique ;

e) Aux droits d'auteur ;

f) Aux droits résultant d'un dessin ou modèle protégé ;

g) Au droit de la personnalité d'un tiers, notamment à son nom patronymique, à son pseudonyme ou à son image ;

h) Au nom, à l'image ou à la renommée d'une collectivité territoriale. »

Cette énumération étant introduite par l'adverbe « notamment », elle n'est donc pas limitative. La jurisprudence y ajoute les noms de domaines exploités[32].

Formalités de dépôt

Contrairement au droit d'auteur, qui comme on l'a vu s'acquiert par le simple fait de la création, une formalité de dépôt préalable est indispensable en droit des marques. En effet, selon l'article L712-1 du CPI, « la propriété de la marque s'acquiert par l'enregistrement » auprès de l'Institut national de la propriété industrielle (INPI).

Principe de spécialité

Cet enregistrement est valable uniquement pour la catégorie de biens et de services spécifiée, parmi les 45 classes différentes, lors du dépôt (principe de spécialité). Cela signifie qu'une marque identique peut parfaitement être déposée pour des types de biens ou de services différents (par exemple, « Mont-Blanc » pour des stylos et pour des crèmes desserts).

Marques renommées

Toutefois, les marques renommées jouissent d'une protection supplémentaire, au-delà du principe de spécialité, pour empêcher de profiter de leur notoriété en commercialisant sous leur nom des produits différents :

« La reproduction ou l'imitation d'une marque jouissant d'une renommée pour des produits ou services non similaires à ceux désignés dans l'enregistrement engage la responsabilité civile de son auteur si elle est de nature à porter préjudice au propriétaire de la marque ou si cette reproduction ou imitation constitue une exploitation injustifiée de cette dernière.

Les dispositions de l'alinéa précédent sont applicables à la reproduction ou l'imitation d'une marque notoirement connue au sens de l'article 6 bis de la convention de Paris pour la protection de la propriété industrielle précitée » (article L713-5).

La CJUE a précisé que « le public parmi lequel la marque antérieure doit avoir acquis une renommée est celui concerné par cette marque, c'est-à-dire, en fonction du produit ou du service commercialisé, soit le grand public, soit un public plus spécialisé, par exemple un milieu professionnel donné. [...] Le degré de connaissance requis doit être considéré comme atteint lorsque la marque antérieure est connue d'une partie significative du public concerné par les produits ou services couverts par cette marque. Dans l'examen de cette condition, le juge national doit prendre en considération tous les éléments pertinents de la cause, à savoir, notamment, la part de marché détenue par la marque, l'intensité, l'étendue géographique et la durée de son usage, ainsi que l'importance des investissements réalisés par l'entreprise pour la promouvoir. [...] Il ne peut être exigé que la renommée existe dans « tout » le territoire de l'État membre. Il suffit qu'elle existe dans une partie substantielle de celui-ci »[33].

32. CA Paris, 18 octobre 2000 ; CA Paris, 30 octobre 2002 ; CA Paris, 12 septembre 2003.

33. CJUE, 14 septembre 1999, affaire C-375/97.

Droits conférés par l'enregistrement

« L'enregistrement de la marque confère à son titulaire un droit de propriété sur cette marque pour les produits et services qu'il a désignés » (article L713-1). Le propriétaire de la marque peut alors interdire :

- « La reproduction, l'usage ou l'apposition d'une marque, [...] ainsi que l'usage d'une marque reproduite, pour des produits ou services identiques à ceux désignés dans l'enregistrement » (article L713-2) ;
- et « s'il peut en résulter un risque de confusion dans l'esprit du public :

a) La reproduction, l'usage ou l'apposition d'une marque, ainsi que l'usage d'une marque reproduite, pour des produits ou services similaires à ceux désignés dans l'enregistrement ;

b) L'imitation d'une marque et l'usage d'une marque imitée, pour des produits ou services identiques ou similaires à ceux désignés dans l'enregistrement » (article L713-3).

Cette confusion doit être appréciée en prenant en compte l'effet sur le public moyen : le juge doit rechercher « si les ressemblances existantes [ne sont] pas de nature à créer un risque de confusion pour un consommateur d'attention moyenne n'ayant pas simultanément sous les yeux les deux marques »[34].

Puisqu'elle est limitée à des « produits et services », la protection d'une marque n'opère que dans le domaine de la « vie des affaires » : une marque n'est pas protégée sous le régime de la propriété industrielle, par exemple, contre son utilisation dans un site de fans, dès lors que ce site n'exerce aucune activité économique ou commerciale[35]. Elle peut toutefois le cas échéant être protégée si elle bénéficie du régime de la propriété littéraire et artistique (droit d'auteur).

Selon l'article L716-1, « l'atteinte portée au droit du propriétaire de la marque constitue une contrefaçon engageant la responsabilité civile de son auteur ».

Jurisprudence

De nombreuses jurisprudences illustrent l'application du droit des marques aux noms de domaines.

Un nom de domaine n'est pas une marque

Une action intentée pour interdire à autrui l'usage d'un nom de domaine ne peut être fondée sur l'article L711-4 du CPI, puisqu'un nom de domaine n'est pas une marque. « Une telle confusion doit être évitée, la marque ayant un statut juridique spécifique défini par la loi, alors que le nom de domaine ne fait l'objet d'aucune réglementation particulière et ne peut bénéficier d'une protection que selon les principes généraux du droit commun »[36].

34. Cass. com., 25 mars 2014, n° de pourvoi 13-13.690.

35. TGI Paris, 28 novembre 2013.

36. TGI Nanterre, 13 mars 2000.

Une marque ne peut pas imiter un nom de domaine déposé et exploité antérieurement

L'article L711-4 du CPI ne mentionne pas les noms de domaines antérieurement existants parmi les signes ne pouvant être adoptés comme marque. La jurisprudence, profitant du fait que la liste du L711-4 n'est pas exhaustive, y a inclus les noms de domaines : « la marque déposée imitant le nom de domaine [...] et visant des services similaires à ceux pour lesquels le nom de domaine est exploité, il existe un risque de confusion dans l'esprit du public entre les signes en cause »[37]. Toutefois, cela n'est possible que si le nom de domaine a été exploité : « s'il est exact qu'un nom de domaine peut faire partie, bien que n'étant pas cité expressément dans l'énumération de l'article L.711-4 susvisé, des antériorités opposables à celui qui dépose une marque, encore faut-il qu'il ait donné lieu, outre les formalités d'immatriculation ou d'hébergement, à une exploitation effective sous la forme d'un site internet. [Faute de quoi], la demanderesse ne bénéficie d'aucun droit antérieur à opposer à la marque litigieuse, sa demande en annulation sera rejetée »[38].

Il est donc indispensable, pour pouvoir s'opposer au dépôt d'une marque, de fournir une preuve de l'utilisation effective du nom de domaine antérieurement à l'enregistrement de la marque litigieuse[39].

Toutefois, cette faculté de s'opposer au dépôt d'une marque sur la base d'un nom de domaine préexistant ne peut s'exercer que devant un tribunal et non devant l'INPI, dont les critères d'antériorité n'incluent pas les noms de domaines : « Il sera relevé, en tout état de cause, que le moyen tiré de l'atteinte à un nom de domaine, s'il est de nature sous certaines conditions, à constituer un motif de nullité d'une marque, ne relève pas de la compétence de l'Inpi et de la procédure d'opposition prévue par le code de la propriété intellectuelle »[40].

La seule réservation d'un nom de domaine ne suffit donc pas à prouver les droits, contrairement à l'enregistrement d'une marque qui produit ses effets dès le dépôt. Pour éviter cette difficulté, il est recommandé d'enregistrer une marque simultanément à l'achat du nom de domaine.

Contrefaçon d'une marque par un nom de domaine : principe de spécialité

Selon le principe de spécialité, le dépôt d'une marque n'ouvre des droits que pour les catégories de biens et de services visés lors de l'enregistrement. Il est donc logique qu'il ne puisse y avoir contrefaçon d'une marque par un nom de domaine « que si les produits et services offerts sur ce site sont soit identiques, soit similaires à ceux visés dans l'enregistrement de la marque et de nature à entraîner un risque de confusion dans l'esprit du public »[41].

37. TGI Nanterre, 1ère ch., 3 décembre 2015.
38. TGI Paris, 3e ch., 17 janvier 2014.
39. TGI Paris, 3e ch., 9 octobre 2014.
40. CA Bordeaux, 1ère ch., 10 mars 2014.
41. Cass. com., 13 décembre 2005, n° de pourvoi 04-10.143.

Contrefaçon d'une marque renommée

Comme on l'a vu, l'article L713-5 du CPI tempère le principe de spécialité pour les marques bénéficiant d'une renommée. Cela est aussi valable dans le cas d'une contrefaçon par un nom de domaine, si cette imitation est de nature à porter préjudice au propriétaire de la marque. Ainsi, « l'enregistrement des noms de domaine "*www.desperados-game.com*" et "*www.desperados-game.net*" [pour des jeux vidéo destinés à un public jeune et masculin] porte atteinte à la marque renommée de la société Brasserie Fischer au motif qu'ils incorporent la dénomination "desperados" [marque de bière destinée à ce même public] ; [en effet] le mot « desperados » était l'élément essentiel des noms de domaine en litige », le terme « game » étant purement descriptif[42].

De même, c'est au visa de l'article L713-5 du CPI que la titulaire du nom de domaine *milka.fr* pour un site de couture a dû le rendre à la société détentrice de la marque de confiserie Milka. La cour, ayant constaté la quasi-identité des signes, a recherché « si les deux autres conditions posées par l'article L 713-5 du code de la propriété intellectuelle sont réunies, à savoir d'une part la notoriété des marques invoquées et d'autre part si l'emploi de ces signes par Milka B. a causé préjudice à Kraft Foods ou constitue une exploitation injustifié des marques invoquées, ces deux conditions étant alternatives et non cumulatives ». La renommée du chocolat Milka étant établie, la cour a jugé « que l'emploi du signe « Milka » constitue, ainsi que l'ont retenu les premiers juges, une exploitation injustifié de la marque « milka » ; que si l'appelante voulait se faire connaître grâce à un site internet, elle n'avait nullement l'obligation d'utiliser le terme « milka » ; que dès lors que son nom commercial est « milka couture », qu'elle est connue localement sous ce nom et qu'elle cherchait à développer ses activités de couturière, rien ne justifiait qu'elle adopte le seul signe « milka » ; que contrairement à ce qu'elle soutient, le simple fait que le nom de domaine « milka.fr » était disponible, n'implique pas qu'elle puisse l'exploiter, dès lors qu'il porte atteinte à une marque antérieure bénéficiant d'une renommée »[43].

De même, la personne ayant déposé le nom de domaine *redbull.re* a été condamnée à verser 5 000 € à la société Red Bull et à lui transférer le nom de domaine, car « l'enregistrement du nom de domaine *www.redbull.re* constitue en effet une atteinte à la marque communautaire verbale renommée » de la société et « le nom de domaine en cause se trouve de fait indisponible pour celle-ci qui se trouve dès lors empêchée d'exploiter un nom de domaine pourtant construit identiquement à d'autres sites qu'elle exploite, notamment *www.redbull.fr* »[44].

Cybersquatting

Deux jours après la publication d'un communiqué de presse du groupe NRJ, propriétaire de la radio Chérie FM, annonçant le lancement de la chaîne Chérie HD (haute définition), un particulier a acheté les noms de domaines *cherihd.net*, *cherie-hd.com*, *cherie-hd.net*, *cheriehd.fr* et *cherie-hd.fr*. Il a aiguillé ces noms de domaines vers un site web comportant des liens publicitaires vers des produits et services similaires à ceux de Chérie FM et a mis en vente ces noms de

42. Cass. com., 20 février 2007, n° de pourvoi 05-10.462.

43. CA Versailles, 12e ch., 27 avril 2006.

44. TGI Paris, 3e ch., 23 mai 2014.

domaines sur un site d'enchères. Ces faits caractérisaient la contrefaçon de la marque Chérie FM, et le contrefacteur a été condamné à verser 6000 € de dommages et intérêts à Chérie FM, ainsi que 3000 € de frais de justice[45].

Pas d'imitation si pas de confusion

Il a été jugé que l'utilisation du nom de domaine *reflexauto.fr* par une société de courtage automobile ne constituait pas une imitation de la marque déposée et du nom de domaine *autoreflex.com*, « faute de risque de confusion, voire même d'association, alors que pour des signes non identiques, et intrinsèquement peu distinctifs dans le domaine de l'automobile, seul en cause, les services en présence demeurent différents excluant toute atteinte à la fonction essentielle de la marque qui est de garantir l'identité d'origine des produits et services marqués ». En l'espèce, la cour a souligné que « visuellement, la similitude tient à la reprise, quoique inversés, de deux termes lesquels s'avèrent peu distinctifs, le mot "Reflex" renvoyant à l'évidence au réflexe, banalement incitatif, et le mot "Auto" étant générique pour désigner les automobiles ; que l'inversion des termes permet au plan phonétique de distinguer les expressions en cause à raison de sonorités d'attaque très différentes »[46].

Un terme passé dans le domaine courant n'est plus protégé

Le terme « argus » étant passé dans le domaine courant, la société qui exploite depuis 1942 « l'argus de l'automobile » ne peut, en raison du principe de spécialité, interdire un nom de domaine *argus.fr* utilisé pour d'autres types de services non concurrents, en l'occurrence l'achat et la vente de matériel informatique[47].

Distinctivité acquise par l'usage

Conformément à l'article L711-2 du CPI, le caractère distinctif d'une marque peut s'acquérir par l'usage. Ainsi, la marque *vente-privee.com* « était à la date de son dépôt, compte tenu de son caractère usuel et descriptif, dépourvue de caractère distinctif au regard des exigences de l'article L711-2, a) et b) du code de la propriété intellectuelle ». Toutefois, en raison de son activité intense, démontrée notamment par des sondages de notoriété qui montrent « qu'une « fraction significative » du public concerné perçoit la marque « VENTE-PRIVEE.COM » comme identifiant les services de vente au détail de produits ou services d'origines diverses désignés par elle comme provenant d'une entreprise déterminée, en l'occurrence la société Vente-privee.com », « cette marque avait indéniablement acquis par l'usage, dès la demande de nullité, un caractère distinctif au regard des services de promotion des ventes » désignés à l'enregistrement[48].

Le titulaire de noms de domaines imitant cette marque, par exemple *venteprivees.com*, *ventprivee.com*, *vente-priveee.com* et *ventprive.com*, porte donc atteinte à la marque ainsi qu'à la dénomination sociale, au nom commercial, à l'enseigne et aux noms de domaines de la société Vente-privée.

45. TGI Nanterre, 1ère ch., 28 juin 2012.

46. CA Paris, 18 septembre 2013.

47. Cass. com., 23 janvier 2007.

48. CA Paris, 1ère ch., 31 mars 2015, confirmé par Cass. com., 6 décembre 2016.

com. Il a été condamné sous astreinte à en cesser l'exploitation et à verser 15 000 € de provision sur l'indemnisation du préjudice[49]. De même, le titulaire du nom de domaine *revente-privee.eu* a été condamné à 10 000 € de dommages pour contrefaçon et atteinte à la dénomination sociale, au nom commercial, à l'enseigne et aux noms de domaines de cette même société[50].

Autre exemple, si la marque « Se Loger » ne peut être enregistrée dans le domaine de l'immobilier, pour lequel elle n'est pas assez distinctive, en revanche la marque « SeLoger.com » est protégée car elle a « déjà acquis par l'usage un caractère distinctif au regard des produits et services relevant des affaires immobilières » et le suffixe *.com* « constitue un élément dominant et indispensable pour la distinctivité de la marque »[51].

À retenir

- Un site web est protégeable par le droit d'auteur s'il remplit la condition d'originalité.
- S'il fait réaliser son site web par un prestataire, le donneur d'ordre a intérêt à conserver des preuves de ses directives de conception, afin de pouvoir revendiquer la qualité d'auteur du site. Faute de preuves, c'est le prestataire développeur qui sera considéré comme auteur et qui conservera notamment le droit moral (droit d'afficher son nom sur le site, droit de refuser les modifications…).
- Un site web non original peut être protégé par une action en parasitisme ou en concurrence déloyale.
- Un nom de domaine doit faire l'objet d'un enregistrement. Certains noms ne peuvent être réservés librement (marques existantes, noms patronymiques de tiers, nom de l'État ou de collectivités territoriales…).
- Le nom de domaine peut être protégé par le droit d'auteur ou par une action en parasitisme ou en concurrence déloyale.
- Une marque doit être déposée auprès de l'INPI.
- Une marque ne peut reprendre un nom de domaine exploité par un tiers.
- Un nom de domaine commercial ne peut reprendre une marque détenue par un tiers pour des produits et services similaires, et même pour des produits et services différents s'il s'agit d'une marque renommée.

49. TGI Paris, 3e ch., 6 décembre 2013.

50. TGI Paris, 3e ch., 13 novembre 2015.

51. CA Paris, 1ère ch., 14 octobre 2014.

4

Les droits à titre personnel

Outre les droits d'auteur générés dès la création d'une œuvre et ceux éventuellement issus de l'enregistrement d'une marque, les personnes physiques bénéficient d'un certain nombre de droits directement liés à leur identité même. Bien qu'ils ne relèvent pas de la propriété intellectuelle, ils entrent parfois en conflit avec cette dernière. En outre, leurs effets sont parfois similaires, notamment dans l'obtention de dommages et intérêts suite à un litige, ce qui justifie de les exposer brièvement dans ce chapitre.

Droit au nom

« Selon le droit commun, le nom patronymique [nom de famille] est un droit de la personnalité qui fait l'objet à ce titre d'une protection permettant à son titulaire de le défendre contre toute appropriation indue de la part d'un tiers lorsque celui-ci, par l'utilisation qu'il en fait, cherche à tirer profit de la confusion qu'il crée dans l'esprit du public »[1].

Le pseudonyme est également protégé, dans une certaine mesure, soit au titre du droit d'auteur (s'il est original), soit en tant qu'attribut de la personnalité (s'il a acquis une certaine notoriété qui devra être démontrée), soit en tant que marque (s'il a été déposé par son titulaire), soit enfin par certaines dispositions explicites (par exemple en droit des marques, l'article L711-4 du CPI mentionné plus bas).

1. TGI Nanterre, 13 mars 2000.

Protection contre les utilisations commerciales

Nom patronymique et nom de domaine

Créer des noms de domaines utilisant le nom patronymique d'une personne connue revient à « s'approprie[r] sans son consentement un attribut de sa personnalité dans des conditions de nature à semer la confusion dans l'esprit du public. En effet, en se connectant sur l'un de ces sites, tout internaute peut légitimement croire se trouver sur un site ouvert, ou au moins contrôlé par la [personne connue], ce qui n'est pas le cas. Enfin, en enregistrant un nom sur lequel il n'a aucun droit auprès de l'Internic, [l'auteur des faits] met obstacle à l'utilisation par [la personne concernée] de son propre nom pour désigner un site destiné à assurer sa communication. Dans ces conditions, [l'auteur des faits] cause à la demanderesse un trouble manifestement illicite ». Le créateur de ces noms de domaines s'est vu signifier une interdiction sous astreinte d'utiliser le nom patronymique de la tierce personne, ainsi qu'une condamnation à faire annuler sous astreinte les noms de domaines litigieux et à rembourser les frais de justice[2].

Plus spécifiquement, l'article L45-2 du CPCE dispose que « l'enregistrement ou le renouvellement des noms de domaine peut être refusé ou le nom de domaine supprimé lorsque le nom de domaine est : [...]

2° Susceptible de porter atteinte à des droits de propriété intellectuelle ou de la personnalité, sauf si le demandeur justifie d'un intérêt légitime et agit de bonne foi ».

Le TGI de Paris a ainsi ordonné le transfert à une personne d'un nom de domaine comportant son nom patronymique (peu commun) et son prénom, utilisé sans autorisation par un tiers pour exploiter un site de vente en ligne non conforme à la réglementation[3].

Selon l'article R20-44-46 du CPCE, la mauvaise foi du demandeur ou du titulaire d'un nom de domaine peut notamment être caractérisée par le fait d'avoir obtenu ou demandé l'enregistrement de ce nom principalement en vue de le vendre, de le louer ou de le transférer de quelque manière que ce soit au titulaire d'un nom identique ou apparenté et non pour l'exploiter effectivement, ou dans le but de nuire à la réputation du titulaire d'un droit reconnu sur ce nom ou sur un nom apparenté, ou enfin dans le but de profiter de la renommée du titulaire, ou de celle d'un produit ou service assimilé à ce nom, en créant une confusion dans l'esprit du consommateur.

Nom patronymique et marque

Selon l'article L711-4 du CPI :

« Ne peut être adopté comme marque un signe portant atteinte à des droits antérieurs, et notamment [...] :

g) Au droit de la personnalité d'un tiers, notamment à son nom patronymique, à son pseudonyme ou à son image ».

On notera que le pseudonyme est ici protégé comme le nom.

2. TGI Nanterre, 13 mars 2000.

3. TGI Paris, 3e ch., 2 mars 2017.

Inversement, l'existence d'une marque ne peut empêcher une personne homonyme d'utiliser son nom. L'article L713-6 du CPI dispose que « l'enregistrement d'une marque ne fait pas obstacle à l'utilisation du même signe ou d'un signe similaire comme :

a) Dénomination sociale, nom commercial ou enseigne, lorsque cette utilisation est soit antérieure à l'enregistrement, soit le fait d'un tiers de bonne foi employant son nom patronymique ».

Protection contre les usurpations

L'usurpation d'identité, c'est-à-dire l'utilisation du nom d'une personne par un tiers qui n'a aucun droit dessus, dans une intention répréhensible, est sanctionnée par le Code pénal.

Dispositions réprimant l'usurpation

L'usurpation d'identité dans le but de commettre des infractions est réprimée par le premier alinéa de l'article 434-23 du Code pénal, qui dispose :

« Le fait de prendre le nom d'un tiers, dans des circonstances qui ont déterminé ou auraient pu déterminer contre celui-ci des poursuites pénales, est puni de cinq ans d'emprisonnement et de 75 000 euros d'amende. »

L'usurpation d'identité dans le but de nuire à la personne usurpée est réprimée par le premier alinéa de l'article 226-4-1 du Code pénal, qui dispose :

« Le fait d'usurper l'identité d'un tiers ou de faire usage d'une ou plusieurs données de toute nature permettant de l'identifier en vue de troubler sa tranquillité ou celle d'autrui, ou de porter atteinte à son honneur ou à sa considération, est puni d'un an d'emprisonnement et de 15 000 € d'amende. »

On notera que cette dernière disposition protège non seulement le nom et l'identité au sens large, mais également toutes autres données identifiantes, c'est-à-dire notamment l'adresse mail, le pseudo (ou le login), le mot de passe…

L'article 313-1 du Code pénal réprime également le fait d'utiliser un faux nom pour tromper quelqu'un :

« L'escroquerie est le fait, soit par l'usage d'un faux nom ou d'une fausse qualité, soit par l'abus d'une qualité vraie, soit par l'emploi de manœuvres frauduleuses, de tromper une personne physique ou morale et de la déterminer ainsi, à son préjudice ou au préjudice d'un tiers, à remettre des fonds, des valeurs ou un bien quelconque, à fournir un service ou à consentir un acte opérant obligation ou décharge. »

Jurisprudence

Plusieurs jugements ont condamné, sur le fondement de l'article 226-4-1 du Code pénal, les auteurs de faux comptes Facebook, faux sites web, fausses adresses mail, etc. utilisés par vengeance ou dans l'intention de nuire à la personne usurpée, à des peines allant jusqu'à deux ans de prison dont un avec sursis, 3 000 € d'amende et 30 000 € de dommages[4].

Droit à l'image

Principes

Le droit à l'image ne figure pas dans la loi en tant que tel, mais dérive de l'article 9 du Code civil, qui dispose que « chacun a droit au respect de sa vie privée ». Ainsi, quelle que soit sa notoriété, « toute personne a sur son image et sur l'utilisation qui en est faite un droit absolu qui lui permet de s'opposer à sa reproduction et à sa diffusion sans son autorisation expresse et ce, quel que soit le support utilisé »[5].

Ce droit à l'image s'exerce aussi bien sur les photos que sur les vidéos, que le contexte soit familial ou professionnel et que la prise de vue ait eu lieu dans un lieu privé ou dans un lieu public. Or, avec la généralisation des réseaux sociaux et celle des appareils photo sur les smartphones, il est devenu banal de prendre des clichés de ses proches et de les publier sur sa page personnelle. Cet acte ne doit pas devenir anodin puisqu'il viole le droit de chacun à la protection de son image et de sa vie privée. Il est donc conseillé de paramétrer son compte avec des groupes fermés, pour éviter de rendre les images publiées accessibles au grand public, d'éviter de filmer des personnes sans leur consentement et d'accepter les éventuelles demandes de suppression.

Toutefois, le droit à l'image n'est pas absolu et il doit notamment s'articuler avec le droit à l'information du public : il a été souligné que certes « toute personne a sur son image un droit exclusif et absolu et peut s'opposer à sa fixation, à sa reproduction ou à son utilisation sans autorisation préalable mais que ce droit doit se combiner avec l'exercice de la liberté de communication des informations, ce dont il résulte qu'une personne ne peut s'opposer à la réalisation et à la divulgation de son image chaque fois que le public a un intérêt légitime à être informé »[6]. Les images ayant pour but d'illustrer l'actualité ne nécessitent donc pas d'autorisation des personnes filmées. Il en est de même des images des personnalités publiques dans l'exercice de leurs fonctions.

Hors de ces situations, un accord écrit de la personne visée (ou de son représentant légal s'il s'agit d'un mineur) est nécessaire pour pouvoir publier son image. Cet accord doit spécifier les conditions d'utilisation et ne peut avoir une portée générale.

Utilisation de l'image de personnes décédées

Le numérique permet désormais de ressusciter des personnes décédées pour les faire apparaître dans des films ou des spectacles. Ainsi, dans *Rogue One*, le film de la série *Star Wars* sorti en

4. CA Paris, 7e ch., 10 octobre 2014; T. corr. Montbéliard, 8 janvier 2015 ; TGI Paris, 17e ch., 24 mars 2015 ; CA Paris, 5e ch., 13 avril 2016 ; TGI Paris, 12 août 2016.

5. CA Paris, 10 février 1999.

6. Cass. civ., 2e ch., 30 juin 2004.

décembre 2016, l'acteur Peter Cushing reprend le rôle de commandant de l'Étoile noire qu'il jouait en 1977... alors qu'il est mort en 1994. En 2017, le spectacle *Hit Parade* fait revivre sur scène Dalida, Claude François, Mike Brant et Sacha Distel.

On parle d'hologrammes, mais il s'agit ici d'un abus de langage. Un vrai hologramme est une image en trois dimensions, ce qui n'est pas le cas ici. Les réalisateurs ont filmé un acteur à la morphologie proche du disparu, enregistrant toutes ses expressions grâce à des capteurs, puis le visage de l'acteur décédé a été ajouté par ordinateur, plaqué sur celui de son remplaçant et animé par ordinateur. Pour la représentation dans une salle de spectacle, le film est projeté sur un écran invisible tendu au milieu de la scène.

Du point de vue juridique, en droit français[7], les héritiers de la star décédée disposent des droits sur le nom et sur l'image de celle-ci. Ce sont donc eux qui peuvent autoriser cette résurrection, sauf volonté contraire du défunt, à l'instar de Robin Williams, qui a interdit toute utilisation de son image pendant 25 ans après sa mort.

L'image peut également être utilisée dans un jeu vidéo pour donner à un personnage les traits d'une personne décédée. Les enfants du chef de guerre angolais Jonas Savimbi, mort en 2002, ont ainsi intenté un procès en diffamation à l'éditeur d'un jeu vidéo de combats dans lequel un des personnages a les traits de leur père. Leur action a été rejetée pour vice de forme[8].

Pour revenir sur le terrain des droits d'auteur, la question des droits voisins, en tant qu'interprète, de l'acteur qui joue la doublure de la star décédée, se posera inéluctablement.

Jurisprudence

Mise en ligne de photos privées

Le responsable d'un site web qui avait publié sans autorisation des photos intimes d'un mannequin, en violation de son droit à l'image, a été condamné à lui verser la somme provisionnelle de 300 000 francs (environ 45 000 euros) à valoir sur la réparation du préjudice. La cour a également ordonné la publication de la condamnation dans des journaux[9].

Mise en ligne de photos prises dans un lieu public

Un site web ayant publié des photos d'un homme assis à côté d'une actrice célèbre dans les tribunes de Roland-Garros, a été condamné à lui verser la somme de 10 000 € en réparation de l'atteinte portée à ses droits de la personnalité. En effet, « la présence de M. B-Z. aux côtés de Mme C. à l'occasion d'un match des internationaux de France de tennis de Roland Garros, où sont certes présents de nombreux photographes, ne saurait en outre être considérée comme autorisant la société éditrice à publier au soutien de cette annonce illicite sept clichés pris manifestement au téléobjectif sans autorisation et représentant en gros plan l'intéressé qui

7. Dans certains États des États-Unis s'applique « the right of publicity » selon lequel l'image de l'artiste tombe dans le domaine public dès son décès.

8. TGI Nanterre, 24 mars 2016.

9. CA Paris, 10 février 1999.

assistait à cette rencontre à titre privé aux côtés de l'actrice. En conséquence, la publication de ces nombreuses photographies non consenties du demandeur révélant un moment de vie personnelle dans les tribunes d'un stade de tennis violent les droits dont il dispose sur son image et portent atteinte à sa vie privée »[10].

De même, un site web ayant publié des photos d'une actrice assistant, à titre privé, à un match de football, a été condamné à 1 000 € de dommages pour atteinte à son droit à l'image[11].

Le droit à l'image vaut pour toute publication, même sans exploitation commerciale. Une personne qui avait publié un selfie pris avec une personnalité politique endormie dans un avion (et donc dans l'incapacité de s'opposer à la prise de la photo) a été condamnée en appel à 3 000 € de dommages-intérêts et au retrait de l'image. En effet, cette publication constitue « une atteinte au droit exclusif dont [la personne politique] dispose sur son image, en ce qu'il a été réalisé et diffusé sans son autorisation et sans être justifié par le sujet d'actualité politique en cause ». Le fait que cette personne se trouvait alors dans un lieu public « n'est pas de nature à diminuer son droit d'obtenir réparation pour atteinte à sa vie privée. [...] Admettre le contraire reviendrait à considérer que les personnes jouissant d'une certaine célébrité ne bénéficient pas du même droit que les autres de fréquenter les lieux publics et constituerait une mesure discriminatoire »[12].

Création artistique et droit à l'image

On ne peut invoquer la liberté de création artistique pour utiliser l'image d'un tiers sans son consentement : « le défendeur ne saurait utilement prétendre que la liberté de création artistique abolirait le droit à la vie privée et le droit à l'image des tiers hors l'hypothèse d'une atteinte à la dignité ; qu'outre le fait qu'il n'appartient pas à une juridiction de tracer la frontière entre ce qui peut ressortir ou non à la création artistique, cette solution heurterait, par son caractère absolu, les exigences de l'article 8 de la convention de sauvegarde des droits de l'homme et des libertés fondamentales qui imposent aux Etats de protéger ces droits subjectif et d'apprécier concrètement la nécessité de faire prévaloir la liberté d'expression sur les droits à la vie privée et à l'image »[13]. Il revient donc au tribunal de désigner, dans chaque cas d'espèce, lequel des droits doit prévaloir.

Litige de voisinage

La publication sur un site web de la photo d'un copropriétaire avec lequel on est en litige, dans le but de le ridiculiser, « porte atteinte au droit dont il dispose sur son image ». L'auteur des faits ne peut invoquer « l'exercice de la liberté d'expression pour caricaturer la copropriété dont il fait partie dès lors que, s'agissant d'un conflit de voisinage entre deux copropriétaires, aucun débat d'intérêt général n'est en cause et que le prétendu but humoristique ou caricatural, à le supposer démontré, n'autorise pas, dans une telle occurrence, les atteintes aux droits de la

10. TGI Nanterre, 1ère ch., 26 novembre 2015.

11. TGI Nanterre, 16 mars 2017.

12. TGI Paris, 10 février 2016, confirmé par CA Paris, 7 juillet 2017.

13. TGI Paris, 10 janvier 2013.

personnalité, les révélations litigieuses n'étant justifiées par aucun motif légitime». Il a été condamné à 3 000 € de dommages et intérêts[14].

Droit à l'image d'un fonctionnaire

On a vu précédemment qu'il était possible de diffuser sans leur autorisation l'image de personnes publiques dans l'exercice de leurs fonctions, mais cette exception au droit à l'image n'englobe pas les fonctionnaires, qui ne sont pas des personnes publiques. La mise en ligne de la vidéo d'un contrôle fiscal au cours duquel le contribuable fait opposition, et dans laquelle l'inspecteur des impôts apparaît de manière reconnaissable, a ainsi été condamnée, car «rien ne justifie que le visage du fonctionnaire de l'administration des impôts procédant à un contrôle fiscal soit diffusé et soumis à la curiosité du public, sans son consentement, hors les cas où il viendrait illustrer avec pertinence soit un événement d'actualité, ce que n'est pas un tel contrôle, qui procède d'une pratique courante, soit un débat d'intérêt général, dans la définition duquel n'entre pas l'opposition d'un contribuable à sa réalisation»[15]. L'image d'un fonctionnaire dans l'exercice de ses fonctions ne peut donc être diffusée qu'avec son consentement, ou pour illustrer un événement d'actualité ou un débat d'intérêt général.

Utilisation de l'image d'une personne dans un jeu vidéo

Un éditeur de jeux vidéo a-t-il le droit de créer un personnage ressemblant à une personne réelle sans l'autorisation de cette dernière ? Cette question a été posée par les enfants du chef rebelle angolais Jonas Savimbi, mis en scène dans un jeu vidéo. Toutefois, en l'espèce, les magistrats français ont constaté à la fois leur incompétence géographique, l'éditeur étant américain, et une nullité de la procédure pour vice de forme, les formes de la loi du 29 juillet 1881 concernant les plaintes en diffamation n'ayant pas été respectées[16].

Sanctions pénales

Des sanctions pénales réprimant l'atteinte au droit à l'image existent également. Ainsi, l'article 226-1 du Code pénal dispose, pour les images prises dans un lieu privé :

«Est puni d'un an d'emprisonnement et de 45 000 euros d'amende le fait, au moyen d'un procédé quelconque, volontairement de porter atteinte à l'intimité de la vie privée d'autrui […] :

2° En fixant, enregistrant ou transmettant, sans le consentement de celle-ci, l'image d'une personne se trouvant dans un lieu privé.

Lorsque les actes mentionnés au présent article ont été accomplis au vu et au su des intéressés sans qu'ils s'y soient opposés, alors qu'ils étaient en mesure de le faire, le consentement de ceux-ci est présumé.»

14. TGI Paris, 17e ch., 13 novembre 2013.

15. Cass. civ., 1ère ch., 15 janvier 2015.

16. TGI Nanterre, 24 mars 2016.

L'article 226-2 du Code pénal vise notamment la publication de ces images :

« Est puni des mêmes peines le fait de conserver, porter ou laisser porter à la connaissance du public ou d'un tiers ou d'utiliser de quelque manière que ce soit tout enregistrement ou document obtenu à l'aide de l'un des actes prévus par l'article 226-1. »

Un journal a ainsi été condamné à 10 000 € d'amende et à 7 000 € de dommages pour avoir mis en ligne une vidéo dévoilant les ébats sexuels d'un dirigeant de la Fédération internationale de l'automobile avec des prostituées[17].

Attention, il résulte de la rédaction des articles 226-1 et 226-2 qu'un consentement ainsi donné, de manière explicite ou implicite, pour l'enregistrement d'une image, s'étend automatiquement à la diffusion de cette image, comme l'a souligné la Cour de cassation : « n'est pas pénalement réprimé le fait de diffuser, sans son accord, l'image d'une personne réalisée dans un lieu privé avec son consentement »[18]. En effet, l'article 226-2 n'interdit que la publication des images prises sans le consentement de la personne.

Alors que les articles 226-1 et 226-2 visent uniquement les images prises dans un lieu privé et ne distinguent pas entre consentement à l'enregistrement et consentement à la diffusion, le législateur a considéré que les images à caractère sexuel, en raison de leur sensibilité particulière, nécessitaient une protection plus étendue. En conséquence, l'article 226-2-1 du Code pénal dispose que, pour ce type d'images, la protection s'étend aux photos prises dans les lieux publics et qu'un consentement spécifique est indispensable pour leur diffusion :

« Lorsque les délits prévus aux articles 226-1 et 226-2 portent sur des paroles ou des images présentant un caractère sexuel prises dans un lieu public ou privé, les peines sont portées à deux ans d'emprisonnement et à 60 000 € d'amende. Est puni des mêmes peines le fait, en l'absence d'accord de la personne pour la diffusion, de porter à la connaissance du public ou d'un tiers tout enregistrement ou tout document portant sur des paroles ou des images présentant un caractère sexuel, obtenu, avec le consentement exprès ou présumé de la personne ou par elle-même, à l'aide de l'un des actes prévus à l'article 226-1. »

Enfin, les montages réalisés avec l'image d'une personne sont interdits par l'article 226-8 du Code pénal :

« Est puni d'un an d'emprisonnement et de 15 000 euros d'amende le fait de publier, par quelque voie que ce soit, le montage réalisé avec les paroles ou l'image d'une personne sans son consentement, s'il n'apparaît pas à l'évidence qu'il s'agit d'un montage ou s'il n'en est pas expressément fait mention. »

17. TGI Paris, 8 novembre 2011.

18. Cass. crim., 16 mars 2016.

Droit sur les données personnelles

Principes

Droits

Chaque personne dispose, selon la loi 78-17 dite Informatique et Libertés et le règlement européen RGPD (règlement général sur la protection des données), de plusieurs droits sur l'utilisation qui est faite de ses données à caractère personnel, c'est-à-dire de toutes les données la concernant : ses historiques de navigation sur Internet, les contenus de ses échanges et de ses pages personnelles, les contenus de ses dossiers bancaires, fiscaux, médicaux, etc., l'enregistrement de son image, sa géolocalisation…[19]

Le traitement de ces données ne peut s'effectuer sans le consentement préalable de la personne ou sans un des autres motifs prévus (sauvegarde de la vie humaine, traitement de données répondant à une mission de service public, à une obligation légale ou à un contrat signé par cette personne, etc.).

La personne concernée bénéficie d'un droit à l'information, qui comprend notamment l'identité de l'organisme collectant les données, la finalité de la collecte, son caractère obligatoire ou facultatif, l'utilisation qui sera faite des données…

La personne concernée jouit également d'un droit d'opposition au traitement de ses données. Toutefois, sauf en matière de prospection commerciale, ce droit n'est pas absolu : il ne s'applique pas lorsque le traitement répond à une obligation légale, lorsqu'il a été écarté par l'arrêté ou le décret autorisant le traitement, ou lorsque l'organisme dispose d'une raison légitime supérieure pour le refuser.

Testament numérique

Par ailleurs, la loi dispose que la personne concernée peut rédiger un « testament numérique » réglant le sort de ses données après son décès. Ainsi,

« Toute personne peut définir des directives relatives à la conservation, à l'effacement et à la communication de ses données à caractère personnel après son décès. Ces directives sont générales ou particulières.

Les directives générales concernent l'ensemble des données à caractère personnel se rapportant à la personne concernée et peuvent être enregistrées auprès d'un tiers de confiance numérique certifié par la Commission nationale de l'informatique et des libertés. […] Les directives particulières concernent les traitements de données à caractère personnel mentionnées par ces directives. Elles sont enregistrées auprès des responsables de traitement concernés. […] Les directives générales et particulières définissent la manière dont la personne entend que soient exercés, après son décès, les droits mentionnés à la présente section. […]

19. Pour plus de détails, voir Fabrice Mattatia, *RGPD et droit des données personnelles*, Eyrolles, 3e édition, 2018, et pour une présentation simplifiée, Fabrice Mattatia, *Internet et les réseaux sociaux : que dit la loi ?*, Eyrolles, 3e édition, 2019.

En l'absence de directives ou de mention contraire dans lesdites directives, les héritiers de la personne concernée peuvent exercer après son décès les droits mentionnés à la présente section dans la mesure nécessaire :

- à l'organisation et au règlement de la succession du défunt. A ce titre, les héritiers peuvent accéder aux traitements de données à caractère personnel qui le concernent afin d'identifier et d'obtenir communication des informations utiles à la liquidation et au partage de la succession. Ils peuvent aussi recevoir communication des biens numériques ou des données s'apparentant à des souvenirs de famille, transmissibles aux héritiers ;
- à la prise en compte, par les responsables de traitement, de son décès. A ce titre, les héritiers peuvent faire procéder à la clôture des comptes utilisateurs du défunt, s'opposer à la poursuite des traitements de données à caractère personnel le concernant ou faire procéder à leur mise à jour. »

Répression des violations

L'autorité chargée de veiller à l'application de la loi Informatique et Libertés est la Commission nationale de l'informatique et des libertés (CNIL). Son site web *www.cnil.fr* détaille les différents droits issus de la loi et permet d'accomplir certaines démarches. En cas de violation des données personnelles, il est possible de déposer une plainte auprès de la CNIL, qui est dotée d'un pouvoir de contrôle et de sanction (sanction pécuniaire jusqu'à un montant de 20 millions d'euros ou 4 % du chiffre d'affaires mondial de l'entreprise fautive).

Il est également possible, en cas de violation de la loi Informatique et Libertés, de déposer une plainte auprès du juge pénal. En effet, les articles 226-16 et suivants du Code pénal sanctionnent le non-respect de cette loi. On citera notamment, concernant le respect de la vie privée et du droit à l'image, l'article 226-22 du Code pénal :

« Le fait, par toute personne qui a recueilli, à l'occasion de leur enregistrement, de leur classement, de leur transmission ou d'une autre forme de traitement, des données à caractère personnel dont la divulgation aurait pour effet de porter atteinte à la considération de l'intéressé ou à l'intimité de sa vie privée, de porter, sans autorisation de l'intéressé, ces données à la connaissance d'un tiers qui n'a pas qualité pour les recevoir est puni de cinq ans d'emprisonnement et de 300 000 euros d'amende.

La divulgation prévue à l'alinéa précédent est punie de trois ans d'emprisonnement et de 100 000 euros d'amende lorsqu'elle a été commise par imprudence ou négligence.

Dans les cas prévus aux deux alinéas précédents, la poursuite ne peut être exercée que sur plainte de la victime, de son représentant légal ou de ses ayants droit. »

Le non-respect du droit d'opposition mentionné plus haut est réprimé par l'article 226-18-1 :

« Le fait de procéder à un traitement de données à caractère personnel concernant une personne physique malgré l'opposition de cette personne, lorsque ce traitement répond à des fins de prospection, notamment commerciale, ou lorsque cette opposition est fondée sur des motifs légitimes, est puni de cinq ans d'emprisonnement et de 300 000 euros d'amende. »

Jurisprudence

Jurisprudences pénales

L'éditeur d'un annuaire en ligne, qui collectait et publiait des informations (notamment identités et coordonnées) sans l'autorisation des personnes concernées, a été condamné à 10 000 € d'amende avec sursis, notamment pour non-respect du droit d'opposition (art. 226-18-1 du Code pénal) et publication de données concernant la vie privée (art. 226-22)[20].

Pour avoir, par vengeance, harcelé son ex-épouse et multiplié les publications de photos intimes de celle-ci, sur des réseaux sociaux et même sur la page Facebook de l'établissement dans lequel elle enseigne, un homme a été condamné à un an de prison ferme et à 10 000 € de dommages et intérêts (art. 226-22)[21].

La dirigeante d'une association, et l'association elle-même, ont été condamnées à respectivement 1 500 et 3 000 € d'amende, plus 21 600 € de dommages, pour avoir mis en ligne une « liste noire » de notaires laissant entendre qu'ils avaient commis des malversations, ce qui nuisait à leur considération (art. 226-22), et sans respecter leur droit d'opposition (art. 226-18 al. 1 dans la rédaction de l'époque)[22].

Un fichier de données personnelles qui n'a pas fait l'objet, auprès de la CNIL, des formalités prévues par la loi Informatique et Libertés, a un objet illicite. Il n'est donc pas dans le commerce et ne peut faire l'objet d'une vente par son créateur[23].

Jurisprudences de la CNIL

Le non-respect des dispositions de la loi Informatique et Libertés, notamment du droit d'opposition ou de l'obligation de s'assurer du consentement d'une personne pour divulguer ses données, amène fréquemment la CNIL à prononcer des sanctions pécuniaires de plusieurs centaines de milliers d'euros. Le montant le plus élevé à ce jour est de 50 millions d'euros, amende infligée à Google en janvier 2019.

Peut-on être propriétaire de ses données personnelles ?

L'exploitation des données personnelles constitue la principale source de revenus des géants d'Internet. La valeur de nos données personnelles se chiffre en milliards d'euros. Par conséquent, abus et collectes illicites de données se multiplient ; l'action de la CNIL ou du juge pénal semble insuffisante pour endiguer ces pratiques et pour faire respecter les obligations et les garanties découlant de la loi Informatique et Libertés. Pour redonner au citoyen le contrôle sur ses données personnelles, certains juristes suggèrent de remplacer la loi Informatique et Libertés par une reconnaissance d'un droit de propriété des individus sur leurs données personnelles. Cela modifierait profondément la situation actuelle, dans laquelle aucun droit de propriété n'existe sur

20. CA Bordeaux, 3e ch., 18 décembre 2013.

21. TGI Metz, 8 septembre 2015.

22. CA Bourges, 2e ch., 11 janvier 2007.

23. Cass. com., 25 juin 2013.

ces données. Leur protection est d'ordre public, ce qui signifie qu'on ne peut y renoncer, même par consentement de la personne concernée. Cette proposition d'instaurer un droit de propriété est-elle juridiquement réalisable[24] ?

Tentative d'application du droit de propriété classique

Appliquer le droit de propriété aux données personnelles ne va pas de soi. En effet, le droit de propriété « classique » est défini à l'article 544 du Code civil comme étant « le droit de jouir et disposer des choses de la manière la plus absolue, pourvu qu'on n'en fasse pas un usage prohibé par les lois ou par les règlements ». La jouissance de ce dernier se décline traditionnellement en *usus*, *fructus* et *abusus*. Le *fructus* est le droit de percevoir les revenus du bien. Il ne pose pas de problème en cas de transfert de propriété de données : après tout, c'est déjà par l'exploitation des données d'autrui que se rémunèrent les services gratuits du Web. L'*usus* est le droit d'utiliser un bien, sans en percevoir les revenus. C'est bien la situation des individus actuellement, qui peuvent utiliser leurs données sans percevoir les revenus publicitaires qu'elles génèrent. Cependant, en cas de cession de la propriété de ces données, l'acquéreur obtiendrait le droit de les utiliser : peut-on concevoir de vendre par exemple ses données d'identité et de laisser l'acquéreur les utiliser ? L'*abusus*, qui est le droit de détruire le bien, pose des problèmes encore plus insurmontables : comment concevoir un droit de détruire ses données d'identité, ou de le céder à un tiers ? Le régime de la propriété classique semble donc peu adapté aux données personnelles.

Tentative d'application du droit d'auteur

La propriété littéraire et artistique peut-elle constituer une solution ? Le droit d'auteur, avec la distinction entre droits moraux incessibles et droits patrimoniaux cessibles sans exclusivité, semble mieux adapté aux données personnelles et plus à même de répondre aux paradoxes exposés précédemment : il suffirait de considérer que l'individu est l'auteur de ses données personnelles. Cependant, on s'aperçoit que, pour séduisante qu'elle apparaisse, cette solution n'est pas satisfaisante. En effet, les données personnelles ne sont pas systématiquement des œuvres de l'esprit originales et portant l'empreinte de la personnalité de leur auteur : un numéro de sécurité sociale, une adresse mail, une date de naissance… ne bénéficient pas de ces qualités. En outre, ce n'est pas la personne concernée qui est l'auteur de ces données, mais, selon les cas, un algorithme, le hasard, un service en ligne (pour les données concernant le profilage de navigation), voire… les parents (pour le prénom, les données biométriques, voire les habitudes comportementales) ! Appliquer le droit d'auteur aux données personnelles devrait donc logiquement conduire à investir de ce droit plusieurs personnes, mais pas nécessairement la personne concernée.

Conclusion

Pour rendre les individus propriétaires de leurs données, il serait donc nécessaire d'imaginer un régime de propriété *ad hoc*. Toutefois, il n'est pas sûr qu'une telle innovation soit bénéfique aux personnes qu'elle entend favoriser. En effet, il sera facile aux acteurs du Web de modifier leurs conditions d'utilisation pour les transformer en contrats de cession. Les utilisateurs accepteront

24. Fabrice Mattatia, Morgane Yaïche, « Être propriétaire de ses données personnelles » (1re partie) : *Revue Lamy Droit de l'Immatériel*, 2015/114, pp. 60-63 ; (2e partie) : *Revue Lamy Droit de l'Immatériel*, 2015/116, pp. 41-44.

cette cession d'un clic, comme ils acceptent aujourd'hui les conditions d'utilisation sans les lire. Ils ne gagneront au mieux que quelques euros, alors qu'ils auront renoncé à leurs droits fondamentaux. Le droit de propriété deviendrait ainsi un « droit d'être dépossédé »[25]. Comme l'écrivait la présidente de la CNIL, Isabelle Falque-Pierrotin, la propriété des données est une « fausse bonne idée » : « *a priori* séduisante, cette démarche impose en réalité une grande prudence car la privatisation de ses données, et donc leur possible cession ou vente, revêt un caractère d'irréversibilité préoccupant pour l'individu. Les droits une fois vendus, comment reprendre la main sur ses données ? À l'inverse, le droit actuel de la protection des données personnelles ouvre des droits à l'individu même lorsque ses données sont produites et traitées par d'autres »[26].

À retenir

- Toute personne a droit à la protection de son nom patronymique, notamment contre une utilisation non légitime dans un nom de domaine ou dans une marque.
- L'usurpation d'identité dans le but de commettre des infractions, de nuire à la personne usurpée, ou de commettre une escroquerie, constitue un délit pénal. La création de faux comptes Facebook, de faux sites web ou de fausses adresses e-mail est ainsi réprimée.
- Toute personne a un droit de contrôle sur l'usage qui est fait de son image et peut s'opposer à sa reproduction et à sa diffusion (sauf illustration d'actualité, sujet d'intérêt public, personnalités publiques dans l'exercice de leurs fonctions).
- L'enregistrement et la diffusion d'images de personnes se trouvant dans un lieu privé, sans leur consentement, constitue un délit pénal.
- La collecte et l'utilisation de données à caractère personnel, c'est-à-dire de toute information se rapportant à une personne identifiée ou identifiable, sont soumises à des règles strictes, dont le non-respect peut être sanctionné pénalement et administrativement.

25. Nathalie Mallet-Poujol, citée dans CNIL, *Cahiers Innovation et Prospective, « Vie privée à l'horizon de 2020 »,* n° 01, 2012, pp. 55-56.
26. CNIL, *Rapport d'activité 2013*, 2014, p. 8.

Deuxième partie

La lutte contre la contrefaçon

Un certain nombre de procédures sont utiles pour prévenir les atteintes aux droits, et également pour réagir en cas de violation de ces derniers.

Si l'internaute qui télécharge quelques fichiers pirates pour son usage personnel ne risque qu'une amende, en revanche l'industrie de la contrefaçon numérique fait l'objet d'une répression sévère.

Enfin, la loi encadre l'utilisation d'outils susceptibles de servir à contourner les mesures techniques de protection et prévoit des obligations spécifiques pour les différentes catégories d'acteurs.

5

Les procédures de prévention et de résolution des litiges

La protection des droits nécessite de prendre éventuellement quelques précautions. Une formalité de dépôt n'est obligatoire que pour les marques et les noms de domaines, mais elle peut également s'avérer utile pour les autres créations que l'on souhaite protéger. En cas de violation des droits, un constat peut se révéler nécessaire. Enfin, selon les cas, le litige se résoudra par un arbitrage ou devant un tribunal.

Dépôts et défense des droits

On a vu précédemment que la protection d'une œuvre de l'esprit découle de sa création, sans formalité préalable, tandis que la protection d'une marque ou d'un nom de domaine nécessite un enregistrement préalable. Toutefois, même pour les œuvres de l'esprit, il peut se révéler utile d'effectuer un dépôt, à titre de précaution, afin de constituer une preuve d'antériorité et d'identité de l'auteur.

Dépôt des marques

L'enregistrement des marques se fait obligatoirement auprès de l'Institut national de la propriété industrielle (INPI).

Institut national de la propriété industrielle (INPI)

L'INPI est un établissement public à caractère administratif, chargé notamment d'enregistrer les dépôts de marques, de brevets, de dessins et modèles[1]. Le dépôt d'une marque peut se faire sur formulaire papier ou en ligne, après avoir vérifié la disponibilité de cette marque, pour les catégories de produits ou de services spécifiés lors de l'enregistrement.

Dépôt des œuvres de l'esprit

La divulgation (révélation au public) d'une œuvre de l'esprit constitue évidemment un moyen de lui conférer une date et de désigner son auteur. L'article L121-2 du CPI dispose que « l'auteur a seul le droit de divulguer son œuvre. Sous réserve des dispositions de l'article L. 132-24 [relatif aux productions audiovisuelles], il détermine le procédé de divulgation et fixe les conditions de celle-ci [...] ».

Si l'on souhaite bénéficier des mêmes éléments de preuve sans publier l'œuvre, plusieurs solutions existent. On peut la déposer chez un huissier ou chez un notaire, officiers ministériels qui apportent une valeur probante à l'acte, mais cette solution est onéreuse. On peut également s'envoyer à soi-même le manuscrit par lettre recommandée (qui donnera date certaine), en prenant soin de sceller l'enveloppe de manière irréversible (par exemple en collant l'étiquette du recommandé sur le rabat) et de la conserver sans l'ouvrir (ce qui garantira le contenu).

Il est également possible de déposer l'œuvre auprès de sociétés spécialisées, dont quelques exemples suivent, selon le genre de l'œuvre.

Société des gens de lettres (SGDL)

Fondée en 1838 sur une idée de Balzac, reconnue d'utilité publique, la Société des gens de lettres participe à la protection des droits moraux et patrimoniaux des auteurs de l'écrit[2]. Elle propose notamment un service de dépôt et de protection de l'œuvre permettant de lui conférer une date d'antériorité et d'en identifier l'auteur. Le dépôt du manuscrit peut se faire sous forme papier, ou en ligne sous forme électronique.

Société des auteurs et compositeurs dramatiques (SACD)

La Société des auteurs et compositeurs dramatiques est une société civile dont l'objet est la défense des intérêts de ses associés[3], dans les domaines que représentent notamment, selon ses statuts, « les œuvres théâtrales, les œuvres dramatico-musicales, les œuvres chorégraphiques, les pantomimes, les numéros et tours de cirques... Les œuvres audiovisuelles susvisées sont notamment les œuvres cinématographiques, télévisuelles et d'animation, les créations interactives, ainsi que les œuvres radiophoniques, y compris, lorsqu'il y a lieu, les images fixes tirées de ces œuvres ». Elle propose un service de dépôt en ligne.

---

1. www.inpi.fr.
2. www.sgdl.org.
3. www.sacd.fr.

Société des auteurs, compositeurs et éditeurs de musique (SACEM)

La Société des auteurs, compositeurs et éditeurs de musique, fondée en 1851, est une société civile à but non lucratif détenue et gérée par ses membres[4]. Son modèle économique est celui d'une coopérative. Elle gère les droits de ses membres, collecte les redevances d'utilisation et les redistribue aux ayants droit. Le dépôt d'une œuvre, effectuable en ligne, revient à en confier la gestion à la société.

Enveloppe Soleau et service e-Soleau

Ce procédé est issu des travaux du fabricant de bronzes Eugène Soleau, qui recherchait à la fin du XIXe siècle un moyen simple et peu onéreux de protéger ses modèles contre la contrefaçon ; son action de lobbying est à l'origine de la législation actuelle sur le droit d'auteur et de la création de l'Institut national de la propriété industrielle[5]. L'enveloppe Soleau permet de constituer une preuve de date et d'identité de l'auteur : celui-ci insère deux exemplaires de sa création (imprimée sous un format souple et perforable) dans les deux compartiments de l'enveloppe et les envoie à l'INPI. Ce dernier enregistre la date de réception, perfore les deux compartiments au laser, en conserve un en archive et renvoie l'autre à l'auteur, qui doit le conserver scellé. En cas de litige, l'ouverture de l'enveloppe par l'INPI, par le tribunal ou par un huissier, permet d'établir les droits sur son contenu.

Depuis décembre 2016, l'INPI propose également un service d'archivage en ligne e-Soleau[6], pour déposer des fichiers sous format numérique et pour établir la preuve de l'existence d'une création à une date donnée. Pour chaque fichier déposé, une empreinte numérique est calculée par l'INPI afin de garantir le contenu et la date de dépôt, puis communiquée au déposant par récépissé électronique.

Filecys

Depuis 2017, la Chambre nationale des huissiers de justice propose également un service Filecys[7] de dépôt en ligne d'œuvres sous format numérique. En cas de besoin, un huissier peut ultérieurement dresser un constat de dépôt.

Dépôt des créations numériques et des noms de domaines

De même que pour les œuvres de l'esprit traditionnelles, il peut être utile de déposer les œuvres numériques pour constituer une preuve. Pour les noms de domaines, la formalité est obligatoire.

Agence pour la protection des programmes (APP)

L'APP est une association loi de 1901, créée en 1982, qui propose aux auteurs et aux éditeurs d'œuvres numériques des prestations de dépôt de leurs créations et de constat des violations de

4. www.sacem.fr.

5. Sabine Lubliner, « L'apport de l'industrie du bronze à la protection juridique des industries du luxe au XIXe siècle », dans Coquery (N.), Bonnet (A.) dir., *Le commerce du luxe. Production, exposition et circulation des objets précieux du Moyen Âge à nos jours*, Paris, Mare et Martin, 2015, pp. 177-183.

6. www.inpi.fr/fr/services-et-prestations/e-soleau.

7. www.filecys.fr.

propriété intellectuelle[8]. L'APP propose plusieurs types de dépôts adaptés aux œuvres numériques (logiciels, bases de données, sites Internet, applications mobiles, art digital, jeux vidéo…) :

- un « dépôt simple », en ligne ou sous forme physique (CD, DVD, clé USB) en deux exemplaires. Dans ce dernier cas, chaque exemplaire est placé dans une enveloppe scellée, l'une est conservée par l'APP et l'autre remise au déposant ;
- un « dépôt vérifié » : un agent de l'APP vérifie le contenu et consigne sur procès-verbal la description des fichiers ;
- un « dépôt contrôlé » : un agent de l'APP procède en présence du déposant à des tests de fonctionnement et de complétude. Il vérifie aussi la présence de documentation. Cette procédure est utile pour prouver l'intégralité d'une livraison, par exemple en cas de litige potentiel entre un client et un fournisseur de développements informatiques, ou en cas de risque de défaillance de ce dernier.

Enregistrement des noms de domaines

L'enregistrement d'un nom de domaine se fait auprès d'un *registrar* (ou « bureau d'enregistrement ») sur la base du principe « premier arrivé, premier servi ». Il faut choisir la (ou les) extension(s) retenue(s) (*.fr, .com, .org, .net…*). L'enregistrement se fait pour une durée limitée (une à plusieurs années) renouvelable. Le tarif varie en fonction des prestations annexes proposées : hébergement de site web, redirection d'e-mails, boîtes de messagerie, espace de stockage…

Pour les sites en *.fr*, l'Association française pour le nommage Internet en coopération (Afnic), association loi de 1901 en charge de cette extension, propose sur son site web[9] un annuaire des prestataires en fonction des services proposés.

Organismes de gestion collective

Les auteurs peuvent confier la défense de leurs droits à des organismes de gestion collective. Selon l'article L321-1 du CPI :

« I.- Les organismes de gestion collective sont des personnes morales constituées sous toute forme juridique dont l'objet principal consiste à gérer le droit d'auteur ou les droits voisins de celui-ci pour le compte de plusieurs titulaires de ces droits, tels que définis aux livres Ier et II du présent code, à leur profit collectif, soit en vertu de dispositions légales, soit en exécution d'un contrat.

Ces organismes doivent :

1° Soit être contrôlés par leurs membres titulaires de droits mentionnés au premier alinéa ;

2° Soit être à but non lucratif.

Ils agissent au mieux des intérêts des titulaires de droits qu'ils représentent et ne peuvent leur imposer des obligations qui ne sont pas objectivement nécessaires pour protéger leurs droits et leurs intérêts ou pour assurer une gestion efficace de leurs droits ».

---

8. www.app.asso.fr.

9. www.afnic.fr.

Comme le prévoit le premier alinéa de l'article L321-2 :

« Les organismes de gestion collective régulièrement constitués ont qualité pour ester en justice pour la défense des droits dont ils ont statutairement la charge et pour défendre les intérêts matériels et moraux de leurs membres, notamment dans le cadre des accords professionnels les concernant ».

Généralités concernant les procédures judiciaires

Procédures civiles et pénales

Voies de recours

Selon les cas, plusieurs voies de recours sont envisageables :

- s'il y a infraction (telle que définie dans le Code pénal ou dans le CPI, la contrefaçon par exemple), il est possible de porter plainte devant le juge pénal pour réclamer une sanction. Le tribunal compétent est celui sur le ressort duquel les faits ont eu lieu ou (pour une infraction en ligne) ont pu être constatés. La plainte doit être déposée à un commissariat de police ou à une brigade de gendarmerie, et est ensuite transmise au procureur de la République. La réception de la plainte ne peut pas être refusée.
- s'il y a préjudice, une action au civil aura pour objectif de faire cesser le trouble et d'obtenir des dommages et intérêts en réparation.

Dans ce dernier cas, l'article 46 du Code de procédure civile dispose que « le demandeur peut saisir à son choix, outre la juridiction du lieu où demeure le défendeur :

- en matière contractuelle, la juridiction du lieu de la livraison effective de la chose ou du lieu de l'exécution de la prestation de service ;
- en matière délictuelle, la juridiction du lieu du fait dommageable ou celle dans le ressort de laquelle le dommage a été subi [...] ».

Référé

En cas d'urgence, il est possible de déposer une demande en référé, qui permet au juge de prendre des mesures rapides, soit pour prévenir un dommage imminent, soit pour faire cesser un trouble manifestement illicite, c'est-à-dire une violation évidente d'une règle de droit. Le référé peut comprendre le versement d'une provision, dans l'attente du jugement de fond. En effet, le juge du référé ne tranche pas le litige sur le fond, mais prend seulement les mesures exigées par l'urgence et justifiées par l'évidence des faits. Un procès ordinaire doit ensuite être engagé afin de trancher le litige sur le fond.

Compétence des tribunaux en cas de litige transfrontalier

En matière numérique, les litiges impliquent souvent des parties de plusieurs pays. Quels sont alors les tribunaux compétents ? Au niveau européen, selon le règlement (CE) n° 44/2001 du Conseil du 22 décembre 2000, une personne physique ou morale établie dans un autre État membre peut avoir à répondre devant les tribunaux français dans un certain nombre de cas. En effet, selon l'article 5 de ce règlement :

« Une personne domiciliée sur le territoire d'un État membre peut être attraite, dans un autre État membre :

1) a) en matière contractuelle, devant le tribunal du lieu où l'obligation qui sert de base à la demande a été ou doit être exécutée ;

b) aux fins de l'application de la présente disposition, et sauf convention contraire, le lieu d'exécution de l'obligation qui sert de base à la demande est :

– pour la vente de marchandises, le lieu d'un État membre où, en vertu du contrat, les marchandises ont été ou auraient dû être livrées,

– pour la fourniture de services, le lieu d'un État membre où, en vertu du contrat, les services ont été ou auraient dû être fournis ;

c) le point a) s'applique si le point b) ne s'applique pas ; […]

3) en matière délictuelle ou quasi délictuelle, devant le tribunal du lieu où le fait dommageable s'est produit ou risque de se produire ;

4) s'il s'agit d'une action en réparation de dommage ou d'une action en restitution fondées sur une infraction, devant le tribunal saisi de l'action publique, dans la mesure où, selon sa loi, ce tribunal peut connaître de l'action civile ».

Ainsi, la CJUE a indiqué, sur la base de ce texte, que dans le cas de sites Internet opérant dans différents États membres, le lieu où le dommage s'est produit doit être considéré comme étant le territoire de l'État membre sur lequel le demandeur prétend avoir subi ledit dommage : la compétence judiciaire est par conséquent attribuée à cet État, et non à l'État de domiciliation du site Internet[10].

Jurisprudences transfrontalières

Atteinte aux droits de la personnalité ou aux droits d'auteur

Il résulte des dispositions précédentes que la victime d'une atteinte aux droits de la personnalité ou aux droits d'auteur, au moyen de contenus mis en ligne sur un site Internet étranger, peut parfaitement lancer la procédure devant un tribunal français ou devant un tribunal de tout État dans lequel le contenu est accessible. Il a ainsi été rappelé :

« que par son arrêt eDate Advertising et Martinez (25 octobre 2011, C-509/09 et C-161/10), la Cour de justice de l'Union européenne a dit pour droit que l'article 5.3 susvisé doit être interprété en ce sens qu'en cas d'atteinte alléguée aux droits de la personnalité au moyen de contenus mis en ligne sur un site Internet, la personne qui s'estime lésée a la faculté de saisir d'une action en responsabilité, au titre de l'intégralité du dommage causé, soit les juridictions de l'État membre du lieu d'établissement de l'émetteur de ces contenus, soit les juridictions de l'État membre dans lequel se trouve le centre de ses intérêts, que cette personne peut

10. CJUE, arrêt du 21 décembre 2016, affaire C-618/15.

également, en lieu et place d'une action en responsabilité au titre de l'intégralité du dommage causé, introduire son action devant les juridictions de chaque État membre sur le territoire duquel un contenu mis en ligne est accessible ou l'a été et que celles-ci sont compétentes pour connaître du seul dommage causé sur le territoire de l'État membre de la juridiction saisie ;

Que par son arrêt Pez Hejduk/EnergieAgentur (22 janvier 2015, C-441/13) la Cour de justice de l'Union européenne a également dit pour droit que le même article "doit être interprété en ce sens que, en cas d'atteinte alléguée aux droits d'auteur et aux droits voisins du droit d'auteur garanti par l'État membre de la juridiction saisie, celle-ci est compétente, au titre du lieu de matérialisation du dommage, pour connaître d'une action en responsabilité pour l'atteinte à ces droits du fait de la mise en ligne de photographies protégées sur un site Internet accessible dans son ressort. Cette juridiction n'est compétente que pour connaître du seul dommage causé sur le territoire de l'État membre dont elle relève" »[11].

Droit de la consommation : principes

Concernant les litiges entre un consommateur et un prestataire, la CJUE a rappelé[12] que, selon l'article 16 du règlement n° 44/2001 cité plus haut, « l'action intentée par un consommateur contre l'autre partie au contrat peut être portée soit devant les tribunaux de l'État membre sur le territoire duquel est domiciliée cette partie, soit devant le tribunal du lieu où le consommateur est domicilié » et que, par ailleurs, l'article 6 du règlement (CE) n° 593/2008 du Parlement européen et du Conseil, du 17 juin 2008, sur la loi applicable aux obligations contractuelles, prévoit :

« 1. Sans préjudice des articles 5 et 7, un contrat conclu par une personne physique (ci-après "le consommateur"), pour un usage pouvant être considéré comme étranger à son activité professionnelle, avec une autre personne (ci-après "le professionnel"), agissant dans l'exercice de son activité professionnelle, est régi par la loi du pays où le consommateur a sa résidence habituelle, à condition que le professionnel :

a) exerce son activité professionnelle dans le pays dans lequel le consommateur a sa résidence habituelle, ou

b) par tout moyen, dirige cette activité vers ce pays ou vers plusieurs pays, dont celui-ci, et que le contrat rentre dans le cadre de cette activité ».

Un consommateur peut donc, dans le cadre d'un litige de consommation avec un site web professionnel, saisir les tribunaux de son pays de résidence, si ce site y exerce son activité ou s'il dirige cette dernière vers ce pays.

Droit de la consommation : clauses abusives

La CJUE a également rappelé que les CGU visant les consommateurs ne peuvent imposer pour seule loi celle du pays du prestataire :

« L'article 3, paragraphe 1, de la directive 93/13/CEE du Conseil, du 5 avril 1993, concernant les clauses abusives dans les contrats conclus avec les consommateurs, doit être interprété en ce sens qu'une clause des conditions générales de vente d'un professionnel, qui n'a pas fait l'objet d'une négociation individuelle, selon laquelle la loi de l'État membre du siège de

11. CA Versailles, 1ère ch., 21 janvier 2016.

12. CJUE, 4e ch., 6 septembre 2012.

ce professionnel régit le contrat conclu par voie de commerce électronique avec un consommateur, est abusive pour autant qu'elle induise ce consommateur en erreur en lui donnant l'impression que seule la loi de cet État membre s'applique au contrat, sans l'informer du fait qu'il bénéficie également, en vertu de l'article 6, paragraphe 2, du règlement n° 593/2008, de la protection que lui assurent les dispositions impératives du droit qui serait applicable en l'absence de cette clause, ce qu'il appartient à la juridiction nationale de vérifier à la lumière de toutes les circonstances pertinentes »[13].

Contrefaçon

La Cour de cassation a rappelé[14] qu'en matière de contrefaçon, « la victime peut exercer son action

- soit devant la juridiction de l'Etat du lieu d'établissement de l'auteur de la contrefaçon, compétente pour réparer l'intégralité du préjudice qui en résulte,
- soit devant la juridiction de l'Etat contractant dans lequel l'objet de la contrefaçon se trouve diffusé, apte à connaître seulement des dommages subis dans cet Etat ».

La Cour a estimé qu'une contrefaçon par Internet était considérée comme diffusée en France, dès lors que « ce site, fût-il passif, était accessible sur le territoire français, de sorte que le préjudice allégué du seul fait de cette diffusion n'était ni virtuel ni éventuel ».

Infractions pénales

De manière générale, le juge français est compétent en matière pénale dès lors qu'un des faits constitutifs de l'infraction a eu lieu en France. Le fait qu'un site web dont le contenu est illégal soit accessible en France suffit à caractériser cette localisation, comme l'avait indiqué le tribunal lors d'un procès intenté à Yahoo pour vente d'objets nazis :

« L'article 113-2 alinéa 2 du Code Pénal, qui régit l'application de la loi pénale française dans l'espace énonce que « l'infraction est réputée commise sur le territoire de la République dès lors qu'un de ses faits constitutifs a eu lieu sur ce territoire » ; étant observé qu'aucun texte, accord ou convention internationale ne désigne la compétence du tribunal et la législation applicable aux délits de presse commis à partir ou grâce au réseau Internet.

A l'instar de la décision du juge de première instance du district du nord de la Californie, le juge français demeure donc libre d'adopter les principes de compétence pénale internationale qui sont les siens, pour sanctionner certaines infractions commises toute ou pour partie à l'étranger et qui sont susceptibles de porter atteinte aux intérêts nationaux, dans la mesure où, comme en l'espèce, les messages ou le contenu du site sont rendus accessibles, par l'Internet, sur le territoire français [...].

Au cas présent, la mise à disposition du public d'un site de vente aux enchères d'objets nazis, qui peut être vu et reçu sur le territoire national et auquel l'internaute peut accéder, du fait de la simple existence d'un lien informatique « search » qui l'y invite, caractérise l'élément de publicité nécessaire à la constitution du délit d'apologie de crime de guerre, et ce sans qu'il soit besoin que l'internaute soit spécialement démarché par le propriétaire du site.

13. CJUE, 4e ch., 28 juillet 2016, affaire C-191/15.

14. Cass. civ., 1ère ch., 9 décembre 2003.

Cet élément de publicité suffit donc à emporter la compétence des tribunaux français et l'application de la loi pénale française, et ce même si l'infraction poursuivie n'est pas réprimée dans la législation pénale de l'Etat d'origine de l'auteur présumé des faits ou du pays où se situe géographiquement l'hébergeur du site litigieux »[15].

Validité des clauses attributives de compétence en matière civile

Les CGU des services web attribuent souvent, en cas de litige, compétence à un tribunal étranger. L'article 48 du Code de procédure civile dispose que « toute clause qui, directement ou indirectement, déroge aux règles de compétence territoriale est réputée non écrite à moins qu'elle n'ait été convenue entre des personnes ayant toutes contracté en qualité de commerçant et qu'elle n'ait été spécifiée de façon très apparente dans l'engagement de la partie à qui elle est opposée ».

Bien que cet article ne s'applique qu'entre commerçants, la cour d'appel de Pau l'a invoqué, sur demande d'un internaute, pour déclarer non écrites les clauses des CGU de Facebook attribuant compétence exclusive aux tribunaux de Californie. En outre, la cour a estimé que des clauses en anglais ne pouvaient être présumées acceptées, si l'on ne prouve pas que l'internaute connaît cette langue :

« En effet, en application de l'article 48 du code de procédure civile, toute clause qui, directement ou indirectement, déroge aux règles de compétence territoriale est réputée non écrite si elle n'est pas spécifiée de façon très apparente dans l'engagement de la partie à qui elle est opposée. Il convient donc de vérifier si l'utilisateur qui traite avec la société Facebook s'est engagé en pleine connaissance de cause.

Il apparaît à la lecture des conditions générales d'utilisation du site, que les dispositions spécifiques relatives à la clause attributive de compétence à une juridiction des Etats Unis est noyée dans de très nombreuses dispositions dont aucune n'est numérotée. Elle est en petits caractères et ne se distingue pas des autres stipulations. Elle arrive au terme d'une lecture complexe de douze pages format A4 pour la version papier remise à la Cour et la prise de connaissance de ces conditions peut être encore plus difficile sur un écran d'ordinateur ou de téléphone portable, pour un internaute français de compétence moyenne.

En outre, il suffit d'une simple et unique manipulation lors de l'accès au site (clic) et non d'une signature électronique pour que le consentement de l'utilisateur soit considéré comme acquis ce qui suppose que l'attention de celui-ci soit particulièrement attirée sur la clause dont se prévaut la société Facebook ce qui n'est pas le cas en l'espèce puisque lors de cette manipulation la clause n'est pas facilement identifiable et lisible. Enfin, au moment de l'inscription de M. Sébastien R., ces conditions générales n'existaient que dans une version an anglais et la société Facebook ne démontre pas contrairement à ce qu'elle prétend, que celui-ci maîtrisait cette langue.

Dès lors, il ne peut être considéré qu'il s'est engagé en pleine connaissance de cause et la clause attributive de compétence doit être réputée non écrite »[16].

15. TGI Paris, 17e ch., 26 février 2002.

16. CA Pau, 1ère ch., 23 mars 2012.

Contrefaçon de droits d'auteur

Action civile

Selon l'article L331-1 du CPI, « les actions civiles et les demandes relatives à la propriété littéraire et artistique, y compris lorsqu'elles portent également sur une question connexe de concurrence déloyale, sont exclusivement portées devant des tribunaux de grande instance (...) ».

L'article L331-1-3 dispose que « pour fixer les dommages et intérêts, la juridiction prend en considération distinctement :

1° Les conséquences économiques négatives de l'atteinte aux droits, dont le manque à gagner et la perte subis par la partie lésée ;

2° Le préjudice moral causé à cette dernière ;

3° Et les bénéfices réalisés par l'auteur de l'atteinte aux droits, y compris les économies d'investissements intellectuels, matériels et promotionnels que celui-ci a retirées de l'atteinte aux droits.

Toutefois, la juridiction peut, à titre d'alternative et sur demande de la partie lésée, allouer à titre de dommages et intérêts une somme forfaitaire. Cette somme est supérieure au montant des redevances ou droits qui auraient été dus si l'auteur de l'atteinte avait demandé l'autorisation d'utiliser le droit auquel il a porté atteinte. Cette somme n'est pas exclusive de l'indemnisation du préjudice moral causé à la partie lésée. »

Action pénale

Concernant l'aspect pénal, l'article L335-2 dispose que « toute édition d'écrits, de composition musicale, de dessin, de peinture ou de toute autre production, imprimée ou gravée en entier ou en partie, au mépris des lois et règlements relatifs à la propriété des auteurs, est une contrefaçon et toute contrefaçon est un délit.

La contrefaçon en France d'ouvrages publiés en France ou à l'étranger est punie de trois ans d'emprisonnement et de 300 000 euros d'amende.

Seront punis des mêmes peines le débit, l'exportation, l'importation, le transbordement ou la détention aux fins précitées des ouvrages contrefaisants.

Lorsque les délits prévus par le présent article ont été commis en bande organisée, les peines sont portées à sept ans d'emprisonnement et à 750 000 euros d'amende. »

L'article L335-3 ajoute :

« Est également un délit de contrefaçon toute reproduction, représentation ou diffusion, par quelque moyen que ce soit, d'une oeuvre de l'esprit en violation des droits de l'auteur, tels qu'ils sont définis et réglementés par la loi.

Est également un délit de contrefaçon la violation de l'un des droits de l'auteur d'un logiciel définis à l'article L. 122-6.

Est également un délit de contrefaçon toute captation totale ou partielle d'une œuvre cinématographique ou audiovisuelle en salle de spectacle cinématographique. »

De même, l'article L335-4 punit de trois ans de prison et 300 000 € d'amende la reproduction, communication, mise à disposition, importation… de phonogrammes ou de vidéos en violation des droits des auteurs, des producteurs et des interprètes.

La contrefaçon peut être prouvée par tous moyens (article L332-4 pour les logiciels et bases de données), ainsi que l'atteinte aux droits du producteur de base de données (article L343-1) ou l'atteinte à une marque (article L716-7).

Parasitisme

Comme on l'a vu précédemment, le parasitisme est souvent plus simple à démontrer que le droit d'auteur. En effet, pour bénéficier de la protection du droit d'auteur, il est au préalable indispensable de prouver en quoi l'œuvre est originale, et également de prouver qu'on en est l'auteur ou l'ayant droit. Ceci peut se révéler délicat, soit que l'originalité de l'œuvre n'est pas évidente, soit que l'on ne dispose pas des preuves de la qualité d'auteur (ainsi, par exemple, le simple fait de publier des photos sur son site web personnel ne suffit pas à présumer qu'on en est l'auteur[17]). Il peut donc se révéler plus efficace d'invoquer, non pas l'atteinte aux droits d'auteur, mais le parasitisme et la responsabilité civile (article 1240 du Code civil). La théorie du parasitisme, qui s'applique aussi bien entre concurrents qu'entre non-concurrents, sanctionne la volonté de « se placer dans le sillage [d'une autre entreprise] pour profiter de la notoriété ou des investissements » de celle-ci[18]. Il suffit donc de démontrer la réalité de la notoriété ou des investissements, ce qui est plus simple[19].

Responsabilité des hébergeurs

Comme on le verra au chapitre 7, les hébergeurs de contenu sur Internet sont tenus, en application des I.2 et I.3 de l'article 6 de la loi n° 2004-575 pour la confiance dans l'économie numérique (LCEN), de retirer promptement les contenus litigieux, dès qu'ils ont connaissance de leur caractère illicite, ou d'en rendre l'accès impossible.

Toutefois, le caractère illicite d'un contenu peut ne pas être évident. C'est pourquoi le Conseil constitutionnel a précisé que « ces dispositions ne sauraient avoir pour effet d'engager la responsabilité d'un hébergeur qui n'a pas retiré une information dénoncée comme illicite par un tiers si celle-ci ne présente pas manifestement un tel caractère ou si son retrait n'a pas été ordonné par un juge »[20].

Un hébergeur doit donc retirer promptement un contenu *manifestement illicite*, ou si un juge l'ordonne. Le non-respect de cette obligation engage sa responsabilité civile et pénale.

Les modalités de la notification des faits à l'hébergeur font l'objet du I.5 de l'article 6 de la LCEN :

« I.5. La connaissance des faits litigieux est présumée acquise par les [hébergeurs] lorsqu'il leur est notifié les éléments suivants :

17. TGI Paris, 3e ch., 20 décembre 2012.
18. Cass. com., 17 mars 2015, n° de pourvoi 14-16.728, 287.
19. CA Paris, 4e ch., 7 octobre 2015.
20. Cons. cons., 10 juin 2004, décision 2004-496 DC.

- la date de la notification ;
- si le notifiant est une personne physique : ses nom, prénoms, profession, domicile, nationalité, date et lieu de naissance ; si le requérant est une personne morale : sa forme, sa dénomination, son siège social et l'organe qui la représente légalement ;
- les nom et domicile du destinataire ou, s'il s'agit d'une personne morale, sa dénomination et son siège social ;
- la description des faits litigieux et leur localisation précise ;
- les motifs pour lesquels le contenu doit être retiré, comprenant la mention des dispositions légales et des justifications de faits ;
- la copie de la correspondance adressée à l'auteur ou à l'éditeur des informations ou activités litigieuses demandant leur interruption, leur retrait ou leur modification, ou la justification de ce que l'auteur ou l'éditeur n'a pu être contacté ».

Commerce en ligne et contrefaçon

Au-delà de la possibilité de télécharger des œuvres numériques contrefaisantes, Internet sert également dans certains cas de vecteur à la contrefaçon classique de biens physiques. Les boutiques en ligne sont susceptibles de proposer des produits contrefaits.

Position de la CJUE

Achat sur un site situé dans l'Union européenne

Si le site de commerce électronique est situé sur le territoire de l'Union européenne, la CJUE a rappelé[21] que « conformément à la directive sur le droit d'auteur, un droit exclusif est conféré aux auteurs d'autoriser ou d'interdire toute forme de distribution au public, par la vente ou autrement, de l'original de leurs œuvres ou de copies de celles-ci. La distribution au public se caractérise par une série d'opérations allant, à tout le moins, de la conclusion d'un contrat de vente à l'exécution de celui-ci par la livraison à un membre du public. Un commerçant est dès lors responsable de toute opération réalisée par lui-même ou pour son compte donnant lieu à une « distribution au public » dans un État membre où les biens distribués sont protégés par un droit d'auteur [...]. Dans ces conditions, le droit de l'Union exige que cette vente soit considérée, sur le territoire d'un État membre, comme une forme de distribution au public, au sens de la directive sur le droit d'auteur, ou comme relevant d'un usage dans la vie des affaires, au sens de la directive sur les marques et du règlement sur la marque communautaire. L'existence d'une telle distribution au public doit être considérée comme avérée en cas de conclusion d'un contrat de vente et d'expédition. »

Le titulaire des droits peut donc agir contre le commerçant.

21. CJUE, 6 février 2014, affaire C-98/13.

Achat sur un site situé hors de l'Union européenne

Acheter un produit contrefait sur un site situé hors de l'Union ne permet pas d'échapper à la répression de la contrefaçon.

En effet, même si « la marchandise en cause a été vendue à partir d'un site Internet de vente en ligne situé dans un pays tiers sur le territoire duquel cette protection ne trouve pas à s'appliquer », la CJUE estime[22] que « des marchandises provenant d'un État tiers et constituant une imitation d'un produit protégé dans l'Union européenne par un droit de marque ou une copie d'un produit protégé dans l'Union par un droit d'auteur, un droit voisin, ou encore un dessin ou un modèle peuvent porter atteinte à ces droits et donc être qualifiées de « marchandises de contrefaçon » ou de « marchandises pirates » lorsqu'il est prouvé qu'elles sont destinées à une mise en vente dans l'Union, une telle preuve étant rapportée, notamment, lorsqu'il s'avère que lesdites marchandises ont fait l'objet d'une vente à un client dans l'Union, d'une offre à la vente ou d'une publicité adressée à des consommateurs dans l'Union [...] En conséquence, la seule circonstance que cette vente ait eu lieu à partir d'un site Internet de vente en ligne situé dans un pays tiers ne saurait avoir pour effet de priver le titulaire d'un droit de propriété intellectuelle ». La Cour conclut que « le titulaire d'un droit de propriété intellectuelle sur une marchandise vendue à une personne résidant sur le territoire d'un État membre à partir d'un site Internet de vente en ligne situé dans un pays tiers bénéficie, au moment où cette marchandise entre sur le territoire de cet État membre, de la protection garantie à ce titulaire par ledit règlement du seul fait de l'acquisition de ladite marchandise ».

La CJUE précise que cette protection, activée du seul fait de l'achat, est valable même si le site ne s'adresse pas spécifiquement aux consommateurs dans l'Union et ne fait pas de publicité visant ces consommateurs : selon elle, « il n'est à cet effet pas nécessaire que, en outre, préalablement à la vente, la marchandise en cause ait fait l'objet d'une offre de vente ou d'une publicité s'adressant aux consommateurs de ce même État ».

Compétence des tribunaux français

Les tribunaux français sont compétents pour juger des contrefaçons dont est victime un auteur français, même si elles sont commises et commercialisées dans d'autres États de l'Union européenne. Leur compétence se limite toutefois aux dommages causés sur le sol français.

La Cour de cassation a ainsi rappelé que « par arrêt du 3 octobre 2013 (C-170/12), la Cour de justice de l'Union européenne a dit pour droit que [...], en cas d'atteinte alléguée aux droits patrimoniaux d'auteur garantis par l'Etat membre de la juridiction saisie, celle-ci est compétente pour connaître d'une action en responsabilité introduite par l'auteur d'une œuvre à l'encontre d'une société établie dans un autre Etat membre et ayant, dans celui-ci, reproduit ladite œuvre sur un support matériel qui est ensuite vendu par des sociétés établies dans un troisième Etat membre, par l'intermédiaire d'un site internet accessible également dans le ressort de la juridiction saisie ; que cette juridiction saisie n'est compétente que pour connaître du seul dommage causé sur le territoire de l'Etat membre dont elle relève »[23].

22. CJUE, 6 février 2014, affaire C-98/13.

23. Cass. civ., 1ère ch., 22 janvier 2014.

Coopération avec les plates-formes de vente en ligne

Lorsque les sites de vente en ligne fonctionnent comme des places de marché, se contentant d'agglomérer les offres de plusieurs commerçants ou des petites annonces sans les vérifier, il leur est difficile de lutter spontanément contre la contrefaçon. C'est pourquoi le Comité national anti-contrefaçon (CNAC), partenariat public-privé qui réunit des fédérations industrielles et artistiques, des associations professionnelles, des entreprises et les administrations concernées par la lutte anti-contrefaçon, a signé des chartes avec les acteurs économiques d'Internet :

- une charte visant le commerce électronique ;
- une charte visant les sites de petites annonces ;
- une charte visant les opérateurs postaux.

Ces chartes prévoient notamment la mise en place de mesures préventives (mesures techniques de détection par les plates-formes) et de mesures réactives (procédures de notification par les titulaires de droits). Les plates-formes suppriment les objets signalés comme contrefaisants et suspendent les comptes vendeurs fautifs.

Des accords bilatéraux peuvent également être signés. Le TGI de Paris a ainsi homologué un accord transactionnel entre un groupe de mode français et un site de vente américain, pour faire retirer par une notification simplifiée toute annonce considérée comme contrefaisante[24].

Constats

En cas de contestation portant sur le contenu d'un site web, d'un logiciel ou d'une base de données, il est nécessaire de constituer une preuve indiscutable des faits litigieux. Or le principe « nul ne peut se constituer une preuve à soi-même » oblige pour ce faire à recourir à un tiers habilité. Pour cette raison, il est recommandé de faire faire, si besoin, un constat officiel, par exemple par un huissier de justice ou par un organisme spécialisé.

Toutefois, si le tribunal et les parties sont en mesure de constater eux-mêmes un fait en ligne à l'audience, « il est indifférent qu'un huissier de justice n'ait pas lui-même examiné le site pour parvenir à la même constatation »[25]. Un constat n'est donc pas toujours indispensable, mais sa réalisation est fortement recommandée.

Constat d'huissier

Compétence territoriale

On a vu précédemment les critères de compétence territoriale du tribunal. Rien n'oblige à choisir pour le constat un huissier du ressort du tribunal retenu, du moment que l'infraction est constatable dans les mêmes conditions dans le ressort de l'huissier et dans celui du tribunal. Il a ainsi été jugé que, « considérant que selon l'article 46 du Code de procédure civile, le demandeur

24. TGI Paris, 3e ch., 20 juin 2013.

25. TGI Paris, 16 avril 2013.

peut en matière délictuelle saisir, outre la juridiction du lieu où demeure le défendeur, la juridiction du lieu du fait dommageable ou celle dans le ressort de laquelle le dommage a été subi ; considérant que lorsque les informations litigieuses proviennent d'une diffusion sur le réseau internet, le fait dommageable se produit en tous lieux où lesdites informations ont été mises à la disposition des utilisateurs éventuels du site ; que si la décision de faire constater l'infraction dans le département des Hauts-de-Seine (Nanterre) pour prouver la validité de celle-ci dans le département de la Seine relève d'une logique douteuse, il n'en demeure pas moins, qu'à aucun moment Violette ne soutient que le site Internet n'était pas accessible de Paris, et ne conteste le constat effectué le jour de l'audience qui ne fait que confirmer cette évidence ; que le juge de Paris était donc territorialement compétent »[26].

Procédure à suivre

Afin d'assurer un caractère probant à son constat, l'huissier ne peut se contenter d'impressions d'écran. Il doit garantir que ce qui apparaît est bien le reflet fidèle de ce qui est en ligne et non, par exemple, un contenu conservé en cache sur l'ordinateur ou généré localement. Un constat sur Internet doit donc s'effectuer selon des procédures précises qui ne peuvent s'improviser et qui nécessitent un huissier spécialisé. Le non-respect de ces précautions rend nulle la valeur probante du constat[27]. Le détail de la procédure à suivre ne figure pas dans la loi, mais résulte de la jurisprudence. Ainsi, « selon l'état actuel de la jurisprudence, les diligences techniques préalables nécessaires et suffisantes à la validité et à la force probante d'un constat d'huissier effectué sur internet sont les suivantes :

1 - description du matériel ayant servi aux constatations ;

2 - indication de l'adresse IP de l'ordinateur ayant servi aux opérations de constat ;

3 - mémoire cache du navigateur vidée préalablement à l'ensemble des constatations ;

4 - désactivation de la connexion par proxy ;

5 - suppression de l'ensemble des fichiers temporaires stockés sur l'ordinateur ;

6 - suppression des cookies et de l'historique de navigation »[28].

Une norme française (AFNOR NF Z67-147) propose un mode opératoire pour le constat sur Internet. Cette norme « n'a pas un caractère obligatoire et ne constitue qu'un recueil de recommandations de bonnes pratiques »[29]. On ne peut donc exiger que l'huissier présente la certification AFNOR correspondante, du moment que la procédure qu'il met en œuvre offre les mêmes garanties.

Constat sur les données d'un employé

Si le constat doit porter, à la demande de l'employeur, sur le contenu du disque dur, de la messagerie ou des connexions Internet d'un employé, rappelons que, selon la jurisprudence de la Cour

26. CA Paris, 2e ch., 30 septembre 2009, n° 09/09773.

27. CA Lyon, 8e ch., 13 novembre 2012, n° 11/04367, CA Paris, 4e ch., 17 novembre 2006.

28. CA Aix-en-Provence, 2e ch., 21 mai 2015, n° 13/02400.

29. CA Paris, Pôle 5, 1re ch., 27 février 2013, n° 11/11785.

de cassation, tous les fichiers, connexions, e-mails et même SMS « créés par un salarié grâce à l'outil informatique mis à sa disposition par son employeur pour l'exécution de son travail sont présumés, sauf si le salarié les identifie comme étant personnels, avoir un caractère professionnel de sorte que l'employeur peut y avoir accès hors sa présence »[30]. Quant aux dossiers signalés par la mention « privé », « personnel », ou autre mention équivalente, ils bénéficient de la protection due à la vie privée du salarié : « sauf risque ou événement particulier, l'employeur ne peut ouvrir les fichiers identifiés par le salarié comme personnels contenus sur le disque dur de l'ordinateur mis à sa disposition qu'en présence de ce dernier ou celui-ci dûment appelé »[31].

Jurisprudence

Un constat d'huissier doit respecter un principe de loyauté de la preuve, notamment si l'huissier doit se connecter à un site. Il a ainsi été jugé « que les preuves rapportées par un constat d'huissier doivent avoir été obtenues loyalement ; que même si le site [litigieux] est un site public, l'huissier de justice doit utiliser sa propre identité et mentionner sa qualité pour se connecter et naviguer sur ce site ; qu'en utilisant les codes de connexion préalablement créés par [...] sa cliente, donnant accès à un "espace perso" sur lequel dialoguent des membres du site [litigieux], l'huissier a procédé à des constatations en dissimulant son identité et sa qualité, en violation du principe de la loyauté de la preuve ; que le constat d'huissier [ainsi obtenu] doit être écarté des débats »[32]. On peut toutefois craindre que ce principe ne pose parfois problème, dans le cas par exemple où le contenu litigieux n'apparaît que sur certains comptes, dont celui du plaignant.

La validité d'un constat d'huissier peut être contestée par la partie adverse : il a été rappelé « qu'un procès-verbal de constat constitue un moyen de preuve [des faits] et que l'appréciation de sa validité constitue un moyen de défense et relève du fond du débat »[33]. Une partie peut ainsi faire reconnaître par le tribunal l'absence de valeur probante d'un constat d'huissier établi sans respecter les procédures décrites plus haut, par exemple « dans la mesure où ce dernier ne précise aucunement le mode opératoire et le logiciel utilisés pour réaliser les captures d'écran ; aucun état préalable de l'ordinateur utilisé n'est décrit ni son paramétrage »[34].

Constat par des experts privés

Des experts privés peuvent également effectuer des constats numériques (disques durs, Internet), à la place ou en appui d'huissiers, et leurs rapports sont reconnus par les tribunaux.

30. Cass. soc., 18 octobre 2006, n° 04-48.025.
31. Cass. soc., 17 mai 2005, n° 03-40.017.
32. CA Paris, 4e ch., 7 octobre 2015.
33. CA Paris, 2e ch., 25 septembre 2015.
34. CA Aix-en-Provence, 1ère ch., 10 octobre 2013.

Centre d'expertises Celog

CELOG, créé en 1976, est un centre d'expertises en informatique indépendant spécialisé dans la preuve immatérielle[35]. Il propose à ses clients des prestations probatoires ayant pour objet la recherche et la pré-constitution de preuves en vue d'une action judiciaire ou privée.

Les expertises du Celog ont par exemple permis d'établir les preuves dans plusieurs des jurisprudences citées précédemment[36].

Le Celog édite également la revue mensuelle de droit de l'informatique *Expertises des systèmes d'information*.

Agence pour la protection des programmes (APP)

L'APP (voir au début du chapitre)[37] peut fournir un procès-verbal, par un agent assermenté, constatant le dépôt d'une œuvre, ou une atteinte à des droits de propriété intellectuelle, par exemple la présence sur un site Internet d'œuvres proposées au public sans autorisation. Ce constat sert de preuve en justice, par exemple dans des jurisprudences citées précédemment[38] ou dans d'autres que nous verrons dans les chapitres suivants[39].

Litiges sur des noms de domaines

En cas de dépôt d'un nom de domaine constituant une atteinte aux droits d'une personne physique ou morale, outre les actions judiciaires envisageables (en contrefaçon, en parasitisme, voire en usurpation d'identité), il existe des procédures alternatives mises en place par les organismes en charge de la gestion des noms de domaines.

Ces procédures sont plus rapides que la voie judiciaire ; en revanche, elles ne permettent pas d'aboutir à une amende ou à une condamnation à des dommages et intérêts, ni au remboursement des frais engagés.

Procédures pour les sites français (.fr notamment)

Ces procédures concernent les extensions françaises gérées par l'Afnic, principalement le *.fr*, mais également *.re* (La Réunion), *.yt* (Mayotte), *.wf* (Wallis et Futuna), *.tf* (Terres Australes et Antarctiques) et *.pm* (Saint-Pierre et Miquelon).

Solution amiable

L'Afnic propose dans un premier temps une mise en relation avec le titulaire du nom de domaine litigieux, afin de rechercher un accord amiable.

---

35. www.celog.fr.

36. T. com. Paris, 15e ch., 14 mars 2016 ; TGI Paris, 3e ch., 15 mars 2013.

37. www.app.asso.fr.

38. CA Versailles, 12e ch., 2 juillet 2013.

39. Cass. civ., 12 juillet 2012, n° de pourvoi 11-13.666.

Procédure de vérification

Si le titulaire n'est pas joignable, il est possible de demander gratuitement à l'Afnic de vérifier sa joignabilité (exactitude de ses coordonnées) et son éligibilité (respect des règles d'attribution des noms). Si le titulaire ne justifie pas ses coordonnées sous deux mois, la totalité de son portefeuille de noms de domaines sera supprimée.

Procédures alternatives de résolution des litiges

Si la tentative d'accord amiable n'aboutit pas, un recours judiciaire est possible. L'Afnic propose également des procédures alternatives de résolution des litiges (PARL), dites SYRELI et PARL EXPERT, qui permettent sous deux mois de récupérer le nom de domaine litigieux ou d'obtenir sa suppression. Le recours à ces procédures n'est possible que lorsqu'il y a infraction à l'article L45-2 du CPCE, qui dispose que « l'enregistrement ou le renouvellement des noms de domaine peut être refusé ou le nom de domaine supprimé lorsque le nom de domaine est :

1° Susceptible de porter atteinte à l'ordre public ou aux bonnes mœurs ou à des droits garantis par la Constitution ou par la loi ;

2° Susceptible de porter atteinte à des droits de propriété intellectuelle ou de la personnalité, sauf si le demandeur justifie d'un intérêt légitime et agit de bonne foi ;

3° Identique ou apparenté à celui de la République française, d'une collectivité territoriale ou d'un groupement de collectivités territoriales ou d'une institution ou service public national ou local, sauf si le demandeur justifie d'un intérêt légitime et agit de bonne foi.

Le décret en Conseil d'Etat prévu à l'article L. 45-7 et les règles d'attribution de chaque office d'enregistrement définissent les éléments permettant d'établir un usage de mauvaise foi et l'absence d'intérêt légitime.

Le refus d'enregistrement ou de renouvellement ou la suppression du nom de domaine ne peuvent intervenir, pour l'un des motifs prévus au présent article, qu'après que l'office d'enregistrement a mis le demandeur en mesure de présenter ses observations et, le cas échéant, de régulariser sa situation. »

Dans la procédure SYRELI, le dossier est analysé par l'Afnic ; dans PARL EXPERT, c'est un expert désigné par l'Organisation mondiale de la propriété intellectuelle (OMPI)[40] qui en sera chargé.

Gel ou blocage du nom de domaine

Avant de procéder éventuellement à la suppression ou au transfert du nom de domaine, l'Afnic peut avoir à procéder au gel ou au blocage de ce nom.

- Le gel consiste à annuler toute opération en cours ou à venir sur la gestion du nom (changement de *registrar*, transfert à un tiers), tout en maintenant le fonctionnement du nom. Il est mis en œuvre sur décision de justice, à l'ouverture d'une procédure PARL, ou pour 30 jours à l'ouverture d'une procédure de vérification des coordonnées et de l'éligibilité.

40. www.wipo.int.

- Le blocage consiste, en outre, à rendre le nom inopérationnel (le site web et les adresses mail ne fonctionnent plus). Il est mis en œuvre sur décision de justice, après les 30 premiers jours d'une procédure de vérification, ou si aucun *registrar* n'est en charge du nom.

Procédures concernant les marques

Procédure OMPI (pour les sites .com, .net, .org notamment)

Le centre d'arbitrage et de médiation de l'Organisation mondiale de la propriété intellectuelle (OMPI) propose une procédure[41] concernant les extensions internationales *.com*, *.net*, *.org*, etc. Cette procédure dite UDRP *(Uniform Dispute Resolution Policy)* est restrictive puisqu'elle n'est applicable que pour un litige relatif à une accusation d'enregistrement abusif d'un nom de domaine correspondant à une marque préexistante, sur la base des critères cumulatifs suivants.

- Le nom de domaine enregistré par le détenteur est identique ou semblable, au point de prêter à confusion, à une marque de produits ou de services sur laquelle le requérant (la personne physique ou morale qui dépose la plainte) a des droits.
- Et le détenteur du nom de domaine n'a aucun droit sur le nom de domaine ni aucun intérêt légitime qui s'y attache.
- Et le nom de domaine a été enregistré et est utilisé de mauvaise foi.

La mauvaise foi peut notamment être caractérisée par le fait que le détenteur du domaine cherche à le revendre avec bénéfice au titulaire de la marque ou à un concurrent, ou que l'enregistrement a pour but d'empêcher le titulaire de la marque d'exploiter le domaine, ou de créer une confusion dans l'esprit de la clientèle.

Après dépôt de la plainte et réponse de la personne visée, une commission d'experts se prononce sur le dossier et ordonne éventuellement au *registrar* la suppression du domaine ou son transfert au titulaire légitime.

La procédure dure environ 60 jours.

Jurisprudence

L'OMPI a ordonné le transfert à la société Chantelle SA, titulaire de la marque de lingerie Chantelle, du nom de domaine *groupe-chantelle.com*. Ce domaine avait été déposé dans le but de monter une escroquerie aux virements, des adresses mails liées à ce domaine ayant été utilisées pour se faire passer pour des salariés de la société et pour demander à des clients de modifier le compte bancaire auquel adresser leurs virements. La mauvaise foi était ainsi caractérisée[42].

Limites du droit des marques

Rappelons que le droit des marques a vocation à s'exercer exclusivement dans le domaine économique, dans lequel la marque garantit l'origine et la qualité d'un produit ou d'un service. Il ne

41. www.wipo.int/amc/fr/domains/.

42. Centre d'arbitrage et de médiation de l'OMPI, 5 décembre 2016.

s'applique pas en dehors de la vie des affaires. « Aussi, le titulaire d'une marque est habilité à faire interdire l'usage d'un signe identique à la marque, lorsque cet usage se situe dans le contexte d'une activité commerciale visant à un avantage économique et non dans le domaine privé. Par ailleurs, le titulaire d'une marque ne peut s'opposer à l'usage d'un signe identique à sa marque, si cet usage n'est pas susceptible de porter atteinte à l'une de ses fonctions. Si l'activité commerciale peut s'entendre hors des seules opérations commerciales conduites par des personnes commerçantes, elle doit viser l'obtention d'un avantage direct ou indirect de nature économique ».

On ne peut donc pas interdire, par exemple, la création par un fan d'un site dédié à sa marque préférée, tant qu'il ne l'utilise pas « afin de réaliser des échanges commerciaux ayant pour but de distribuer des biens ou des services sur le marché »[43]. Dans une situation similaire, en droit américain, les studios CBS et Paramount, détenteurs de la licence *Star Trek*, tolèrent depuis cinquante ans les publications de nouvelles écrites par des fans, voire les courts-métrages amateurs reprenant l'univers de la série, mais ont interdit début 2017 le tournage d'un véritable long-métrage de fans, de qualité quasi professionnelle, financé par les internautes via des plates-formes de financement collaboratif. Le risque de confusion avec les films officiels de la série devenait trop grand et le projet avait clairement une visée commerciale violant les droits d'exploitation de la licence[44]. En 2017, a également été annoncé un long-métrage de fans sur les origines des personnages de la saga *Harry Potter*, à but « non lucratif »[45].

Plagiat scientifique

Plagiat et contrefaçon

Au sens littéraire du terme, par exemple pour un roman, le plagiat se caractérise souvent comme une atteinte aux droits d'auteur, par des emprunts répétitifs et dissimulés à une œuvre préexistante. Il s'agit d'une reproduction non autorisée, et donc d'une contrefaçon, qui peut faire l'objet d'une plainte devant les tribunaux.

Ce type de fraude n'est pas spécifique au numérique, mais se trouve grandement facilité par ce dernier. Avec Internet et la possibilité d'accéder facilement à des travaux concernant un même sujet, se développe désormais à grande échelle le plagiat scientifique, qui consiste, pour un étudiant ou pour un chercheur, à « emprunter » des données, des raisonnements, ou des enchaînements d'idées, à un ou à plusieurs collègues. La raison peut résider dans le manque de temps ou d'idées originales dont dispose le plagiaire. Il faut savoir qu'un étudiant a peu de temps pour remettre ses mémoires et qu'un chercheur est soumis à une forte pression concernant le nombre de ses publications scientifiques : ces circonstances expliquent, sans évidemment l'excuser, la tentation de reprendre les écrits d'un prédécesseur. Si le plagiaire se borne à faire du copier-coller, le plagiat est facilement

43. TGI Paris, 3e ch., 28 novembre 2013, confirmé sur ce point par CA Paris, 2e ch., 17 octobre 2014.

44. www.lemonde.fr/pixels/article/2017/01/31/l-epopee-du-fanfilm-de-star-trek-a-1-million-de-dollars-qui-avait-fache-hollywood.

45. www.lefigaro.fr/cinema/2017/05/30/03002-20170530ARTFIG00097-harry-potter-le-fanfilm-sur-les-origines-de-voldemort-a-son-premier-teaser.php

repérable, notamment par des logiciels spécialisés, et la contrefaçon est caractérisée. En revanche, un plagiaire plus subtil peut réécrire et paraphraser le texte dont il s'inspire. Le plagiat sera alors plus difficile à repérer et à démontrer. Il n'en constitue pas moins une fraude scientifique et un manquement à la déontologie de la recherche.

Tant les universités que les laboratoires de recherche doivent lutter contre ce phénomène qui se généralise. Le CNRS et la Conférence des présidents d'université (CPU) ont publié en 2016 un rapport qui précise :

« Le plagiat consiste en l'appropriation d'une idée ou d'un contenu (texte, images, tableaux, graphiques…), total ou partiel sans le consentement de son auteur ou sans citer ses sources de manière appropriée. Il cible non seulement les publications dans des revues ou des livres mais aussi les thèses, les rapports, les actes de colloque, etc. La facilité d'accès aux ressources en ligne a banalisé l'usage du « copier/coller » tendant à faire oublier que le plagiat relève de la malhonnêteté intellectuelle et de la fraude. […] Face au plagiat, des logiciels de détection de similarité peuvent avoir un caractère dissuasif. Une majorité d'établissements d'enseignement supérieur s'en sont dotés, tout particulièrement pour le contrôle des travaux des étudiants de master ou des doctorants. Des éditeurs de grands journaux scientifiques ont mis en commun une banque de données des manuscrits qui leur sont soumis et dans lesquels des logiciels ad hoc servent à détecter un plagiat potentiel »[46].

Procédure

Universités

Dans les universités, la procédure d'examen des plagiats et de sanction fait l'objet des articles R712-9 et suivants du Code de l'éducation. Elle concerne aussi bien les actes des enseignants-chercheurs que des étudiants (appelés « usagers »). Une commission disciplinaire constituée d'enseignants, de personnels de l'université et (pour juger les étudiants) des représentants des étudiants, élus par leurs pairs, est convoquée par le président de l'université pour examiner le document litigieux. Selon l'article R811-11 du Code de l'éducation,

« Les sanctions disciplinaires applicables aux usagers des établissements publics d'enseignement supérieur sont :

1° L'avertissement ;

2° Le blâme ;

3° L'exclusion de l'établissement pour une durée maximum de cinq ans. Cette sanction peut être prononcée avec sursis si l'exclusion n'excède pas deux ans ;

4° L'exclusion définitive de l'établissement ;

5° L'exclusion de tout établissement public d'enseignement supérieur pour une durée maximum de cinq ans ;

6° L'exclusion définitive de tout établissement public d'enseignement supérieur. »

46. *Pratiquer une recherche intègre et responsable, un guide*, CNRS-CPU, 28 novembre 2016, p. 27-28.

Toutefois, les universités sont souvent réticentes à reconnaître une fraude ayant eu lieu en leur sein (éventuellement avec des complicités internes) et préfèrent étouffer l'affaire. Une plainte au pénal pour contrefaçon peut être plus efficace (voir les jurisprudences ci-après), mais nécessite le recours à un avocat.

Organismes de recherche

« Le traitement de la fraude scientifique en France revient à chaque institution de recherche. L'alerte à a fraude n'est pas anonyme mais son traitement est couvert par la confidentialité. Les cas de soupçons de fraude sont examinés par un ou plusieurs experts indépendants, non susceptibles de conflits d'intérêt. Au vu de leur rapport, le fraudeur fait l'objet d'un jugement par une Commission Administrative Paritaire pour le CNRS, une commission disciplinaire pour les EPIC ou une commission composée de membres du conseil d'administration de leur université pour les enseignants-chercheurs. La Direction de l'institution prend des mesures appropriées de sanctions et/ou de réparations, ou au contraire rétablit la réputation du chercheur mis en cause si la fraude n'est pas avérée. »[47]

Jurisprudence

Exclusion de l'université pour fraude

Un doctorant a déposé en vue d'une soutenance un mémoire de thèse reprenant des parties d'ouvrages publiés. « Considérant que la 3ème partie [de la thèse] qui comprend 7 chapitres contient des "emprunts" à l'ouvrage de M. YYY à hauteur de 50 % des lignes pour le chapitre 16, de 78 % des lignes pour le chapitre 18, de 47 % des lignes pour le chapitre 19, de 22 % des lignes pour le chapitre 20, considérant que ces emprunts sont constitutifs de fraude de plagiat, [...] considérant que seules une ou deux phrases empruntées sont mises entre guillemets, laissant croire que celles qui suivent ou précèdent ne font pas partie de l'emprunt, [...] considérant que dans ces conditions, M XXX, s'est rendu coupable de tentative de fraude au sens de l'article 2 du décret 92-657 du 13 juillet 1992 modifié », la section disciplinaire de son université a décidé son exclusion de tout établissement public d'enseignement supérieur pour une durée de 2 ans[48].

Condamnation pour contrefaçon

Une personne qui avait publié une biographie d'un poète contemporain, en s'inspirant d'une thèse déposée plusieurs années auparavant, a été condamnée pour contrefaçon. Bien que la plagiaire ait invoqué son droit de consulter les mêmes sources que la thèse, le tribunal a énoncé que si l'accès aux sources est libre, et s'il n'est pas condamnable de travailler sur des sujets et sur des sources identiques, en revanche « il en va autrement lorsque les mêmes événements biographiques ou les mêmes citations sont sélectionnées parmi toutes ces informations pour être utilisées soit dans une formulation similaire soit à travers des mots, des expressions, des tournures

47. *Pratiquer une recherche intègre et responsable, un guide*, CNRS-CPU, 28 novembre 2016, p. 29.

48. Université Toulouse le Mirail, 20 juin 2007.

de phrase communes, soit au soutien d'une analyse similaire articulée suivant le même enchaînement des idées. Dans ces cas en effet, l'apport créatif intellectuel des écrits opposés et ce qui fonde leur originalité, est reproduit en portant ainsi atteinte aux droits de leur auteur. [...] Même si les formulations ne sont pas parfaitement identiques, il y a à l'évidence l'emprunt par la défenderesse d'un agencement de données réunissant la même citation. [...] Les faits sélectionnés sont identiques et présentés suivant un agencement identique. [...] Le choix de la même citation est suivi d'une information qui reprend sous une forme très approchante, celle que donnent les écrits [de la plaignante]. Même si la défenderesse a rajouté une précision sur la teneur d'un des articles, la reprise est là encore évidente par le recours à des expressions identiques et par un choix de renseignements fournis qui reprend ceux sélectionnés par [la plaignante]. En outre ces reprises, si elles ne sont pas systématiques, sont toutefois nombreuses, disséminées tout au long de l'ouvrage et concernent la plupart des aspects [du sujet], de sorte qu'elles ne sont pas marginales [et] sont bien constitutives d'actes de contrefaçon »[49]. La plagiaire a été condamnée à 6000 € de dommages pour l'atteinte aux droits d'auteur, à la publication du jugement dans deux périodiques, et à rembourser 5000 € de frais d'avocats.

Condamnation d'un professeur pour contrefaçon d'une thèse

Un professeur d'université a été condamné, ainsi que son éditeur, pour avoir repris dans un ouvrage des passages extraits d'une thèse, sous forme de paraphrases ou de copier-coller. Le tribunal a évalué à 8000 € les dommages à verser pour le préjudice moral, outre 6000 € de frais d'avocats, et a ordonné l'insertion sous astreinte d'un avertissement dans les ouvrages litigieux[50]. Un appel est en cours.

À retenir

- Un dépôt ou un enregistrement est indispensable pour une marque ou pour un nom de domaine, pas pour les autres créations (logiciels, sites web, textes, photos...). Toutefois, pour ces dernières, un dépôt facultatif permet de disposer d'une preuve d'antériorité et de paternité en cas de litige.
- Les tribunaux français sont dans la plupart des cas compétents en cas de litige transfrontalier. Les clauses contraires dans des CGU grand public sont souvent abusives.
- L'achat de produits contrefaits sur des sites web est illicite, que le commerçant soit situé en France ou ailleurs dans le monde.
- En cas de litige, un constat permet de faire la preuve des faits litigieux (site web publiant du contenu contrefaisant, présence de contenus sur un disque dur...). Pour avoir une valeur probante, ce constat doit être effectué par un professionnel selon des procédures précises.
- Les litiges sur les noms de domaines peuvent également faire l'objet de procédures d'arbitrage.
- Le plagiat universitaire ou scientifique, facilité par la diffusion des documents numériques, ne se réduit pas au copier-coller. Il englobe la reprise systématique, avec des formulations similaires, des idées, des raisonnements et des sources d'autrui.

---

49. TGI Paris, 3e ch., 14 mars 2014, n° 12/01284, appel déclaré caduc par CA Paris, 24 février 2015.
50. TGI Paris, 3e ch., 12 mai 2016, n° 15/01373.

6

La répression de la contrefaçon numérique des œuvres

La contrefaçon des œuvres numériques est facilitée par leur caractère même : il est facile techniquement de dupliquer une œuvre numérique pour obtenir, à coût marginal nul, une copie parfaitement identique à l'original. Alors que la contrefaçon d'un disque vinyle exigeait une installation lourde, et que dupliquer l'édition originale de Rousseau citée en introduction nécessitait de recomposer à la main chaque page avec les caractères d'imprimerie, on peut désormais, avec un simple ordinateur, reproduire rapidement et en quantité illimitée un logiciel, un jeu, une vidéo, un CD musical… L'industrie de la contrefaçon qui en résulte fait l'objet d'une répression sévère par les tribunaux.

Répression pénale du téléchargement illégal

Définition du délit

Délit de contrefaçon

Comme on l'a vu dans la première partie, le non-respect des droits d'auteur constitue le délit de contrefaçon, réprimé par le CPI.

Concernant la production et la commercialisation de contrefaçons, le CPI prévoit ainsi (article L335-2) :

« Toute édition d'écrits, de composition musicale, de dessin, de peinture ou de toute autre production, imprimée ou gravée en entier ou en partie, au mépris des lois et règlements relatifs à la propriété des auteurs, est une contrefaçon et toute contrefaçon est un délit.

La contrefaçon en France d'ouvrages publiés en France ou à l'étranger est punie de trois ans d'emprisonnement et de 300 000 euros d'amende.

Seront punis des mêmes peines le débit, l'exportation, l'importation, le transbordement ou la détention aux fins précitées des ouvrages contrefaisants.

Lorsque les délits prévus par le présent article ont été commis en bande organisée, les peines sont portées à sept ans d'emprisonnement et à 750 000 euros d'amende. »

Le CPI réprime en particulier la diffusion de logiciels destinés à faciliter la contrefaçon (article L335-2-1) :

« Est puni de trois ans d'emprisonnement et de 300 000 euros d'amende le fait :

1° D'éditer, de mettre à la disposition du public ou de communiquer au public, sciemment et sous quelque forme que ce soit, un logiciel manifestement destiné à la mise à disposition du public non autorisée d'oeuvres ou d'objets protégés ;

2° D'inciter sciemment, y compris à travers une annonce publicitaire, à l'usage d'un logiciel mentionné au 1° »

L'article L335-3 du CPI, qui réprime toute reproduction, représentation ou diffusion non autorisée d'une œuvre, vise aussi bien celui qui propose des contrefaçons à la vente que l'utilisateur ou le consommateur de contrefaçon :

« Est également un délit de contrefaçon toute reproduction, représentation ou diffusion, par quelque moyen que ce soit, d'une œuvre de l'esprit en violation des droits de l'auteur, tels qu'ils sont définis et réglementés par la loi.

Est également un délit de contrefaçon la violation de l'un des droits de l'auteur d'un logiciel définis à l'article L. 122-6.

Est également un délit de contrefaçon toute captation totale ou partielle d'une œuvre cinématographique ou audiovisuelle en salle de spectacle cinématographique. »

Concernant les œuvres nécessitant une interprétation (musique, films), l'article L335-4 du CPI punit des mêmes peines « toute fixation, reproduction, communication ou mise à disposition du public, à titre onéreux ou gratuit, ou toute télédiffusion d'une prestation, d'un phonogramme, d'un vidéogramme ou d'un programme, réalisée sans l'autorisation, lorsqu'elle est exigée, de l'artiste-interprète, du producteur de phonogrammes ou de vidéogrammes ou de l'entreprise de communication audiovisuelle ».

Ces délits sont indépendants de la bonne ou mauvaise foi de leur auteur : le fait d'avoir de bonne foi reproduit ou diffusé des œuvres contrefaites constitue tout autant une infraction[1].

1. Cass. civ., 1ère ch., 29 mai 2001, n° de pourvoi 99-15.284.

Copie technique transitoire

Toutefois, le CPI autorise « la reproduction provisoire présentant un caractère transitoire ou accessoire, lorsqu'elle est une partie intégrante et essentielle d'un procédé technique et qu'elle a pour unique objet de permettre l'utilisation licite de l'oeuvre ou sa transmission entre tiers par la voie d'un réseau faisant appel à un intermédiaire ; toutefois, cette reproduction provisoire qui ne peut porter que sur des oeuvres autres que les logiciels et les bases de données ne doit pas avoir de valeur économique propre » (6° de l'article L122-5 du CPI). Ainsi, les copies en cache des ordinateurs, ne sont pas considérées comme une contrefaçon et ne nécessitent pas l'autorisation des auteurs[2].

Jurisprudence

Un internaute qui avait téléchargé illégalement, pour son usage personnel, quelques dizaines de films, a été condamné en janvier 2013 par le tribunal correctionnel d'Amiens à 450 € d'amende et à 2 200 € de dommages et intérêts à verser aux ayants droit.

On notera que cette condamnation a été prononcée en application directe du CPI, sans intervention de la Hadopi (voir plus loin). En effet, un téléchargement illégal peut être poursuivi aussi bien devant la Hadopi (quand il rentre dans ses prérogatives) que directement devant un tribunal.

La condamnation dans cette affaire a été modérée, le prévenu se contentant de télécharger des œuvres piratées pour son usage personnel, sans en faire commerce. Les sanctions visant ceux qui organisent un commerce de contrefaçons sont plus lourdes.

Peine complémentaire de coupure d'accès à Internet

Lorsque la contrefaçon est commise via Internet, l'article L335-7 du CPI prévoit la possibilité d'une peine complémentaire consistant en une coupure de l'accès à ce réseau : les personnes condamnées pour cette infraction « peuvent en outre être condamnées à la peine complémentaire de suspension de l'accès à un service de communication au public en ligne pour une durée maximale d'un an, assortie de l'interdiction de souscrire pendant la même période un autre contrat portant sur un service de même nature auprès de tout opérateur. Lorsque ce service est acheté selon des offres commerciales composites incluant d'autres types de services, tels que services de téléphonie ou de télévision, les décisions de suspension ne s'appliquent pas à ces services ». Ce même article prévoit que le condamné doit continuer à payer son abonnement à Internet pendant la coupure.

On notera que cette coupure ne concerne qu'Internet proprement dit (le Web), pas les autres services éventuellement contenus dans le même abonnement groupé. Cette restriction provient du Conseil constitutionnel, qui a indiqué que la liberté de communication et d'opinion, proclamée dans la Déclaration des droits de l'homme, implique désormais l'accès aux outils sociaux d'Internet. Le Conseil a souligné « qu'aux termes de l'article 11 de la Déclaration des droits de l'homme et du citoyen de 1789 : "La libre communication des pensées et des opinions est un des droits les plus précieux de l'homme : tout citoyen peut donc parler, écrire, imprimer librement,

2. CJUE, 5 juin 2014, affaire C360/13.

sauf à répondre de l'abus de cette liberté dans les cas déterminés par la loi" ; qu'en l'état actuel des moyens de communication et eu égard au développement généralisé des services de communication au public en ligne ainsi qu'à l'importance prise par ces services pour la participation à la vie démocratique et l'expression des idées et des opinions, ce droit implique la liberté d'accéder à ces services »[3].

Cela pose une difficulté technique aux fournisseurs d'accès à Internet (FAI). En effet, techniquement, ils fournissent à l'abonné un « tuyau », ADSL ou fibre, dans lequel passent tous les contenus (Web, TV, téléphone...) et ne sont pas en mesure de faire le tri entre les usages, ni d'en interdire sélectivement certains. En outre, comment pourraient-ils par exemple supprimer l'accès aux sites web, tout en conservant celui aux courriels (Gmail par exemple), aux applications sociales (Facebook, Twitter...) ou aux sites de télévision sur demande ? En pratique, cette peine n'a donc que rarement été prononcée par un juge[4].

Sanctions contre l'industrie de la contrefaçon

La mise en ligne de contenus (musique, vidéos...) sans l'autorisation des ayants droit constitue une industrie lucrative. Les condamnations sont donc sévères et les dommages et intérêts élevés. Pour calculer ces dommages, le tribunal, en application de l'article L331-1-3 du CPI, prend en compte les manques à gagner et les pertes subies par les victimes de la contrefaçon, leur préjudice moral et les bénéfices réalisés par le contrefacteur. Il peut calculer les pertes et les manques à gagner de manière forfaitaire, en prenant en compte le nombre de fichiers téléchargés et les achats qu'auraient réellement effectués les internautes s'ils avaient dû payer un fichier légal (l'internaute qui profite de l'aubaine du gratuit n'aurait pas à coup sûr acheté cette œuvre). Notons que ces réparations sont plutôt symboliques, les condamnés étant rarement en capacité de rembourser les sommes dues.

Les jurisprudences montrent que les condamnations visent toutes les techniques, le téléchargement aussi bien que le *streaming*. Rappelons toutefois que ce ne sont pas les techniques qui sont illicites en soi, mais l'usage qui en est fait : « ni le téléchargement ni le streaming ne sont en soi une activité illicite et ils sont tout à fait légaux quand ils interviennent dans le cadre d'une cession légale des droits des auteurs et d'un droit d'exploitation donné par les producteurs »[5].

Condamnations pour contrefaçon

Ledivx.com

Le créateur du site *ledivx.com*, qui référençait des liens vers des sites de téléchargement illégal, a été condamné à deux mois de prison avec sursis, à plus de 11 000 € de dommages et intérêts et à 1 800 € de frais de justice[6].

3. Cons. cons., décision n° 2009-580 DC du 10 juin 2009.
4. Notamment TGI Châlons-en-Champagne, 14 septembre 2016.
5. TGI Paris, 3e ch., 4 décembre 2014.
6. CA Bordeaux, 8 mars 2013.

Forum-DDL

Le responsable du site *Forum-DDL*, qui proposait des liens vers 60000 œuvres (films, jeux vidéo, musique), a été condamné à 10 mois de prison avec sursis et à plus de 1,1 million d'euros de dommages et intérêts[7].

Utopi-Board

En 2005 était démantelé le forum *Utopi-Board*, qui proposait « 36.000 fichiers ou albums de musiques, 3500 films dont certains avant même leur sortie en salle et 750 logiciels informatiques [...] via un logiciel d'échange peer to peer ainsi que la présence de liens permettant de télécharger des fichiers, [et qui] mettait en ligne les téléchargements illicites ou des liens permettant de tels téléchargements ainsi que des outils utiles ou nécessaires à la commission de telles fraudes. [...] Enfin, le site proposait des logiciels destinés au « hacking » (c'est-à-dire au piratage) ». Ses responsables, dont certains étaient mineurs au moment des faits, ont été condamnés à des peines allant jusqu'à 6 mois de prison avec sursis[8], et à verser des dommages et intérêts aux parties civiles, producteurs et ayants droit, d'environ 176000 euros pour les majeurs et 40000 euros pour les mineurs[9].

Wawa-mania

Le responsable du site *Wawa-mania* de liens vers des téléchargements illégaux de films, qui comptait plus d'un million de membres, a été condamné à un an de prison ferme et à 20000 € d'amende, ainsi qu'à des dommages et intérêts de plus de 15 millions d'euros au profit des producteurs et ayants droit[10].

OMG Torrent

Les responsables du site de téléchargement illégal *OMG Torrent*, qui avait reçu onze millions de visites, ont été condamnés à des peines allant jusqu'à un an de prison (dont 4 mois avec sursis) et à près de 5 millions d'euros de dommages et intérêts, ainsi qu'à un an de suspension de l'accès à Internet[11].

Condamnations pour logiciel ou site manifestement destiné à la mise à disposition du public d'œuvres protégées

L'article L335-2-1 du CPI, qui réprime la mise à disposition d'un logiciel manifestement destiné à la mise à disposition du public non autorisée d'œuvres ou d'objets protégés, ainsi que le fait d'inciter sciemment à l'usage d'un tel logiciel, avait été initialement rédigé pour lutter contre des logiciels spécialisés. La jurisprudence étend son champ d'application aux sites web. Ceux-ci font effectivement partie des logiciels, mais il serait parfois plus simple, dans ce dernier cas, de viser directement les articles L335-3 ou L335-4 qui répriment toute communication ou mise

7. T. corr. Thionville, 12 novembre 2013.
8. TGI Béthune, 27 mai 2014 et tribunal pour enfants de Béthune, 27 avril 2017.
9. TGI Béthune, 5 février 2015 et tribunal pour enfants de Béthune, 17 mai 2018.
10. TGI Paris, 31e ch., 2 avril 2015 et (pour le calcul des réparations) 2 juillet 2015, confirmé par CA Paris, 7 juin 2017.
11. TGI Châlons-en-Champagne, 14 septembre 2016.

à disposition du public sans autorisation d'œuvres de l'esprit ou d'œuvres audiovisuelles ou musicales protégées. On peut éventuellement supposer une distinction entre les sites proposant directement les œuvres, qui relèveraient des articles L335-3 et L335-4, et ceux proposant seulement des annuaires de liens vers des sites contrefaisants, qui relèveraient de l'article L335-2-1, mais les jurisprudences ne mentionnent pas explicitement une telle classification.

GKS.gs

Le responsable du site de téléchargement illégal *GKS.gs* a été condamné pour mise à disposition d'un logiciel manifestement destiné à la mise à disposition du public non autorisée d'œuvres ou d'objets protégés (le site lui-même), à 6 mois de prison avec sursis et à plus de 2 millions d'euros de dommages et intérêts[12].

Magazine Téléchargement

Le magazine *Téléchargement*, qui avait consacré un numéro spécial aux « meilleurs logiciels et sites gratuits pour downloader », présentant une sélection de sites et de logiciels de partage de fichiers pirates, a été condamné pour incitation à l'usage d'un logiciel manifestement destiné à la mise à disposition d'œuvres protégées (2° de l'article L335-2-1 du CPI), à 10 000 € d'amende, à la publication dans la presse de la condamnation et à 2 500 € de dommages au profit de sociétés de gestion de droits. En donnant aux lecteurs des conseils sur la manière d'éviter la détection et la répression de leurs téléchargements, le magazine ne pouvait nier être conscient de l'illégalité de ces actions[13].

Newsoo

Le responsable du site *newsoo.fr*, qui permettait à ses abonnés l'accès à des groupes de diffusion d'œuvres cinématographiques et musicales contrefaites, a été condamné pour mise à disposition de logiciel manifestement destiné à la mise à disposition du public d'œuvres protégées, incitation à l'usage de ce logiciel et contrefaçon par diffusion d'œuvres de l'esprit au mépris des droits de l'auteur, à 6 mois de prison avec sursis, 21 000 € de dommages et intérêts, à la publication de la condamnation et à 1 000 € de remboursements de frais. Il a fait appel de cette décision[14].

Condamnation pour contrefaçon par streaming

« Le streaming n'est pas en soi une activité illicite et elle est tout à fait légale quand elle intervient dans le cadre d'une cession légale des droits des auteurs et d'un droit d'exploitation donné par les producteurs »[15]. En revanche, son utilisation pour proposer sans autorisation des œuvres protégées est condamnable.

12. TGI La Rochelle, 19 février 2015, cité par www.nextinpact.com/news/93191-p2p-pourquoi-l-administrateur-gks-gs-a-ete-condamne.htm.
13. TGI Nanterre, 15e ch., 12 juin 2015.
14. TGI Strasbourg, 7e ch., 21 octobre 2016.
15. TGI Paris, référé, 28 novembre 2013.

Radioblog

Les responsables du site de musique en streaming *Radioblog*, qui recevait jusqu'à 800 000 connexions par jour, ont été condamnés à 9 mois de prison avec sursis, à 10 000 € d'amende, à la publication de la condamnation et à la dissolution de leur société, pour mise à disposition du public de phonogrammes et d'un logiciel manifestement destiné à la mise à disposition du public non autorisée d'œuvres ou d'objets protégés (le logiciel de streaming).

La cour a rejeté l'argument de la défense, selon lequel en l'absence de téléchargement de l'œuvre il n'y avait pas contrefaçon : « il importe peu qu'il n'y ait pas eu de téléchargement des phonogrammes dans les deux hypothèses visées en l'espèce, le législateur n'ayant pas expressément limité l'application de la loi du 1er août 2006 et de l'article L.335-2-1 du Code de la propriété intellectuelle, à cette modalité technique, dont la référence, non exhaustive dans les travaux parlementaires précédant le vote du texte, n'excluait pas que le texte s'appliquât à des moyens techniques différents aboutissant cependant au mêmes résultats, comme le "streaming", sans doute moins développé en 2005 »[16].

Playmédia

La société *Playmédia*, qui retransmettait en streaming des programmes de France Télévision, a été condamnée à 1 000 000 € de dommages et intérêts pour contrefaçon des droits d'auteur, des droits de producteur (article L215-1 du CPI) et des droits voisins, ainsi qu'à 25 000 € de dommages et intérêts pour contrefaçon par reproduction des marques de France Télévision, à la publication à ses frais de la condamnation et à 30 000 € de remboursement de frais d'avocat[17].

TV Catchup

La retransmission en streaming et en direct de programmes de télévision ne peut avoir lieu qu'avec l'autorisation des titulaires des droits[18].

Streamiz

Le gérant du site Streamiz, qui proposait l'accès illégal à plus de 40 000 films, et qui avait gagné plus de 150 000 euros de recettes publicitaires, a été condamné à deux ans de prison ferme et à verser 83,6 millions d'euros de dommages et intérêts[19].

Coupure de l'accès à des sites

L'article L336-2 du CPI dispose que « en présence d'une atteinte à un droit d'auteur ou à un droit voisin occasionnée par le contenu d'un service de communication au public en ligne, le tribunal de grande instance, statuant le cas échéant en la forme des référés, peut ordonner à la demande des titulaires de droits sur les œuvres et objets protégés, de leurs ayants droit, des organismes de gestion collective régis par le titre II du livre III ou des organismes de

16. CA Paris, 12e ch., 22 mars 2011, confirmé par Cass. crim., 25 septembre 2012.

17. TGI Paris, 3e ch., 9 octobre 2014.

18. CJUE, 7 mars 2013, affaire C-607/11.

19. TGI Nanterre, 19 février 2018.

défense professionnelle visés à l'article L. 331-1, toutes mesures propres à prévenir ou à faire cesser une telle atteinte à un droit d'auteur ou un droit voisin, à l'encontre de toute personne susceptible de contribuer à y remédier». La justice peut donc faire couper l'accès à des sites contrefaisants.

Allostreaming

En application de l'article L336-2, la justice a ordonné aux FAI d'empêcher l'accès aux sites du réseau *Allostreaming*, «dédié à la représentation d'œuvres audiovisuelles sans le consentement des auteurs ce qui constitue une atteinte aux droits d'auteur»[20].

The Pirate Bay

De même, en application de l'article L336-2, la justice a ordonné aux FAI d'empêcher l'accès aux sites du réseau *The Pirate Bay* de téléchargement musical illégal[21].

Papy-streaming et Zone-telechargement

De même, la justice a ordonné aux FAI d'empêcher l'accès aux sites du réseau Papy-streaming et Zone-telechargement[22].

Hadopi

Dispositif légal

Création

La Hadopi (Haute autorité pour la diffusion des œuvres et la protection des droits sur Internet) a été créée en 2009, initialement afin de lutter contre le développement du téléchargement illégal en *peer-to-peer* qui affolait l'industrie du divertissement (livres, musique, films…). La loi 2009-669 du 12 juin 2009 dotait notamment la Hadopi, autorité administrative, du pouvoir de sanctionner directement les abonnés à Internet dont l'accès a servi à des téléchargements illégaux, une suspension de leur accès étant alors prévue. Cette disposition a été censurée par le Conseil constitutionnel au motif «qu'aux termes de l'article 11 de la Déclaration des droits de l'homme et du citoyen de 1789 : "La libre communication des pensées et des opinions est un des droits les plus précieux de l'homme : tout citoyen peut donc parler, écrire, imprimer librement, sauf à répondre de l'abus de cette liberté dans les cas déterminés par la loi" ; qu'en l'état actuel des moyens de communication et eu égard au développement généralisé des services de communication au public en ligne ainsi qu'à l'importance prise par ces services pour la participation à la vie démocratique et l'expression des idées et des opinions, ce

20. TGI Paris, référé, 28 novembre 2013.
21. TGI Paris, 3e ch., 4 décembre 2014.
22. TGI Paris, 3e ch., 15 décembre 2017.

droit implique la liberté d'accéder à ces services »[23]. Par conséquent, seul un juge, et non une autorité administrative, peut prononcer une sanction qui restreint cette liberté. La loi 2009-1311 du 28 octobre 2009 a donc modifié la procédure de sanction de la Hadopi, qualifiée de « riposte graduée », avec une première phase d'avertissements gérée par la Hadopi, puis une phase pénale devant le juge judiciaire.

Missions

Les missions et l'organisation de la Hadopi sont précisées aux articles L331-12 et suivants du CPI. En particulier, l'article L331-13 dispose que :

« La Haute Autorité assure :

1° Une mission d'encouragement au développement de l'offre légale et d'observation de l'utilisation licite et illicite des œuvres et des objets auxquels est attaché un droit d'auteur ou un droit voisin sur les réseaux de communications électroniques utilisés pour la fourniture de services de communication au public en ligne ;

2° Une mission de protection de ces œuvres et objets à l'égard des atteintes à ces droits commises sur les réseaux de communications électroniques utilisés pour la fourniture de services de communication au public en ligne ;

3° Une mission de régulation et de veille dans le domaine des mesures techniques de protection et d'identification des œuvres et des objets protégés par un droit d'auteur ou par un droit voisin.

Au titre de ces missions, la Haute Autorité peut recommander toute modification législative ou réglementaire. Elle peut être consultée par le Gouvernement sur tout projet de loi ou de décret intéressant la protection des droits de propriété littéraire et artistique. Elle peut également être consultée par le Gouvernement ou par les commissions parlementaires sur toute question relative à ses domaines de compétence. »

Obligation de sécurisation et négligence caractérisée

À l'issue des débats de 2009, plusieurs difficultés avaient été identifiées. Il aurait été illogique d'interdire purement et simplement le téléchargement, qui peut être parfaitement légal s'il porte sur des œuvres du domaine public, dont les droits ont expiré, auxquelles l'accès est libre, ou pour lesquelles on a payé les droits correspondants. D'autre part, alors qu'on ne peut sanctionner que l'auteur de l'infraction, et non une personne au hasard, il est impossible dans la majorité des cas de déterminer précisément l'identité de l'auteur d'un téléchargement illégal parmi toutes les personnes utilisant le même accès à Internet. Il a donc été institué une obligation globale pour l'abonné de veiller à ce que son accès Internet ne serve pas à du téléchargement illégal.

L'article L336-3 du CPI dispose ainsi :

« La personne titulaire de l'accès à des services de communication au public en ligne a l'obligation de veiller à ce que cet accès ne fasse pas l'objet d'une utilisation à des fins de reproduction, de représentation, de mise à disposition ou de communication au public

23. Cons. cons., décision n° 2009-580 DC du 10 juin 2009.

d'œuvres ou d'objets protégés par un droit d'auteur ou par un droit voisin sans l'autorisation des titulaires des droits prévus aux livres Ier et II lorsqu'elle est requise.

Le manquement de la personne titulaire de l'accès à l'obligation définie au premier alinéa n'a pas pour effet d'engager la responsabilité pénale de l'intéressé, sous réserve des articles L. 335-7 et L. 335-7-1. »

Les manquements à cette obligation peuvent être sanctionnés directement par le juge, sans obligatoirement passer par une intervention de la Hadopi.

Une contravention pour négligence caractérisée (article R335-5 du CPI) sanctionne le non-respect de cette obligation :

« I.- Constitue une négligence caractérisée, punie de l'amende prévue pour les contraventions de la cinquième classe, le fait, sans motif légitime, pour la personne titulaire d'un accès à des services de communication au public en ligne, lorsque se trouvent réunies les conditions prévues au II :

1° Soit de ne pas avoir mis en place un moyen de sécurisation de cet accès ;

2° Soit d'avoir manqué de diligence dans la mise en œuvre de ce moyen.

II.- Les dispositions du I ne sont applicables que lorsque se trouvent réunies les deux conditions suivantes :

1° En application de l'article L. 331-25 et dans les formes prévues par cet article, le titulaire de l'accès s'est vu recommander par la commission de protection des droits de mettre en œuvre un moyen de sécurisation de son accès permettant de prévenir le renouvellement d'une utilisation de celui-ci à des fins de reproduction, de représentation ou de mise à disposition ou de communication au public d'œuvres ou d'objets protégés par un droit d'auteur ou par un droit voisin sans l'autorisation des titulaires des droits prévus aux livres Ier et II lorsqu'elle est requise ;

2° Dans l'année suivant la présentation de cette recommandation, cet accès est à nouveau utilisé aux fins mentionnées au 1° du présent II. »

Le montant de la contravention de cinquième classe est de 1 500 € pour les personnes physiques et de 7 500 € pour les personnes morales.

Réponse graduée

La procédure mise en place en 2009 comprend plusieurs étapes. Lorsqu'elle est saisie par les ayants droit de l'utilisation d'un accès à Internet pour du téléchargement illégal, la Hadopi envoie un e-mail d'avertissement au titulaire de l'abonnement. En cas de renouvellement des faits dans les six mois, la Hadopi envoie un deuxième e-mail, accompagné d'une lettre recommandée.

Cette procédure est détaillée dans l'article L331-25 du CPI :

« Lorsqu'elle est saisie de faits susceptibles de constituer un manquement à l'obligation définie à l'article L.336-3, la commission de protection des droits peut envoyer à l'abonné, sous son timbre et pour son compte, par la voie électronique et par l'intermédiaire de la personne dont l'activité est d'offrir un accès à des services de communication au public en ligne ayant conclu un contrat avec l'abonné, une recommandation lui rappelant les dispositions de l'article L.336-3, lui enjoignant de respecter l'obligation qu'elles définissent et l'avertissant des sanctions encourues en application des articles L.335-7 et L.335-7-1. Cette recommandation contient également une information de l'abonné sur l'offre légale de contenus culturels en ligne, sur l'existence de moyens de sécurisation permettant de prévenir les manquements à l'obligation définie à l'article L.336-3 ainsi que sur les dangers pour le renouvellement de la création artistique et pour l'économie du secteur culturel des pratiques ne respectant pas le droit d'auteur et les droits voisins.

En cas de renouvellement, dans un délai de six mois à compter de l'envoi de la recommandation visée au premier alinéa, de faits susceptibles de constituer un manquement à l'obligation définie à l'article L.336-3, la commission peut adresser une nouvelle recommandation comportant les mêmes informations que la précédente par la voie électronique dans les conditions prévues au premier alinéa. Elle doit assortir cette recommandation d'une lettre remise contre signature ou de tout autre moyen propre à établir la preuve de la date de présentation de cette recommandation.

Les recommandations adressées sur le fondement du présent article mentionnent la date et l'heure auxquelles les faits susceptibles de constituer un manquement à l'obligation définie à l'article L.336-3 ont été constatés. En revanche, elles ne divulguent pas le contenu des œuvres ou objets protégés concernés par ce manquement. Elles indiquent les coordonnées téléphoniques, postales et électroniques où leur destinataire peut adresser, s'il le souhaite, des observations à la commission de protection des droits et obtenir, s'il en formule la demande expresse, des précisions sur le contenu des œuvres ou objets protégés concernés par le manquement qui lui est reproché. »

Comme on l'a vu plus haut, le II de l'article R335-5 prévoit que si, dans l'année qui suit cette seconde recommandation, une nouvelle infraction est constatée, alors l'abonné est passible d'une contravention pour négligence caractérisée, prononcée par un juge. C'est pourquoi, à cette étape, la Hadopi transmet le dossier au procureur, qui décide de l'ouverture des poursuites.

Peine complémentaire de coupure d'accès à Internet

L'article L335-7-1 du CPI prévoit, en cas de négligence caractérisée, une peine complémentaire de coupure d'accès à Internet d'une durée maximale d'un mois :

« Pour les contraventions de la cinquième classe prévues par le présent code, lorsque le règlement le prévoit, la peine complémentaire définie à l'article L.335-7 peut être prononcée selon les mêmes modalités, en cas de négligence caractérisée, à l'encontre du titulaire de l'accès à un service de communication au public en ligne auquel la commission de protection des droits, en application de l'article L.331-25, a préalablement adressé, par voie d'une lettre remise contre signature ou de tout autre moyen propre à établir la preuve de la date de présentation, une recommandation l'invitant à mettre en œuvre un moyen de sécurisation de son accès à internet.

La négligence caractérisée s'apprécie sur la base des faits commis au plus tard un an après la présentation de la recommandation mentionnée à l'alinéa précédent.

Dans ce cas, la durée maximale de la suspension est d'un mois.

Le fait pour la personne condamnée à la peine complémentaire prévue par le présent article de ne pas respecter l'interdiction de souscrire un autre contrat d'abonnement à un service de communication au public en ligne pendant la durée de la suspension est puni d'une amende d'un montant maximal de 3 750 €. »

Toutefois, la première phrase de cet article précise que cette peine ne s'applique que « lorsque le règlement le prévoit ». C'était le cas en 2009, car l'article R335-5 du CPI comportait alors un III ainsi libellé :

« III.- Les personnes coupables de la contravention définie au I peuvent, en outre, être condamnées à la peine complémentaire de suspension de l'accès à un service de communication au public en ligne pour une durée maximale d'un mois, conformément aux dispositions de l'article L.335-7-1. »

Cependant, ce III a été supprimé par l'article 2 du décret 2013-596 du 8 juillet 2013. Par conséquent, puisque « le règlement ne le prévoit plus », cette peine complémentaire de coupure d'accès à Internet en cas de négligence caractérisée n'est plus applicable. Seule demeure la peine de coupure d'un an maximum prévue à l'article L335-7, décrite précédemment, applicable dans les cas de condamnation, non pour négligence, mais pour contrefaçon.

Un seul internaute a été condamné sur le fondement de ce III de l'article R335-5 à une coupure d'accès Internet, d'une durée de 15 jours, en complément de 600 euros d'amende[24]. Toutefois, le décret du 8 juillet 2013 supprimant la coupure d'accès ayant été publié avant l'exécution de la peine, celle-ci n'a finalement pas eu lieu. Aucune coupure d'accès à Internet pour négligence caractérisée n'a donc jamais été subie.

Techniques visées

Le CPI ne précise pas contre quelles techniques de piratage la Hadopi devra lutter, et sa mission de lutte contre la contrefaçon est globale. Toutefois, en pratique, elle se focalise sur la lutte contre le téléchargement illégal, plus particulièrement contre le téléchargement en *peer-to-peer*. Il y a des raisons juridiques et des raisons techniques à cette situation.

Rappelons qu'il y a plusieurs manières d'accéder à une œuvre en ligne :

- Le téléchargement consiste à recopier l'œuvre sur son disque dur.
- Le streaming consiste à écouter ou à regarder l'œuvre sans l'enregistrer.

Comme on l'a vu, l'article L335-4 du CPI interdit « toute fixation, reproduction, communication ou mise à disposition du public », ainsi que toute détention, d'une copie non autorisée d'une œuvre musicale ou audiovisuelle. Or, un internaute qui accède à une œuvre pirate en streaming ne commet aucune reproduction ou détention de cette œuvre. Il n'est donc pas en infraction. En revanche, il est bien entendu illégal pour un site web de « mettre à disposition du public » ces œuvres pirates en streaming. Le streaming est donc illégal du côté de celui qui le propose, pas du côté de celui qui le consomme.

C'est d'ailleurs la position qu'a adoptée la CJUE : « une simple réception de ces émissions en tant que telle, à savoir leur captation et leur visualisation, dans un cercle privé, ne présente pas un acte limité par la réglementation de l'Union [...], cet acte étant par conséquent licite »[25].

La Hadopi ne va donc pas lutter contre le streaming illégal en s'attaquant aux internautes. Non seulement ces derniers sont dans leur droit, mais, contrairement au peer-to-peer, qui se repère

---

24. TI Montreuil, 3 juin 2013.

25. CJUE, 4 octobre 2011, affaires C-403/08 et C-429/08.

facilement puisque le logiciel P2P de l'internaute propose publiquement des contenus illicites en partage, repérer le streaming nécessiterait une intrusion *disproportionnée* dans la vie privée des internautes, en surveillant systématiquement tout ce qu'ils consultent et en vérifiant si c'est légal. Or la lutte contre le téléchargement illégal doit respecter les libertés fondamentales. C'est pourquoi la Hadopi va concentrer son action contre les sites contrefaisants. Leur répression pénale étant du ressort de la justice, la Hadopi va plutôt chercher à les frapper au portefeuille, en signant depuis 2015 des chartes avec les régies publicitaires et avec les plates-formes de paiement pour assécher leurs financements. Elle va également responsabiliser les plates-formes collaboratives qui hébergent éventuellement des contenus illicites déposés par les internautes (par exemple YouTube ou Dailymotion), sans que cela constitue leur finalité, contrairement aux sites dédiés au piratage contre lesquels la lutte judiciaire est de mise. La Hadopi rappelle qu'en application du I de l'article 6 de la loi 2004-575 du 21 juin 2004 pour la confiance dans l'économie numérique (LCEN), les prestataires ont obligation de retirer tout contenu qui leur est signalé comme illicite. Et l'article L336-2 cité plus haut permet à la justice d'ordonner aux FAI et aux moteurs de recherche d'empêcher l'accès à un site contrefaisant.

Les internautes visés par la Hadopi seront donc au final ceux qui téléchargent des œuvres pirates : ils sont bien en infraction puisqu'ils procèdent à la reproduction non autorisée de l'œuvre et qu'ils vont en détenir une copie. Parmi les différentes techniques de téléchargement, celle du *peer-to-peer* facilite le relevé des adresses IP des internautes qui s'y adonnent. La surveillance de la Hadopi va donc se concentrer sur ces derniers. Cette focalisation se trouve traduite juridiquement dans le décret n° 2010-236 du 5 mars 2010 pris en application de l'article L331-29 du CPI et créant le « fichier » de la Hadopi, qui précise parmi les données collectées pour prouver l'infraction : « Protocole pair à pair utilisé ».

Précisons enfin que l'utilisateur d'un logiciel de *peer-to-peer* peut être sanctionné même s'il ne télécharge aucune œuvre. En effet, cette technologie amène, non seulement à télécharger, mais également à mettre des œuvres en partage, de manière automatique à chaque connexion tant qu'elle est installée. Il y a alors une nouvelle « mise à disposition du public » sans autorisation des œuvres protégées, parfois à l'insu de l'internaute. Cela explique la surprise de celui-ci à la réception d'un avertissement de la Hadopi, alors qu'il avait arrêté de télécharger et se croyait en règle. Pour cette raison, la Hadopi recommande, si l'on n'en a pas besoin pour d'autres usages licites, de désinstaller systématiquement le logiciel de *peer-to-peer* du disque dur. Elle propose sur son site web une fiche pratique sur la désinstallation.

Bilan

Réponse graduée

Suite aux polémiques ayant accompagné sa création en 2009, la Hadopi a axé son action sur la sensibilisation des utilisateurs, avec la mise en place de la réponse graduée, et non sur la répression. Ainsi, « à la crainte d'une procédure trop contraignante pour les utilisateurs a parfois succédé un doute sur son effet dissuasif au vu du nombre des sanctions pénales effectivement prononcées. C'est oublier que l'objectif de cette action pré-pénale est avant tout de détourner les internautes des pratiques illicites et de limiter par une telle dissuasion la surcharge des tribunaux qui résulterait d'actions en contrefaçon engagées d'emblée contre des usages restant d'ordre individuel. [...] La sanction judiciaire n'a vocation à toucher qu'un nombre limité d'abonnés qui, malgré les avertissements reçus, ne prennent pas de mesures pour faire cesser les manquements »[26].

Le bilan de la réponse graduée est le suivant : entre le 1er octobre 2010 et le 31 août 2018,

- Plus de 10 millions de premières recommandations ont été envoyées.
- Plus de 920 000 deuxièmes recommandations ont été envoyées.
- Plus de 5 000 constats de négligence caractérisée ont été dressés.
- Plus de 3 000 transmissions au parquet ont eu lieu.

Il apparaît ainsi que, pour plus de 60 % des personnes ayant reçu un premier avertissement, aucun fait nouveau n'est constaté dans les six mois. De même, pour plus de 60 % des dossiers de deuxième recommandation, la Hadopi n'est plus saisie de nouveaux faits. La procédure a donc bien un effet dissuasif.

Si les faits persistent, la Hadopi envisage une transmission du dossier au parquet. « Il s'agit des dossiers qui font apparaître, malgré les deux premiers avertissements envoyés :

- un nombre important d'œuvres mises à disposition, l'utilisation de plusieurs logiciels différents utilisés ou encore un grand nombre de saisines concernant le même abonné ;
- ou un nombre total important d'avertissements reçus, autrement dit l'existence de plusieurs procédures successives de réponse graduée. »[27]

Dans la quasi-totalité des cas, la transmission se fait sur le fondement de la contravention de négligence caractérisée (R335-5 du CPI). Toutefois, dans de rares cas, le délit de contrefaçon (L335-4 du CPI) est également visé, à la place ou en complément de la négligence caractérisée. Alors que la contravention ne permet de poursuivre que le titulaire de l'abonnement Internet, la contrefaçon peut viser toute personne mettant des œuvres à disposition du public sans autorisation.

Le parquet ne tient pas la Hadopi systématiquement informée des suites données aux dossiers transmis. Au 31 août 2018, plus de 900 suites judiciaires sont connues, dont des amendes allant jusqu'à 600 euros.

La première condamnation pour négligence caractérisée a été une amende de 150 €, infligée à un abonné dont l'épouse avait téléchargé deux morceaux de musique piratés. Le logiciel de *peer-to-peer* remettait en partage ces morceaux à chaque redémarrage, ce qui a valu à l'abonné d'apparaître près de 150 fois dans des procès-verbaux de téléchargement illégal. C'est donc bien pour avoir passivement mis à disposition une œuvre sans autorisation, et pour ne pas avoir désinstallé son logiciel malgré les avertissements, que cet abonné a été condamné[28].

La Hadopi donne quelques exemples plus récents de condamnations : 500 € d'amende avec sursis, 1 000 € d'amende dont 500 avec sursis, etc[29].

---

26. Hadopi, *Rapport d'activité 2015-2016*, janvier 2017, p.18.
27. Hadopi, *Rapport d'activité 2015-2016*, janvier 2017, p.84.
28. T. pol. Belfort, 13 septembre 2012.
29. Hadopi, *Rapport d'activité 2015-2016*, janvier 2017, p.87.

Rappelons que les internautes qui s'adonnent au téléchargement illégal peuvent également être directement poursuivi par le tribunal pour contrefaçon. Le passage par la Hadopi et par la procédure de réponse graduée n'est pas systématique.

Sécurisation de l'abonnement à Internet d'une structure (hôtel, entreprise...)

L'obligation de sécurisation de l'article L336-3 du CPI s'applique également si l'abonné est une personne morale qui propose l'accès Internet à ses salariés, à ses membres ou à ses clients (hôtel, café, entreprise, association, administration...). La Hadopi recommande donc à ces structures plusieurs actions susceptibles de limiter les téléchargements illégaux, par exemple la mise en place d'un pare-feu limitant l'usage des ports qui ne sont pas indispensables à la simple navigation sur Internet et à la messagerie, l'instauration d'une identification des utilisateurs (car l'anonymat encourage les infractions par un sentiment d'impunité), voire pour les entreprises le paramétrage des ordinateurs pour que seul un administrateur puisse y installer des logiciels (dont ceux de *peer-to-peer*), la signature d'une charte informatique par les employés (qui transformerait tout usage illicite des moyens informatiques en faute professionnelle), etc.

Sur ce dernier point, signalons que des cas de licenciements suite à des téléchargements illégaux sur des réseaux d'entreprise ont été relevés. Un agent de sécurité a ainsi été licencié en 2013, des téléchargements ayant été signalés à l'entreprise par la Hadopi à des horaires où il se trouvait seul sur les lieux. Toutefois, en appel, ce licenciement a été jugé sans cause réelle ni sérieuse, au motif que la preuve n'était pas apportée de la responsabilité de cet agent : en effet, les téléchargements litigieux avaient eu lieu par Wi-Fi, éventuellement depuis l'extérieur des locaux de l'entreprise, et la clé d'accès au Wi-Fi, qui n'avait pas été changée depuis plusieurs années, était connue d'autres personnes. Il y avait donc un doute sur l'identité de l'auteur des faits[30]. Un autre salarié a été licencié suite à la réception par son employeur d'un avertissement de la Hadopi, l'examen de son ordinateur professionnel ayant confirmé les téléchargements illégaux, ce qui constituait une faute[31].

Sécurisation du Wi-Fi public

Par ailleurs, bien qu'il ne s'agisse pas de la Hadopi, il est utile de mentionner ici un arrêt de la CJUE concernant le Wi-Fi public, qui durcit les obligations de sécurisation de l'accès à Internet dans l'objectif d'empêcher les atteintes à la propriété intellectuelle. Selon la CJUE, un professionnel qui propose du Wi-Fi gratuit à ses clients n'est certes pas responsable des infractions commises via cet accès, mais « une mesure visant à sécuriser la connexion à Internet au moyen d'un mot de passe doit être considérée comme étant nécessaire pour assurer une protection effective du droit fondamental à la protection de la propriété intellectuelle [tout en réalisant] un juste équilibre entre, d'une part, le droit fondamental à la protection de la propriété intellectuelle et, d'autre part, le droit à la liberté d'entreprise du prestataire fournissant un service d'accès à un réseau de communication ainsi que le droit à la liberté d'information des destinataires de ce service. » En effet, « sécuriser la connexion à Internet au moyen d'un mot de passe peut dissuader les utilisateurs de cette connexion de violer un droit d'auteur ou des droits voisins, pour autant que ces utilisateurs soient obligés de révéler leur identité afin

30. CA Poitiers, 20 janvier 2016.

31. CA Orléans, 21 janvier 2015, cité par http://tabaka.blogspot.fr/2016/01/etre-licencie-cause-de-lhadopi-cest.html.

d'obtenir le mot de passe requis et ne puissent donc pas agir anonymement ». Par conséquent, les titulaires de droits peuvent exiger d'un fournisseur de Wi-Fi gratuit qu'il empêche que sa connexion serve à du téléchargement illégal, « lorsque ce fournisseur a le choix des mesures techniques à adopter pour se conformer à cette injonction, même si ce choix se réduit à la seule mesure consistant à sécuriser la connexion à Internet au moyen d'un mot de passe, pour autant que les utilisateurs de ce réseau soient obligés de révéler leur identité afin d'obtenir le mot de passe requis et ne puissent donc pas agir anonymement »[32].

Cet arrêt pose question pour les multiples accès Wi-Fi anonymes et gratuits, dans les cafés, hôtels et restaurants, dans les squares municipaux, ou dans les gares, trains et aéroports.

À retenir

- La contrefaçon, qui est la reproduction ou la diffusion non autorisée d'œuvres sous droits, est réprimée par le Code pénal de peines de prison, d'amende et éventuellement de coupure d'accès à Internet. La diffusion d'outils de piratage est également réprimée.
- L'internaute qui télécharge quelques fichiers pirates pour sa consommation personnelle est évidemment moins lourdement sanctionné que celui qui crée un site spécialisé dans le téléchargement illégal, dans le but de faire des bénéfices. Dans ce dernier cas, les dommages et intérêts à verser aux ayants droit peuvent atteindre plusieurs millions d'euros.
- La Hadopi a été créée en 2009 pour lutter contre le téléchargement illégal. Elle applique une procédure de réponse graduée : lorsqu'un internaute télécharge ou offre en *peer to peer* un contenu pirate, il reçoit d'abord des avertissements par courriel puis par lettre recommandée. Si la pratique illicite persiste, la Hadopi transmet le dossier à la justice en vue d'une contravention pour négligence caractérisée. En effet, l'abonné à Internet est tenu par la loi de veiller à ce que son accès ne serve pas à du téléchargement illégal. C'est donc l'abonné qui est sanctionné en cas d'usage frauduleux de son accès, qui que soit l'auteur des faits.
- Ces règles s'appliquent également aux organisations qui fournissent un accès Internet à leurs clients (hôtels, cafés...), à leurs visiteurs (Wi-Fi des squares municipaux, gares et aéroports...), ou à leurs employés (entreprises, administrations). Si le téléchargement illégal par un employé, repérable grâce à son accès personnel, conduit généralement à une sanction pour faute, la situation est plus confuse pour les accès anonymes par Wi-Fi.

32. CJUE, 15 septembre 2016, affaire C-484/14.

7

Mesures techniques et obligations légales

La lutte contre la contrefaçon dans le monde numérique passe également par le recours à des mesures techniques. Celles-ci font bien évidemment l'objet d'un encadrement légal. Les plates-formes Internet sont par ailleurs soumises à un certain nombre d'obligations légales, toujours dans la perspective d'enrayer le piratage des œuvres.

Mesures techniques de protection

Cas des logiciels

La protection technique des logiciels (ou « plombage »), pour empêcher leur utilisation ou leur reproduction sans autorisation, est antérieure à la généralisation du Web et fait l'objet d'articles spécifiques du CPI.

Interdiction de la promotion des outils de « déplombage »

L'article L122-6-2 du CPI, qui date de 1994, dispose ainsi que « Toute publicité ou notice d'utilisation relative aux moyens permettant la suppression ou la neutralisation de tout dispositif technique protégeant un logiciel doit mentionner que l'utilisation illicite de ces moyens est passible des sanctions prévues en cas de contrefaçon. Un décret en Conseil d'Etat fixera les conditions d'application du présent article. »

La sanction correspondante figure à l'article R335-2 du CPI : « Toute publicité ou notice d'utilisation relative à un moyen permettant la suppression ou la neutralisation de tout

dispositif technique protégeant un logiciel, qui ne comporte pas la mention en caractères apparents que l'utilisation illicite de ces moyens est passible des sanctions prévues en cas de contrefaçon, est punie des peines prévues pour les contraventions de la troisième classe. »
Cette contravention de troisième classe correspond à une amende de 450 € maximum.

Interdiction de l'utilisation des outils de « déplombage »

Une contravention de quatrième classe (750 € maximum) sanctionne la détention pour un usage personnel ou l'usage d'outils d'atteinte aux mesures de protection des œuvres. L'article R335-3 du CPI dispose ainsi que :

« Est puni de l'amende prévue pour les contraventions de la quatrième classe le fait :

1° De détenir en vue d'un usage personnel ou d'utiliser une application technologique, un dispositif ou un composant conçus ou spécialement adaptés pour porter atteinte à une mesure technique efficace mentionnée à l'article L.331-5 du présent code qui protège une œuvre, une interprétation, un phonogramme, un vidéogramme, un programme ou une base de données ;

2° De recourir à un service conçu ou spécialement adapté pour porter l'atteinte visée à l'alinéa précédent.

Ces dispositions ne s'appliquent pas aux actes qui ne portent pas préjudice aux titulaires de droits et qui sont réalisés à des fins de sécurité informatique ou à des fins de recherche scientifique en cryptographie. »

Exception : droit à l'interopérabilité

Toutefois, le CPI reconnaît à l'utilisateur d'un logiciel un certain droit à la décompilation, notamment en vue d'assurer l'interopérabilité de ce logiciel, même en cas de protection par un dispositif technique. Ainsi, le IV de l'article L122-6-1 du CPI dispose que :

« La reproduction du code du logiciel ou la traduction de la forme de ce code n'est pas soumise à l'autorisation de l'auteur lorsque [celle-ci] est indispensable pour obtenir les informations nécessaires à l'interopérabilité d'un logiciel créé de façon indépendante avec d'autres logiciels, sous réserve que soient réunies les conditions suivantes :

1° Ces actes sont accomplis par la personne ayant le droit d'utiliser un exemplaire du logiciel ou pour son compte par une personne habilitée à cette fin ;

2° Les informations nécessaires à l'interopérabilité n'ont pas déjà été rendues facilement et rapidement accessibles aux personnes mentionnées au 1° ci-dessus ;

3° Et ces actes sont limités aux parties du logiciel d'origine nécessaires à cette interopérabilité.

Les informations ainsi obtenues ne peuvent être :

1° Ni utilisées à des fins autres que la réalisation de l'interopérabilité du logiciel créé de façon indépendante ;

2° Ni communiquées à des tiers sauf si cela est nécessaire à l'interopérabilité du logiciel créé de façon indépendante ;

3° Ni utilisées pour la mise au point, la production ou la commercialisation d'un logiciel dont l'expression est substantiellement similaire ou pour tout autre acte portant atteinte au droit d'auteur. »

Le Conseil d'État a précisé qu'il n'y avait pas contradiction entre cet article L122-6-1 et l'article R335-3. En effet, il a souligné que si l'article R335-3 « sanctionne la détention de dispositifs "conçus ou spécialement adaptés" pour porter atteinte à une mesure technique de protection, cette atteinte doit nécessairement intervenir en méconnaissance du droit d'auteur et des droits voisins, dès lors que ces mesures "ne doivent pas avoir pour effet d'empêcher la mise en oeuvre effective de l'interopérabilité"; [et donc] qu'un dispositif mis en place par un exploitant aux fins de permettre l'interopérabilité de systèmes informatiques, dès lors qu'il est rendu possible par la diffusion d'informations par les fournisseurs de mesures techniques, ne constitue pas un dispositif portant atteinte aux mesures de protection au sens du décret attaqué. [Par conséquent,] en prévoyant qu'est sanctionnée la détention de dispositifs "conçus ou spécialement adaptés" pour porter atteinte à une mesure technique de protection mentionnée à l'article L.335-1 du code de la propriété intellectuelle, lequel s'applique sans préjudice des dispositions de l'article L.122-6-1 précité, le pouvoir réglementaire n'a pas entendu viser l'exception régie par ces dispositions [la décompilation en vue d'assurer l'interopérabilité], laquelle ne saurait dès lors relever du champ d'application de l'article R.335-3 du code de la propriété intellectuelle »[1].

Cas général

Définition des mesures techniques efficaces

L'article L331-5 du CPI définit les « mesures techniques efficaces », en anglais *DRM (Digital Rights Management)*, destinées à lutter contre les utilisations non autorisées des œuvres. Celles-ci, notamment, ne doivent pas empêcher la mise en œuvre de l'interopérabilité prévue à l'article L122-6-1 cité plus haut :

« Les mesures techniques efficaces destinées à empêcher ou à limiter les utilisations non autorisées par les titulaires d'un droit d'auteur ou d'un droit voisin du droit d'auteur d'une oeuvre, autre qu'un logiciel, d'une interprétation, d'un phonogramme, d'un vidéogramme ou d'un programme sont protégées dans les conditions prévues au présent titre.

On entend par mesure technique au sens du premier alinéa toute technologie, dispositif, composant qui, dans le cadre normal de son fonctionnement, accomplit la fonction prévue par cet alinéa. Ces mesures techniques sont réputées efficaces lorsqu'une utilisation visée au même alinéa est contrôlée par les titulaires de droits grâce à l'application d'un code d'accès, d'un procédé de protection tel que le cryptage, le brouillage ou toute autre transformation de l'objet de la protection ou d'un mécanisme de contrôle de la copie qui atteint cet objectif de protection.

Un protocole, un format, une méthode de cryptage, de brouillage ou de transformation ne constitue pas en tant que tel une mesure technique au sens du présent article.

Les mesures techniques ne doivent pas avoir pour effet d'empêcher la mise en oeuvre effective de l'interopérabilité, dans le respect du droit d'auteur. Les fournisseurs de mesures techniques

1. CE, 16 juillet 2008, n° 301843.

donnent l'accès aux informations essentielles à l'interopérabilité dans les conditions définies au 1° de l'article L.331-31 et à l'article L.331-32.

Les dispositions du présent chapitre ne remettent pas en cause la protection juridique résultant des articles 79-1 à 79-6 et de l'article 95 de la loi n° 86-1067 du 30 septembre 1986 relative à la liberté de communication.

Les mesures techniques ne peuvent s'opposer au libre usage de l'oeuvre ou de l'objet protégé dans les limites des droits prévus par le présent code, ainsi que de ceux accordés par les détenteurs de droits.

Les dispositions du présent article s'appliquent sans préjudice des dispositions de l'article L.122-6-1 du présent code. »

L'utilisation et la promotion des outils de contournement des mesures techniques sont réprimées par les articles R335-3 et R335-2 du CPI (respectivement contraventions de quatrième et de troisième classe) cités plus haut.

Répression de l'atteinte aux mesures efficaces

Nous avons vu au chapitre précédent que l'article L335-2-1 du CPI punit de trois ans d'emprisonnement et de 300 000 € d'amende le fait :

« 1° D'éditer, de mettre à la disposition du public ou de communiquer au public, sciemment et sous quelque forme que ce soit, un logiciel manifestement destiné à la mise à disposition du public non autorisée d'oeuvres ou d'objets protégés ;

2° D'inciter sciemment, y compris à travers une annonce publicitaire, à l'usage d'un logiciel mentionné au 1° »

En outre, l'article L335-3-1 du CPI dispose que :

« I.- Est puni de 3 750 euros d'amende le fait de porter atteinte sciemment, à des fins autres que la recherche, à une mesure technique efficace telle que définie à l'article L.331-5, afin d'altérer la protection d'une oeuvre par un décodage, un décryptage ou toute autre intervention personnelle destinée à contourner, neutraliser ou supprimer un mécanisme de protection ou de contrôle, lorsque cette atteinte est réalisée par d'autres moyens que l'utilisation d'une application technologique, d'un dispositif ou d'un composant existant mentionné au II.

II.- Est puni de six mois d'emprisonnement et de 30 000 euros d'amende le fait de procurer ou proposer sciemment à autrui, directement ou indirectement, des moyens conçus ou spécialement adaptés pour porter atteinte à une mesure technique efficace telle que définie à l'article L.331-5, par l'un des procédés suivants :

1° En fabriquant ou en important une application technologique, un dispositif ou un composant, à des fins autres que la recherche ;

2° En détenant en vue de la vente, du prêt ou de la location, en offrant à ces mêmes fins ou en mettant à disposition du public sous quelque forme que ce soit une application technologique, un dispositif ou un composant ;

3° En fournissant un service à cette fin ;

4° En incitant à l'usage ou en commandant, concevant, organisant, reproduisant, distribuant ou diffusant une publicité en faveur de l'un des procédés visés aux 1° à 3°.

III.- Ces dispositions ne sont pas applicables aux actes réalisés à des fins de sécurité informatique, dans les limites des droits prévus par le présent code. »

L'article L335-4-1 du CPI prévoit les mêmes peines en cas d'atteinte à la protection d'une interprétation, d'un phonogramme, d'un vidéogramme ou d'un programme.

Jurisprudence

Un étudiant en informatique, qui avait développé un logiciel permettant de recopier sans autorisation des œuvres sur *Deezer.com*, en contournant les mesures de protection, et qui avait créé un site web pour diffuser ce logiciel, a été reconnu coupable d'accès frauduleux au système de Deezer, d'atteinte à une mesure efficace de protection et de mise à disposition du public de moyens de contournement, encourant ainsi les sanctions prévues aux articles L335-2-1 et L335-3-1 du CPI. Il a été condamné à 15 000 € d'amende avec sursis, à la publication à ses frais de la condamnation, et à payer plus de 27 000 € de dommages et intérêts, ainsi que des frais de justice[2].

Nous avons mentionné au chapitre précédent la condamnation du responsable du site *Wawa-mania* de liens vers des téléchargements illégaux de films, qui comptait plus d'un million de membres, à un an de prison ferme et à 20 000 € d'amende, ainsi qu'à des dommages et intérêts de plus de 15 millions d'euros au profit des producteurs et ayants droit. Parmi les motifs de condamnation figurait le fait d'avoir « fourni les moyens pour altérer les mesures de protection d'un programme contre la copie illicite en mettant à la disposition des internautes sur le site wawa-mania.eu des liens dirigeant vers des sites de stockage en ligne et serveurs, [...] permettant ainsi le téléchargement sur tout ou partie des serveurs susvisés de deux applications informatiques permettant de contourner les protections des systèmes d'exploitation Windows XP et Windows Vista appartenant à la société Microsoft, faits qualifiés de fourniture de moyens pour altérer les mesures de protection d'un programme contre la copie illicite, prévus et réprimés par l'article L.335-3-1 du code de la propriété intellectuelle »[3].

Rôle de la Hadopi

La Hadopi est l'héritière de l'ancienne Autorité de régulation des mesures techniques (ARMT), qui avait été créée en 2006. À ce titre, elle a, parmi ses missions, celle de veiller à ce que les mesures de protection des œuvres n'empêchent pas l'exercice des exceptions autorisées au droit d'auteur (voir les chapitres suivants), ni celui du droit à l'interopérabilité, c'est-à-dire la possibilité pour l'utilisateur légal de profiter de son contenu avec le support de son choix (articles L331-13 et L331-31 du CPI).

Selon le premier alinéa de l'article L331-32, « tout éditeur de logiciel, tout fabricant de système technique et tout exploitant de service peut, en cas de refus d'accès aux informations essentielles à l'interopérabilité, demander à la Haute Autorité de garantir l'interopérabilité des systèmes et des services existants, dans le respect des droits des parties, et d'obtenir du titulaire des droits sur la mesure technique les informations essentielles à cette interopérabilité. » La Hadopi peut émettre une injonction de permettre l'accès aux informations nécessaires, et

2. TGI Nîmes, 28 juin 2013.

3. TGI Paris, 31e ch., 2 avril 2015 et (pour le calcul des réparations) 2 juillet 2015.

éventuellement sanctionner le refus de communiquer ces informations. Les procédures figurent aux articles R331-55 à R331-73 du CPI.

Dans ce cadre, la Hadopi a été sollicitée par l'association VidéoLAN, qui édite le lecteur libre et gratuit VLC et qui souhaitait pouvoir accéder, dans le cadre de l'interopérabilité, aux clés de chiffrement des Blu-Ray. La réponse de la Hadopi, suggérant que VidéoLAN verse une indemnisation pour accéder aux informations nécessaires à l'interopérabilité, n'a pas satisfait l'association[4].

Obligations des acteurs

Obligations légales des hébergeurs

Éditeurs et hébergeurs

La loi 2004-575 du 21 juin 2004 pour la confiance dans l'économie numérique (LCEN) précise les obligations auxquelles sont soumis les éditeurs de contenu et les hébergeurs sur Internet. Ces termes d'éditeurs et d'hébergeurs ne figurent toutefois pas dans la LCEN, mais ils sont couramment utilisés pour plus de commodité.

La distinction entre éditeurs et hébergeurs a, depuis 2004, donné lieu à de nombreux débats et à des jurisprudences contradictoires (qui dépassent notre sujet). Pour simplifier, nous pouvons retenir que :

- les éditeurs sur Internet sont les personnes qui mettent en ligne du contenu (textes, images, musiques, vidéos...) ou qui ont la mainmise éditoriale sur le contenu créé par d'autres (par exemple, les modérateurs des forums). La CJUE a rappelé que les éditeurs de presse en ligne, même à titre gratuit, relèvent bien du régime des éditeurs[5] ;
- les hébergeurs au sens de la LCEN (à ne pas confondre avec les prestataires du même nom qui louent leurs serveurs dans des *data centers*) sont les personnes physiques (internautes gestionnaires de blogs) ou morales (associations, presse en ligne, réseaux sociaux...) qui publient en ligne du contenu créé par d'autres sans le contrôler au préalable.

Plus exactement, le paragraphe I.2 de l'article 6 de la LCEN désigne les hébergeurs par l'expression « les personnes physiques ou morales qui assurent, même à titre gratuit, pour mise à disposition du public par des services de communication au public en ligne, le stockage de signaux, d'écrits, d'images, de sons ou de messages de toute nature fournis par des destinataires de ces services ». Sur Internet, les hébergeurs sont typiquement les plates-formes et réseaux sociaux permettant aux internautes de publier du contenu (Facebook, Twitter, LinkedIn, TripAdvisor, YouTube, Dailymotion, etc.). « Il a été précisé tant par la Cour de cassation que par la CJUE que :

- des opérations purement techniques de ré-encodage ou de formatage n'induisaient en rien "une sélection" par un hébergeur des contenus mis en ligne ;

4. Hadopi, avis 2013-2, 3 avril 2013.

5. CJUE, 11 septembre 2014, affaire C-291/13.

- la mise en place d'outils de cadres de présentation et la mise à disposition d'outils de classification des contenus sont également des opérations purement techniques – en cohérence avec la fonction de simple prestataire technique – visant à "rationnaliser l'organisation du service" et à en "faciliter l'accès à l'utilisateur sans lui commander un quelconque choix quant au contenu qu'il entend mettre en ligne" ;
- la commercialisation d'espaces publicitaires n'induit pas une capacité d'action du service sur les contenus mis en ligne,

et que "le simple fait que l'exploitant d'une place de marché en ligne stocke sur son serveur les offres à la vente, fixe les modalités de son service, est rémunéré pour celui-ci et donne des renseignements d'ordre général à ses clients ne saurait avoir pour effet de le priver" [du statut d'hébergeur], "seule une assistance consistant à optimiser la présentation des offres à la vente en cause ou à promouvoir ces offres pouvant le faire échapper au régime" »[6].

Souvent évoqué dans les litiges, le fait d'afficher de la publicité sur un site n'est pas incompatible avec le statut d'hébergeur : « la LCEN n'a pas interdit aux hébergeurs de gagner de l'argent en vendant des espaces publicitaires et a volontairement limité au seul critère du choix du contenu effectué par la société créatrice du site, la condition à remplir pour être éditeur »[7].

Responsabilité limitée des hébergeurs

Le paragraphe I.7 de l'article 6 de la LCEN dispose que les hébergeurs ne sont pas soumis « à une obligation générale de surveiller les informations [qu'ils] transmettent ou stockent, ni à une obligation générale de rechercher des faits ou des circonstances révélant des activités illicites. »

La responsabilité des hébergeurs se limite donc à retirer promptement les contenus qui leur sont signalés comme illicites. En effet, il résulte des paragraphes I.2 et I.3 de l'article 6 que les plates-formes hébergeuses ne peuvent pas voir leur responsabilité civile ou pénale engagée « du fait des activités ou des informations stockées à la demande d'un destinataire de ces services si elles n'avaient pas effectivement connaissance de leur caractère illicite ou de faits et circonstances faisant apparaître ce caractère ou si, dès le moment où elles en ont eu cette connaissance, elles ont agi promptement pour retirer ces données ou en rendre l'accès impossible ».

Ces articles signifient que l'hébergeur qui, par définition et *a priori*, ne connaît pas le contenu qu'il héberge, n'a pas à procéder spontanément à des contrôles et n'est pas responsable du caractère éventuellement illégal des contenus ; pas plus que, par exemple, La Poste n'est responsable si une lettre contient un plagiat d'une œuvre. En revanche, lorsque le caractère illégal du contenu lui est signalé, il a la responsabilité d'agir rapidement pour rendre celui-ci inaccessible.

L'hébergeur Dailymotion a ainsi été condamné à 1,2 million d'euros de dommages et intérêts, pour ne pas avoir retiré promptement des vidéos pirates d'émissions de TF1[8].

---

6. TGI Paris, 3e ch., 29 mai 2012.
7. TGI Paris, 3e ch., 29 mai 2012.
8. CA Paris, 1ère ch., 2 décembre 2014.

Toutefois, le caractère illicite d'un contenu n'est pas toujours évident, et l'hébergeur à qui on signale un tel contenu litigieux peut à juste titre hésiter sur la conduite à tenir. C'est pourquoi le Conseil constitutionnel a précisé que « ces dispositions ne sauraient avoir pour effet d'engager la responsabilité d'un hébergeur qui n'a pas retiré une information dénoncée comme illicite par un tiers si celle-ci ne présente pas manifestement un tel caractère ou si son retrait n'a pas été ordonné par un juge »[9].

En pratique donc, lorsque l'illégalité signalée est manifeste (par exemple : film récent mis en ligne par un internaute), l'hébergeur retirera un contenu sans exiger de formalité ; dans les autres cas, si l'illégalité est discutable, il attendra la décision d'un juge.

Le paragraphe I.7 de l'article 6 de la LCEN oblige les hébergeurs à mettre en place un dispositif de signalement facilement accessible pour les infractions les plus graves (apologie de crime contre l'humanité, terrorisme, incitation à la haine raciale, pédopornographie...), mais cette obligation ne concerne pas les violations de droits d'auteur. Toutefois, en raison de leur activité qui peut particulièrement servir à la mise en ligne de contenus piratés, les plates-formes de mise en ligne de vidéos, en pratique, ajoutent la violation de droits d'auteur à la liste des motifs de signalement qu'elles proposent aux internautes.

Remise en ligne de contenus déjà signalés

L'hébergeur qui retire promptement un contenu qui lui a été signalé comme illicite dégage ainsi sa responsabilité, mais que se passe-t-il si des internautes remettent en ligne, chez le même hébergeur, le contenu supprimé ?

Tentative d'éclosion d'un droit prétorien

Dans une telle situation, Google a été condamné à 30 000 € de dommages et intérêts pour n'avoir pas « accompli les diligences nécessaires » pour rendre impossible la remise en ligne d'une vidéo qui lui avait déjà été signalée comme illicite. Le tribunal a reconnu que Google, au titre de son service Google Video, est bien un hébergeur, et qu'il avait effectivement retiré promptement la vidéo en cause la première fois qu'elle lui avait été signalée, dégageant ainsi sa responsabilité. Néanmoins, le tribunal ajoutait qu'il appartenait à la société Google « de mettre en œuvre tous les moyens nécessaires en vue d'éviter une nouvelle diffusion, ce qu'elle ne démontre pas avoir fait, le développement allégué de solutions techniques afin de prévenir et à tout le moins de limiter l'atteinte aux droits des tiers ayant manifestement été en l'espèce inopérant ». Il repoussait également l'argument selon lequel chaque remise en ligne constituerait un fait nouveau et nécessiterait une nouvelle notification : « si les diffusions successives sont imputables à des utilisateurs différents, leur contenu et les droits de propriété intellectuelle y afférents, sont identiques ». Le tribunal concluait que « faute pour elle de justifier avoir accompli les diligences nécessaires en vue de rendre impossible la remise en ligne du documentaire [...] déjà signalé comme illicite, la société Google Inc ne peut se prévaloir de la limitation de responsabilité prévue à l'article 6-I-2 de la loi du 21 juin 2004 »[10].

---

9. Cons. cons., 10 juin 2004, décision 2004-496 DC.

10. TGI Paris, 3e ch., 19 octobre 2007.

Or, une telle obligation d'empêcher la remise en ligne d'un contenu retiré ne figure pas dans la loi. Il peut donc sembler surprenant de voir un juge s'y référer et condamner une société sur cette base. Cette pratique existe pourtant et porte le nom de *droit prétorien* : il s'agit des positions jurisprudentielles retenues par les tribunaux, qui finissent par « prendre force de loi », en l'absence justement d'une loi sur le sujet. Parmi les créations prétoriennes les plus connues, citons le devoir d'information et de conseil de la banque ou de l'agent immobilier. Dans le cas présent, cette obligation d'empêcher activement la remise en ligne d'un contenu déjà retiré n'aura toutefois « force de loi » que tant que les tribunaux l'appliqueront. Et les tribunaux avaient commencé à l'appliquer. Il a ainsi été ordonné à YouTube « d'installer sur son site un système de filtrage efficace et immédiat des vidéos » qui lui ont déjà été signalées, pour éviter leur remise en ligne[11].

On pouvait penser que cette obligation prétorienne constituait une obligation de moyen, et non de résultat. Cela signifiait que la mise en place d'outils qui correspondent à l'état de l'art suffisait à dégager la responsabilité de l'hébergeur et que l'on ne lui reprocherait pas un éventuel insuccès : par exemple, dans le cas de vidéos, si une vidéo déjà retirée était remise en ligne par un internaute qui l'aurait légèrement modifiée pour échapper aux filtres.

La Cour de cassation a mis un terme à cette tentative de développement d'une obligation prétorienne dans plusieurs arrêts rendus le même jour. Ainsi, dans une affaire de remise en ligne de contenus, similaire à celles décrites ci-dessus, « les sociétés Google, qui n'avaient pas accompli les diligences nécessaires en vue de rendre impossible une nouvelle mise en ligne du film documentaire litigieux, déjà signalée comme illicite, ne pouvaient se prévaloir des dispositions [de l'article 6-I-2 de la LCEN dégageant leur responsabilité] », selon l'analyse de la cour d'appel, et avaient été condamnées[12] car « il leur appartenait de mettre en oeuvre tous les moyens techniques, dont elles ne contestaient pas disposer, en vue de rendre impossible l'accès aux vidéos dont elles assuraient le stockage ». Cependant, la Cour de cassation a estimé qu'obliger des sociétés à « empêcher toute nouvelle mise en ligne des vidéos contrefaisantes, sans même qu'elles en aient été avisées par une autre notification régulière pourtant requise pour qu'elles aient effectivement connaissance de son caractère illicite et de sa localisation et soient alors tenues d'agir promptement pour la retirer ou en rendre l'accès impossible, aboutit à les soumettre, au-delà de la seule faculté d'ordonner une mesure propre à prévenir ou à faire cesser le dommage lié au contenu actuel du site en cause, à une obligation générale de surveillance des images qu'elles stockent et de recherche des mises en ligne illicites et à leur prescrire, de manière disproportionnée par rapport au but poursuivi, la mise en place d'un dispositif de blocage sans limitation dans le temps », en violation des I.2, I.5 et I.7 de l'article 6 de la LCEN[13].

Il est donc désormais clair que les hébergeurs n'ont pas d'obligation générale d'empêcher la remise en ligne d'un contenu déjà retiré. Si un contenu retiré réapparaît, les ayants droit doivent effectuer une nouvelle notification à l'hébergeur.

11. TGI Créteil, 1ère ch., 14 décembre 2010.

12. CA Paris, 2e ch., 14 janvier 2011.

13. Cass. civ., 12 juillet 2012, n° de pourvoi 11-13.666. Voir aussi les pourvois 11-15.165 et 11-13.669.

Autres jurisprudences

S'ils ne sont pas soumis à une obligation de surveillance, les hébergeurs peuvent, de leur plein gré, lutter contre la contrefaçon en installant des systèmes volontaires de reconnaissance de contenu. Sans aller jusqu'à l'obligation d'empêcher la remise en ligne de contenus, il a ainsi été jugé que la mise en place par Dailymotion de technologies qui « permettent la détection, entraînant le rejet automatique avant la mise en ligne, de tout contenu » déjà signalé, va dans le sens du respect de ses obligations d'hébergeur[14].

De même, il a été jugé qu'en proposant aux ayants droit une technologie de reconnaissance vidéo gratuite afin d'éviter que des vidéogrammes contrefaits ne soient diffusés sur sa plate-forme, YouTube remplissait ses obligations d'hébergeur. Les ayants droit qui refusent d'adhérer à ce système ne peuvent pas dès lors engager la responsabilité de YouTube pour absence de retrait automatique des contenus déjà signalés, et doivent signaler à nouveau à YouTube des contenus réapparus qu'ils voudraient faire retirer une deuxième fois[15].

Obligations des moteurs de recherche

En indexant et en reproduisant des œuvres, les moteurs de recherche entrent souvent en conflit avec les titulaires de droits.

Redevance pour le référencement d'images

Une redevance pour le référencement d'images, visant les moteurs de recherche, a été créée en 2016. L'article L136-1 du CPI définit ainsi :

« On entend par service automatisé de référencement d'images, au sens du présent chapitre, tout service de communication au public en ligne dans le cadre duquel sont reproduites et mises à la disposition du public, à des fins d'indexation et de référencement, des œuvres d'art plastiques, graphiques ou photographiques collectées de manière automatisée à partir de services de communication au public en ligne. »

Le I de l'article L136-2 pose le principe de la gestion collective obligatoire des droits par des organismes agréés, avec lesquels les moteurs de recherche devront signer une convention afin de pouvoir reproduire les œuvres :

« I.- La publication d'une œuvre d'art plastique, graphique ou photographique à partir d'un service de communication au public en ligne emporte la mise en gestion, au profit d'un ou plusieurs organismes de gestion collective [...] agréés à cet effet par le ministre chargé de la culture, du droit de reproduire et de représenter cette œuvre dans le cadre de services automatisés de référencement d'images. A défaut de désignation par l'auteur ou par son ayant droit à la date de publication de l'œuvre, un des organismes agréés est réputé gestionnaire de ce droit. »

Toutes les images sont concernées, y compris les photos de vacances ou de soirées publiées par chaque internaute. Toutefois, si les moteurs devront désormais payer des droits sur ces images aux organismes de gestion collective, il est peu probable que ces derniers les reversent aux véritables auteurs.

---

14. CA Paris, 1ère ch., 13 octobre 2010.

15. CA Paris, 2e ch., 21 juin 2013.

Actualités et extraits d'articles

Un moteur de recherche propose également à ses utilisateurs des liens vers des articles des médias traitant de l'actualité. Ce faisant, commet-il une contrefaçon ? C'est ce qu'a jugé par exemple en Belgique la cour d'appel de Bruxelles le 5 mai 2011. En réaction, Google a purement et simplement déréférencé tous les articles des titres de presse belges concernés.

Les principaux éditeurs de presse français se sont eux aussi plaints de la « cannibalisation » de leurs articles par Google. Après de longues négociations et la menace par le gouvernement d'une loi instaurant un paiement pour toute reproduction d'article, le litige a abouti le 1er février 2013 à un accord (non public), selon lequel Google financera pour 60 millions d'euros un fonds d'aide à la transition numérique, réservé à la seule presse généraliste. Cet accord a été l'objet de critiques du fait de son opacité et du mécanisme de sélection des bénéficiaires.

La CJUE a eu l'occasion de se prononcer sur un tel cas de publication d'extraits d'articles. Elle a estimé que si une œuvre est librement disponible sur Internet, le fait de pointer un lien hypertexte vers cette œuvre « ne constitue pas un acte de communication au public » et donc ne constitue pas une violation des droits de l'auteur[16]. En effet, l'œuvre n'est ainsi proposée qu'à un public qui y avait déjà accès. La solution serait différente si l'œuvre initiale n'était pas « librement disponible », par exemple un article réservé à des abonnés.

Numérisation d'ouvrages

De même, le service Google Books a été accusé de contrefaçon par plusieurs éditeurs français (Le Seuil, Gallimard, Flammarion...). Condamné en 2009[17], Google a finalement signé en 2011-2012 des accords avec la plupart des éditeurs et avec le Syndicat national de l'édition, portant notamment sur des ouvrages épuisés. Il a également noué des accords de partenariat avec des grandes bibliothèques françaises, pour numériser leur fonds d'ouvrages rares et d'ouvrages tombés dans le domaine public.

Obligations des éditeurs

Les obligations des éditeurs figurent aux paragraphes III, IV et V de l'article 6 de la LCEN.

Identification

Selon les dispositions du III-1 de l'article 6 de la LCEN, les éditeurs exerçant à titre professionnel doivent mettre à disposition du public :

« a) S'il s'agit de personnes physiques, leurs nom, prénoms, domicile et numéro de téléphone et, si elles sont assujetties aux formalités d'inscription au registre du commerce et des sociétés ou au répertoire des métiers, le numéro de leur inscription ;

b) S'il s'agit de personnes morales, leur dénomination ou leur raison sociale et leur siège social, leur numéro de téléphone et, s'il s'agit d'entreprises assujetties aux formalités d'inscription

16. CJUE, 13 février 2014, affaire C-466/12.

17. TGI Paris, 3e ch., 18 décembre 2009.

au registre du commerce et des sociétés ou au répertoire des métiers, le numéro de leur inscription, leur capital social, l'adresse de leur siège social ;

c) Le nom du directeur ou du codirecteur de la publication et, le cas échéant, celui du responsable de la rédaction au sens de l'article 93-2 de la loi n° 82-652 du 29 juillet 1982 précitée ;

d) Le nom, la dénomination ou la raison sociale et l'adresse et le numéro de téléphone [de leur hébergeur]. »

Les personnes éditant un service à titre non professionnel peuvent protéger leur anonymat, en ne publiant que les coordonnées de leur hébergeur, sous réserve évidemment d'avoir communiqué à ce dernier leur identité réelle (III.2 de l'article 6).

Le VI.2 de l'article 6 dispose que :

« Est puni d'un an d'emprisonnement et de 75 000 Euros d'amende le fait, pour une personne physique ou le dirigeant de droit ou de fait d'une personne morale exerçant l'activité définie au III, de ne pas avoir respecté les prescriptions de ce même article. Les personnes morales peuvent être déclarées pénalement responsables de ces infractions [...] », elles encourent alors une amende quintuple.

Responsabilité, directeur de la publication

Le V de l'article 6 précise que « les dispositions des chapitres IV et V de la loi du 29 juillet 1881 [sur la liberté d'expression] sont applicables aux services de communication au public en ligne et la prescription acquise dans les conditions prévues par l'article 65 de ladite loi. » Cette loi de 1881 fixe les limites de la liberté d'expression. Ses dispositions concernant la diffamation et l'injure, l'incitation à la haine raciale ou à la violence, l'apologie des crimes de guerre, le négationnisme, etc., n'entrent pas dans notre propos. De même, le IV de l'article 6 de la LCEN concerne le droit de réponse, dans le cadre de la loi de 1881, des personnes nommées sur un site web.

L'article 93-2 de la loi n° 82-652 du 29 juillet 1982 sur la communication audiovisuelle dispose que « tout service de communication au public par voie électronique [site web, service web] est tenu d'avoir un directeur de la publication ». Ce dernier sera responsable pénalement de toutes les infractions commises sur son site web (pour cette raison, si le directeur jouit d'une immunité parlementaire, un codirecteur devra être désigné). Le directeur doit être majeur, avoir la jouissance de ses droits civils et n'être privé de ses droits civiques par aucune condamnation judiciaire. Lorsque le service est fourni par une personne morale (entreprise, association), le directeur de la publication est le président du directoire ou du conseil d'administration, le gérant ou le représentant légal de la société, suivant la forme de la personne morale. Lorsque le service est fourni par une personne physique, le directeur de la publication est cette personne physique.

Remarque : pour les infractions à la loi de 1881 sur la liberté d'expression (articles 42 et 43 de ladite loi), il existe un dispositif dit de responsabilité en cascade (article 93-3 de la loi 82-652), selon lequel le directeur de la publication n'est responsable pénalement (l'auteur des faits n'étant que complice) que s'il a validé le contenu litigieux avant sa mise en ligne, ou, dans le cas d'une contribution d'internaute (commentaires sur un blog, etc.), si le directeur ne l'a pas retirée promptement après avoir été averti de l'infraction.

Obligations des FAI

Comme on l'a vu, l'article L336-2 du CPI dispose que « en présence d'une atteinte à un droit d'auteur ou à un droit voisin occasionnée par le contenu d'un service de communication au public en ligne, le tribunal de grande instance, statuant le cas échéant en la forme des référés, peut ordonner à la demande des titulaires de droits sur les œuvres et objets protégés, de leurs ayants droit, des organismes de gestion collective régis par le titre II du livre III ou des organismes de défense professionnelle visés à l'article L. 331-1, toutes mesures propres à prévenir ou à faire cesser une telle atteinte à un droit d'auteur ou un droit voisin, à l'encontre de toute personne susceptible de contribuer à y remédier ». La justice peut donc faire couper l'accès à des sites contrefaisants.

Choix des mesures de blocage

Dans une telle situation, la justice vise une obligation de résultat et ne précise pas quelles sont les mesures à adopter. Une telle décision, « qui laisse à chaque fournisseur d'accès à l'internet la possibilité de déterminer la nature des mesures qu'il convient de mettre en oeuvre, eu égard à la structure juridique et technique de leur entreprise, aux effets des mesures prises et à l'évolution du litige et qui privilégie une mesure acceptée par l'ensemble des fournisseurs d'accès à l'internet [...], est fondée. Ainsi, la société Orange, la société Bouygues Télécom, la société Free et la société SFR devront de mettre en oeuvre et/ou faire mettre en oeuvre, selon les termes précisés ci-après, toutes mesures propres à empêcher l'accès, à partir du territoire français et/ou par leurs abonnés à raison d'un contrat souscrit sur ce territoire, par tout moyen efficace et notamment par le blocage des noms de domaines, aux sites ci-après visés ».[18]

Détermination des sites visés

Les sites de téléchargement illégal utilisent souvent des dizaines de sites miroirs, à la fois pour échapper aux poursuites et pour pouvoir poursuivre leurs activités en cas de coupure d'un des sites. Les ayants droit demandent donc logiquement la coupure de l'accès à tous ces sites. De nouveaux sites miroirs étant susceptibles d'apparaître, il est tentant de demander un blocage couvrant également des sites non encore créés. Toutefois, la justice ne peut ordonner le blocage que de sites où une infraction a été constatée, et ne peut viser des sites pas encore créés. Ainsi, « le nombre de sites qui doivent faire l'objet de l'interdiction d'accès est limitativement fixé par le présent jugement et toute mesure touchant un autre site doit être autorisée par une autorité judiciaire, les FAI n'ayant pas d'obligation de surveillance des contenus et la SCPP ne disposant pas du droit de faire bloquer l'accès à des sites sans le contrôle préalable de l'autorité judiciaire »[19].

Prise en charge du coût du blocage

Le blocage des sites contrevenants relève de l'ordre public, et son coût n'a pas en principe à être pris en charge par les FAI, qui peuvent en demander le remboursement aux demandeurs. Ainsi, « le Conseil Constitutionnel dans sa décision du 28 décembre 2000 a, à propos des frais engendrés

18. TGI Paris, 3e ch., 4 décembre 2014.

19. TGI Paris, 3e ch., 4 décembre 2014.

par les interceptions de sécurité demandées aux opérateurs, indiqué que : "Considérant que, s'il est loisible au législateur, dans le respect des libertés constitutionnellement garanties, d'imposer aux opérateurs de réseaux de télécommunications de mettre en place et de faire fonctionner les dispositifs techniques permettant les interceptions justifiées par les nécessités de la sécurité publique, le concours ainsi apporté à la sauvegarde de l'ordre public, dans l'intérêt général de la population, est étranger à l'exploitation des réseaux de télécommunications ; que les dépenses en résultant ne sauraient dès lors, en raison de leur nature, incomber directement aux opérateurs". La CJUE a dit pour droit dans l'arrêt SABAM / Netlog (CJUE, 16 févr. 2012, aff C-360/10) que « Une telle injonction entraînerait une atteinte caractérisée à la liberté d'entreprise du fournisseurs d'accès internet concerné puisqu'elle l'obligerait à mettre en place un système informatique complexe, coûteux, permanent et à ses seuls frais, ce qui serait d'ailleurs contraire aux conditions prévues à l'article 3, paragraphe 1, de la directive 2004/48, qui exige que les mesures pour assurer le respect des droits de propriété intellectuelle ne soient pas inutilement complexes ou coûteuses". Elle a réaffirmé sa position dans la décision Telekabel, rendue le 27 mars 2014, en rappelant que l'injonction limitait la liberté d'entreprendre du fournisseur d'accès à l'internet, notamment en ce qu'elle "l'oblige à prendre des mesures qui sont susceptibles de représenter pour celui-ci un coût important", alors même qu'il "n'est pas l'auteur de l'atteinte au droit fondamental de propriété intellectuelle ayant provoqué l'adoption de ladite injonction". Dès lors, le coût des mesures ordonnées ne peut être mis à la charge des défendeurs [les FAI] qui ont l'obligation de les mettre en oeuvre. Il appartiendra à ces derniers de solliciter, s'ils le souhaitent, le paiement de leurs frais auprès des demandeurs à l'instance, eu égard aux mesures effectivement prises et aux dépenses engagées spécifiquement pour l'application des injonctions qui leur sont faites »[20].

À retenir

- Le CPI réprime la détention de logiciels spécialement conçus pour le piratage d'œuvres. Des logiciels conçus pour des usages légaux, mais potentiellement utilisables pour le piratage, sont autorisés, sous réserve de rappeler dans la publicité et dans la notice d'utilisation l'interdiction des usages illicites.
- Toutefois, le contournement des mesures techniques de protection est autorisé dans le seul cas du droit à l'interopérabilité.
- Les hébergeurs de contenus n'ont pas d'obligation de surveillance active des contenus, et voient leur responsabilité limitée au prompt retrait des contenus manifestement illicites qui leur sont signalés. En cas de remise en ligne d'un contenu supprimé une première fois, un nouveau signalement par les ayants droit est nécessaire.
- Les moteurs de recherche doivent payer une redevance pour le référencement d'images. Ils ne peuvent reproduire intégralement des articles ou des œuvres sous droit, mais peuvent faire pointer des liens vers des contenus qui sont déjà librement accessibles.
- Les éditeurs de contenus sont responsables des infractions sur leurs sites.
- Les FAI peuvent se voir ordonner par le juge le blocage de l'accès à des sites contrefaisants. Ils ont le choix des mesures techniques à adopter pour atteindre ce résultat. La liste des sites visés doit être exhaustive. Les FAI peuvent facturer cette action à ceux qui l'ont demandée.

20. TGI Paris, 3e ch., 4 décembre 2014.

TROISIÈME PARTIE

Les contenus librement utilisables

Comme on l'a vu, le droit d'auteur protège certaines catégories d'œuvres, pendant un certain temps. Utiliser une œuvre sous droit oblige à obtenir une autorisation de l'auteur, éventuellement payante. Toutefois, il existe plusieurs cas d'usage gratuit et sans autorisation des œuvres protégées. Il s'agit tout d'abord des exceptions au droit d'auteur, ainsi que des limites posées par la loi et par la jurisprudence à ce droit.

Par ailleurs, certaines œuvres sont utilisables gratuitement et sans autorisation. Il s'agit des œuvres anciennement sous droit d'auteur et tombées dans le domaine public, et des œuvres placées par leur auteur sous licence libre gratuite. Enfin, il reste à mentionner les données publiques, c'est-à-dire les données de l'administration, qui font l'objet d'un droit de réutilisation par le public.

8

Les exceptions au droit d'auteur

De manière générale, les exceptions au droit d'auteur sont encadrées, au niveau international, par la Convention de Berne pour la protection des œuvres littéraires et artistiques (9 septembre 1886). Cette convention prévoit que des exceptions au droit de reproduction ne peuvent être introduites dans le droit national que si elles satisfont à ce qu'on appelle le « triple test ». L'article 9(2) de cette convention dispose ainsi que :

« Est réservée aux législations des pays de l'Union la faculté de permettre la reproduction desdites œuvres dans certains cas spéciaux, pourvu qu'une telle reproduction ne porte pas atteinte à l'exploitation normale de l'œuvre ni ne cause un préjudice injustifié aux intérêts légitimes de l'auteur. »

Le triple test consiste donc à vérifier à chaque fois que l'exception :

- concerne des cas spéciaux ;
- ne porte pas atteinte à l'exploitation normale de l'œuvre ;
- ne cause pas un préjudice injustifié aux intérêts légitimes de l'auteur.

En conformité avec le droit européen (notamment la directive 2001/29 CE du 22 mai 2001 sur l'harmonisation de certains aspects du droit d'auteur et des droit voisins dans la société de l'information), le CPI prévoit donc un certain nombre d'exceptions aux droits des auteurs, notamment à leur pouvoir de contrôle de l'exploitation de l'œuvre.

Exception de copie privée

Parmi les exceptions, la plus connue est sans doute l'exception de copie privée.

Base légale

Exception de copie privée

L'article L122-5 du CPI dispose que :

« Lorsque l'oeuvre a été divulguée, l'auteur ne peut interdire : [...]

2°Les copies ou reproductions réalisées à partir d'une source licite et strictement réservées à l'usage privé du copiste et non destinées à une utilisation collective... ».

Un utilisateur disposant légalement des droits d'utilisation de l'œuvre peut donc librement créer des copies destinées à son usage privé.

Cette exception est également valable en ce qui concerne les droits voisins des acteurs, interprètes, producteurs (2° de l'article L211-3 du CPI).

La jurisprudence française est très exigeante sur la définition du « copiste ». La copie privée doit être réalisée par celui qui bénéficie de l'exception, avec son propre matériel. La Cour de cassation a ainsi énoncé, concernant des photocopies faites en boutique, que le copiste est celui qui détient « dans ses locaux le matériel nécessaire [et qui] exploite ce matériel en le mettant à la disposition de ses clients ». Dans ce cas, le client n'est donc pas considéré comme le copiste, même s'il procède lui-même à l'opération à partir des œuvres qu'il détient légalement[1]. Toutefois, la Cour de justice de l'Union européenne a une position différente, et a indiqué : « il n'est pas nécessaire que les personnes physiques concernées possèdent les équipements, appareils ou supports de reproduction. Elles peuvent également se voir fournir par un tiers un service de reproduction, qui constitue la prémisse factuelle nécessaire pour que ces personnes physiques puissent obtenir des copies privées »[2].

Application au magnétoscope numérique

En matière numérique, cette position française a conduit à interdire les magnétoscopes numériques sur Internet. Le service en ligne Wizzgo, qui proposait à ses clients de programmer à l'avance l'enregistrement d'émissions de télévision, a été condamné pour contrefaçon à plus de 400 000 € de dommages et intérêts. La cour a rejeté l'argument de copie privée, confirmant que « l'exception de copie privée suppose que la copie soit strictement réservée à l'usage de celui qui la réalise » et « que la société Wizzgo est le copiste et que les copies qu'elle réalise ne sont pas destinées à son usage personnel mais à celui de ses clients »[3].

Et si de son côté la CJUE a également confirmé l'interdiction d'un service de magnétoscope dans le *cloud*, c'est au motif que le service en cause possédait en fait une double fonctionnalité : il ne

1. Cass. civ., 7 mars 1984, n° de pourvoi 82-17.016.
2. CJUE, 3e ch., 29 novembre 2017, affaire C-265/16.
3. CA Paris, 1ère ch., 14 décembre 2011, confirmant TGI Paris, 3e ch., 25 novembre 2008.

se bornait pas à enregistrer les œuvres diffusées par télévision, mais il procédait également à leur mise à disposition pour les internautes d'un autre pays, ce qui ne peut se faire sans l'autorisation des ayant-droit[4].

Périmètre

Certaines œuvres sont toutefois exclues de cette possibilité. Le 2° de l'article L122-5 se poursuit comme suit : « …à l'exception des copies des oeuvres d'art destinées à être utilisées pour des fins identiques à celles pour lesquelles l'oeuvre originale a été créée et des copies d'un logiciel autres que la copie de sauvegarde établie dans les conditions prévues au II de l'article L. 122-6-1 ainsi que des copies ou des reproductions d'une base de données électronique ».

On ne peut donc pas reproduire des œuvres d'art (tableau, sculpture…) pour les utiliser à des fins identiques comme œuvres d'art, ni créer plusieurs copies d'un logiciel autres que la copie de sauvegarde (ce qui reviendrait à multiplier les licences d'utilisation), ni reproduire les bases de données.

Concernant les logiciels, une décision ancienne de la Cour de cassation précise que « dès lors qu'il a reçu du vendeur une copie de sauvegarde, fût-elle unique et protégée contre les reproductions, l'acheteur est rempli de ses droits […], d'où il suit qu'est illicite la vente à cet acquéreur de procédés lui permettant d'établir lui-même, en plus grand nombre, des copies du logiciel original, lesquelles ne comporteraient pas le système de protection dont celui-ci est doté »[5].

Limite de cette exception

Comme son nom l'indique, l'exception de copie privée est une exception, et non un droit. On ne peut donc pas la revendiquer si des mesures techniques empêchent la copie. La Cour de cassation a ainsi indiqué en 2008 que « la copie privée ne constitue pas un droit mais une exception légale au principe prohibant toute reproduction intégrale ou partielle d'une oeuvre protégée faite sans le consentement du titulaire de droits d'auteur » et donc que « l'impossibilité de réaliser une copie privée d'un disque DVD sur lequel est reproduite l'oeuvre ne constituait pas une caractéristique essentielle » de ce DVD justifiant une demande de remboursement[6]. Elle a approuvé la cour d'appel qui précisait que cette exception permet au copiste de se défendre en cas d'accusation de contrefaçon, mais pas d'agir en demande d'un droit : « si la copie privée peut être, à supposer les conditions légales remplies, opposée pour se défendre à une action, notamment en contrefaçon, elle ne saurait être invoquée, comme étant constitutive d'un droit, au soutien d'une action formée à titre principal, peu important, au regard du principe pas de droit pas d'action, l'existence d'une rémunération pour copie privée acquittée par les consommateurs »[7].

4. CJUE, 3e ch., 29 novembre 2017, affaire C-265/16.

5. Cass. com., 22 mai 1991, n° de pourvoi 89-11.390.

6. Cass. civ., 19 juin 2008, n° de pourvoi 07-14.277 (affaire Mulholland Drive).

7. CA Paris, 4e ch., 4 avril 2007.

Copie privée et mesures techniques de protection

Toutefois, l'article L331-7 du CPI prévoit que les mesures techniques de protection ne doivent pas priver les utilisateurs de l'exception de copie privée. Il dispose dans son premier alinéa (rédaction introduite en 2006) que « les titulaires de droits qui recourent aux mesures techniques de protection définies à l'article L.331-5 peuvent leur assigner pour objectif de limiter le nombre de copies. Ils prennent cependant les dispositions utiles pour que leur mise en oeuvre ne prive pas les bénéficiaires des exceptions visées au 2° de l'article L.331-31 [dont la copie privée] de leur exercice effectif. Ils s'efforcent de définir ces mesures en concertation avec les associations agréées de consommateurs et les autres parties intéressées ».

Son second alinéa prévoit que « les dispositions du présent article peuvent, dans la mesure où la technique le permet, subordonner le bénéfice effectif de ces exceptions à un accès licite à une oeuvre ou à un phonogramme, à un vidéogramme ou à un programme et veiller à ce qu'elles n'aient pas pour effet de porter atteinte à son exploitation normale ni de causer un préjudice injustifié aux intérêts légitimes du titulaire de droits sur l'oeuvre ou l'objet protégé ».

L'article L331-10 du CPI crée une obligation d'informer l'acheteur de la présence des mesures techniques de protection : « les conditions d'accès à la lecture d'une oeuvre, d'un vidéogramme, d'un programme ou d'un phonogramme et les limitations susceptibles d'être apportées au bénéfice de l'exception pour copie privée mentionnée au 2° de l'article L. 122-5 et au 2° de l'article L. 211-3 par la mise en oeuvre d'une mesure technique de protection doivent être portées à la connaissance de l'utilisateur ».

Redevance

Périmètre

Par principe, l'auteur doit être dédommagé des manques à gagner engendrés par les diverses exceptions. L'article L311-3 du CPI prévoit donc une rémunération pour copie privée calculée de manière forfaitaire.

L'article L311-4 précise que cette rémunération prend la forme d'une redevance payée par le fabricant, l'importateur ou l'acheteur intracommunautaire (pour les achats à l'étranger) « de supports d'enregistrement utilisables pour la reproduction à usage privé d'oeuvres, lors de la mise en circulation en France de ces supports ». Tous les supports sont donc *a priori* visés : disques durs internes ou externes, clés USB, CD et DVD enregistrables, mémoires de smart-phones… Est également soumis à la redevance le prestataire d'enregistrement à la demande de programmes de radio ou de télévision « qui fournit à une personne physique, par voie d'accès à distance, la reproduction à usage privé d'œuvres à partir d'un programme diffusé de manière linéaire par cet éditeur ou son distributeur, sous réserve que cette reproduction soit demandée par cette personne physique avant la diffusion du programme ou au cours de celle-ci pour la partie restante ». L'article L311-4 précise enfin que « le montant de la rémunération est fonction du type de support et de la durée ou de la capacité d'enregistrement qu'il permet ou, dans le cas mentionné au deuxième alinéa du présent article, du nombre d'utilisateurs du service de stockage proposé par l'éditeur ou le distributeur du service de radio ou de télévision et des capacités de stockage mises à disposition par cet éditeur ou ce distributeur. Ce montant est également fonction de l'usage de chaque type de support. Cet usage est apprécié sur le fondement d'enquêtes et, dans le cas mentionné au même deuxième alinéa, des capacités de stockage mises à disposition par un éditeur ou un distributeur d'un service de radio ou de télévision». Enfin, «le montant de la rémunération tient compte du degré d'utilisation des mesures techniques définies à l'article L.331-5 [DRM] et de leur incidence sur les usages relevant de l'exception pour copie privée. Il ne peut porter rémunération des actes de copie privée ayant déjà donné lieu à compensation financière».

Des débats récurrents ont lieu sur l'opportunité d'assujettir également à cette redevance les services de *cloud* proposant aux internautes des espaces de stockage en ligne.

Exonération et remboursement

Toutefois, la CJUE a dit pour droit «qu'un lien est nécessaire entre l'application de la redevance destinée à financer la compensation équitable à l'égard des équipements, des appareils ainsi que des supports de reproduction numérique et l'usage présumé de ces derniers à des fins de reproduction privée. En conséquence, l'application sans distinction de la redevance pour copie privée, notamment à l'égard d'équipements, d'appareils ainsi que de supports de reproduction numérique non mis à la disposition d'utilisateurs privés et manifestement réservés à des usages autres que la réalisation de copies à usage privé, ne s'avère pas conforme [au droit européen]»[8]. Elle a ensuite précisé que cela ne s'oppose pas à ce qu'un État applique sans distinction une redevance pour copie privée lors de la vente de tous les supports d'enregistrement, du moment qu'il prévoit un droit au remboursement pour les acheteurs n'effectuant pas de copie privée, et que «ce droit au remboursement est effectif et ne rend pas excessivement difficile la restitution de la redevance payée»[9].

Certains acheteurs sont donc exonérés de cette redevance par l'article L311-8 : entreprises et producteurs audiovisuels, éditeurs d'œuvres numériques et organismes utilisant ces supports pour l'aide aux handicapés visuels ou auditifs. Sont également dispensés les exportateurs de supports hors de France, ainsi que les entreprises pour leurs usages professionnels : «la rémunération pour copie privée n'est pas due non plus pour les supports d'enregistrement acquis notamment à des fins professionnelles dont les conditions d'utilisation ne permettent pas de présumer un usage à des fins de copie privée». Les entreprises concernées peuvent donc obtenir une convention d'exonération ou se faire rembourser la redevance sur production de justificatifs d'achat.

Selon l'article L311-4-1 du CPI, le montant de la redevance doit être porté à la connaissance de l'acquéreur des supports d'enregistrement, ainsi qu'une notice explicative sur la copie privée. «Cette notice mentionne la possibilité de conclure des conventions d'exonération ou d'obtenir le remboursement de la rémunération pour copie privée dans les conditions prévues à l'article L311-8». Elle doit être affichée en magasin ou consultable en ligne (articles R311-9 à R311-12). Les manquements à cet article L311-4-1 sont sanctionnés par une amende administrative d'un maximum de 3000 €.

8. CJUE, 21 octobre 2010, Padawan, affaire C-467/08.
9. CJUE, 11 juillet 2013, affaire C-521/11.

La procédure de remboursement a toutefois été critiquée pour sa lourdeur (volontaire ?) et pour son coût (entre autres, la nécessité d'y joindre un Kbis payant), qui en limitent l'intérêt pour les petites entreprises. De l'entrée en vigueur de la loi du 20 décembre 2011 instaurant le remboursement pour les professionnels, jusqu'au 12 février 2014, 568 demandes de remboursement ont été reçues, dont 233 rejetées. Les 335 demandes acceptées ont donné lieu à 375 000 € de remboursements. À la même date, 1 878 conventions d'exonération avaient été signées[10]. Comparés au nombre d'entreprises achetant des outils informatiques, ces chiffres soulignent le peu d'effectivité de la procédure d'exonération et de remboursement en faveur des professionnels.

Bénéficiaires

L'article L311-7 prévoit la répartition de la redevance :

> « La rémunération pour copie privée des phonogrammes bénéficie, pour moitié, aux auteurs au sens du présent code, pour un quart, aux artistes-interprètes et, pour un quart, aux producteurs.
>
> La rémunération pour copie privée des vidéogrammes bénéficie à parts égales aux auteurs au sens du présent code, aux artistes-interprètes et aux producteurs.
>
> La rémunération pour copie privée des oeuvres visées au second alinéa de l'article L 311-1 [autres œuvres] bénéficie à parts égales aux auteurs et aux éditeurs ».

Commission de copie privée

L'article L311-5 du CPI dispose que les types de support visés par la redevance, ainsi que le barème, sont déterminés par une commission composée à 50 % de représentants des bénéficiaires, à 25 % de représentants des fabricants et importateurs, et à 25 % des représentants des consommateurs. Le fonctionnement de la commission est réglé par les articles R311-1 à D311-8 du CPI.

Les bénéficiaires de la redevance représentant 50 % des voix à la commission, il suffit qu'un seul représentant des autres collèges soit absent pour que les bénéficiaires aient la majorité. Or, il est anormal que ce soient les bénéficiaires d'une redevance qui aient le pouvoir d'en fixer le montant. Dès lors, cette commission fait l'objet de vives critiques portant sur l'augmentation continue du barème, l'élargissement de son assiette, et la réticence à mettre en œuvre la procédure de remboursement. La redevance française est ainsi devenue la plus élevée d'Europe, à quasi-égalité avec les taux allemands, à 3,45 € par habitant (la moyenne européenne se situant à 0,75 € par habitant), pour une collecte totale de 228 millions d'euros en 2014[11]. Le haut niveau de la redevance introduit, pour les vendeurs de supports, une distorsion de concurrence au profit de leurs concurrents européens, chez qui les clients peuvent commander en ligne les mêmes produits moins chers. En signe de protestation, les représentants des industriels ont pour la plupart démissionné de la commission en 2012 ; l'association de consommateurs CLCV a fait de même en janvier 2017.

Sur plainte des fabricants et des importateurs, le Conseil d'État a donc été plusieurs fois amené à annuler les barèmes de la commission, par exemple pour avoir « oublié » de prévoir un

10. Réponse de la ministre de la Culture à la question QE 46 663 du député Lionel Tardy, Journal Officiel du 13 mai 2014.

11. *International survey on private copying*, WIPO – de Thuiskopie, 2015.

remboursement aux professionnels, que cela concerne tous les supports[12], ou seulement certains comme les tablettes[13]. Une tentative de valider *a posteriori* par la loi les barèmes ainsi annulés a été censurée par le Conseil constitutionnel[14]. Le Conseil d'État a en revanche validé les barèmes adoptés fin 2012 en l'absence des représentants des industriels[15]. Les sociétés qui, comme Apple, refusaient de verser la redevance en raison de doutes sur sa légitimité[16], ont donc dû verser les sommes qu'elles avaient placées sous séquestre[17]. La société néerlandaise Imation, qui commercialise en France des supports et qui conteste elle aussi les barèmes, a été condamnée après un long combat judiciaire[18] à verser les sommes dues[19], mais a fait appel.

Compensation des copies provenant de source illicite

Comme l'indique l'article L122-5 cité plus haut, l'exception de copie privée s'applique aux « copies ou reproductions réalisées à partir d'une source licite ». En toute logique, la redevance doit donc compenser uniquement le volume des copies effectuées à partir des sources licites. Elle n'a pas vocation à dédommager les ayants droit des préjudices causés par les copies illicites. Or, pour élaborer ses barèmes, il est arrivé à la commission d'inclure le piratage dans ses calculs de préjudices. Cela a donc conduit le Conseil d'État à annuler ce barème : « en prenant en compte le préjudice subi du fait des copies illicites de vidéogrammes ou de phonogrammes, la commission a méconnu les dispositions précitées du code de la propriété intellectuelle »[20].

La CJUE a adopté ultérieurement la même position dans une autre affaire. Dans l'objectif d'un « juste équilibre à trouver entre, d'une part, les droits et les intérêts des bénéficiaires de la compensation équitable et, d'autre part, ceux [des] utilisateurs » et pour éviter à ces derniers de devoir assumer indûment le coût des copies illicites, la CJUE a jugé que, concernant la redevance de copie privée, le droit européen « s'oppose à une législation nationale [...] qui ne distingue pas la situation où la source à partir de laquelle une reproduction pour un usage privé est réalisée est licite de celle où cette source est illicite »[21].

Application à la télévision

Enregistrement en ligne

Nous avons vu précédemment que l'enregistrement en ligne ne pouvait se prévaloir *a priori* de l'exception de copie privée. Toutefois, la loi Création du 7 juillet 2016 a inséré à l'article L311-4 du

12. CE, 17 juin 2011.
13. CE, 25 juin 2014.
14. Cons. cons., 15 janvier 2013, décision n° 2012-287.
15. CE, 19 novembre 2014.
16. TGI Paris, 3e ch., 30 mai 2013.
17. TGI Paris, 16 juin 2014.
18. CA Paris, 3e ch., 19 novembre 2013.
19. TGI Paris, 8 avril 2016.
20. CE, 11 juillet 2008.
21. CJUE, 10 avril 2014, affaire C-435/12.

CPI un alinéa prévoyant le versement de la redevance de copie privée « par l'éditeur d'un service de radio ou de télévision ou son distributeur, au sens de la loi n° 86-1067 du 30 septembre 1986 relative à la liberté de communication, qui fournit à une personne physique, par voie d'accès à distance, la reproduction à usage privé d'œuvres à partir d'un programme diffusé de manière linéaire par cet éditeur ou son distributeur, sous réserve que cette reproduction soit demandée par cette personne physique avant la diffusion du programme ou au cours de celle-ci pour la partie restante ». L'éditeur étant la chaîne de radio ou de télévision, l'éventuel service d'enregistrement en ligne sera donc considéré comme distributeur. Toutefois, la même loi a inséré à l'article L331-9 un alinéa obligeant ce distributeur à conclure préalablement une convention avec chaque éditeur.

Mesures techniques de protection

Selon l'article L331-9 du CPI, « les éditeurs et les distributeurs de services de télévision ne peuvent recourir à des mesures techniques qui auraient pour effet de priver le public du bénéfice de l'exception pour copie privée, y compris sur un support et dans un format numérique ».

Enregistrement local

À l'ère des magnétoscopes et de la télévision analogique, la copie privée de programmes de télévision s'effectuait à l'aide de vidéocassettes. Alors que la télévision est désormais numérique, qu'elle soit diffusée par voie hertzienne, satellitaire ou par la fibre, des dispositifs permettent désormais d'en empêcher la copie, ce qui entrave la mise en œuvre de l'exception de copie privée. La Hadopi a donc été saisie en 2014, dans le cadre de sa mission de régulation des mesures techniques.

« Les auteurs des saisines ont fait part à l'Hadopi du fait que l'enregistrement des programmes télévisés n'est possible qu'à partir de l'enregistreur (PVR) intégré au matériel de réception de la télévision qui leur est fourni, et de ce que les copies réalisées sont soumises à des restrictions d'usage au moyen de mesures techniques de protection. [...] En effet, le téléspectateur ne peut généralement lire les copies qu'il réalise qu'à partir du matériel qui les a réalisées : autrement dit, il ne peut pas, sauf exception, les lire sur d'autres matériels de lecture (ordinateur, tablette, etc.) et dans d'autres lieux. Ces restrictions limitent ainsi l'interopérabilité de la copie ; de même que la possibilité de la conserver, notamment en cas de changement d'opérateur. [En conséquence, le Collège de l'HADOPI] a considéré que des limitations privant les copies privées de toute interopérabilité avec d'autres lecteurs que l'enregistreur ayant réalisé la copie, et empêchant la conservation des copies en cas de changement du fournisseur, apparaissent excessives. Dans ce contexte il a invité les opérateurs à proposer à leurs clients, dans un délai raisonnable, une faculté de copie privée des programmes télévisés qui leur permette de réaliser des copies durablement conservables et disposant d'une interopérabilité suffisante pour l'usage privé du copiste »[22].

22. Hadopi, avis 2014-1 du 11 septembre 2014.

Application à l'impression 3D

La démocratisation des imprimantes 3D, qui permettent de reproduire des objets et des pièces, soit à partir de fichiers descriptifs, soit à partir d'un enregistrement par scan 3D d'un objet, pose la question de l'application du droit d'auteur à ces impressions.

Protection des objets en 3D

Ces objets et ces pièces peuvent être protégés par le droit d'auteur tel qu'exposé précédemment, mais aussi par le droit des dessins et modèles, que nous n'avons pas mentionné jusqu'ici et qui fait l'objet des articles L511-1 et suivants du CPI. Cette protection nécessite un enregistrement préalable du dessin ou du modèle auprès de l'INPI. Ils peuvent aussi éventuellement relever du droit des brevets (articles L611-1 et suivants du CPI), qui fournit une protection après enregistrement (sauf pour les créations esthétiques, selon le 2b de l'art. L611-10). Pour prendre un exemple concernant des objets en plastique qui feront certainement l'objet de nombreuses copies par des particuliers, les systèmes d'accrochage des pièces des jouets Lego ou Playmobil sont ainsi protégés par des brevets. Les brevets ne sont pas concernés par l'exception de copie privée.

La reproduction par imprimante 3D d'un objet fait partie des droits patrimoniaux de l'auteur, selon l'article L122-1 du CPI. Elle nécessite donc l'autorisation de l'auteur, sauf si l'exception de copie privée peut être invoquée. Cela écarte évidemment la reproduction d'objets dans un but commercial. Rappelons également que le 2° de l'article L122-5 écarte du bénéfice de l'exception de copie privée les « copies des oeuvres d'art destinées à être utilisées pour des fins identiques à celles pour lesquelles l'oeuvre originale a été créée ».

Application de l'exception de copie privée

Comme exigé par l'article L122-5, la source de la copie devra être licite, ce qui écarte la possibilité d'utiliser, même pour un usage privé, un fichier source d'origine illicite.

La jurisprudence de la Cour de cassation, présentée précédemment[23], exige que le bénéficiaire de l'exception réalise lui-même sa copie avec son propre matériel. Cela exclut donc la possibilité d'utiliser une imprimante 3D en location dans un atelier spécialisé.

Nous avons vu que l'exception de copie privée doit s'accompagner d'une rémunération forfaitaire. Si cette redevance existe pour les supports mémoires, elle n'a pas encore été mise en place pour les imprimantes 3D.

Autres exceptions de l'article L122-5

L'article L122-5 du CPI contient plusieurs autres exceptions au droit d'auteur. Il rappelle également que, par principe, « les exceptions énumérées par le présent article ne peuvent porter atteinte à l'exploitation normale de l'oeuvre ni causer un préjudice injustifié aux intérêts légitimes de l'auteur ».

23. Cass. civ., 7 mars 1984, n° de pourvoi 82-17.016.

Exception de courte citation

Rappelons pour mémoire cette exception qui figure dans le CPI depuis sa création. L'article L122-5 du CPI dispose :

« Lorsque l'oeuvre a été divulguée, l'auteur ne peut interdire : [...]

Sous réserve que soient indiqués clairement le nom de l'auteur et la source : [...]

3° a) Les analyses et courtes citations justifiées par le caractère critique, polémique, pédagogique, scientifique ou d'information de l'oeuvre à laquelle elles sont incorporées ».

La Cour de cassation a refusé le bénéfice de cette exception pour un reportage télévisé qui, à l'occasion d'une exposition sur un peintre, présentait douze de ses œuvres. « [Pour] écarter le moyen tiré du droit de courte citation invoqué par la société France 2, la cour d'appel (Paris, du 30 mai 2001) a, d'une part, exactement énoncé que la représentation intégrale d'une oeuvre, quelle qu'en soit la forme ou la durée, ne peut relever de l'exercice de ce droit ; [et] elle a, d'autre part, souverainement relevé que la présentation de l'exposition Maurice Utrillo à Lodève, objet propre et sous-titre final de la séquence contestée, pouvait s'effectuer sans reproduire intégralement à l'écran douze tableaux de l'artiste »[24].

Exception pédagogique

Une exception est prévue en faveur de l'enseignement, afin d'autoriser les professeurs à présenter des œuvres à leurs élèves.

Rappelons que les enseignants peuvent également recourir aux œuvres du domaine public, ou aux œuvres sous licence libre (voir les chapitres suivants).

Base légale

Le 3°e) de l'article L122-5 dispose :

« Lorsque l'oeuvre a été divulguée, l'auteur ne peut interdire : [...]

Sous réserve que soient indiqués clairement le nom de l'auteur et la source : [...]

3°e) La représentation ou la reproduction d'extraits d'oeuvres, sous réserve des oeuvres conçues à des fins pédagogiques et des partitions de musique, à des fins exclusives d'illustration dans le cadre de l'enseignement et de la recherche, y compris pour l'élaboration et la diffusion de sujets d'examens ou de concours organisés dans la prolongation des enseignements à l'exclusion de toute activité ludique ou récréative, dès lors que cette représentation ou cette reproduction est destinée, notamment au moyen d'un espace numérique de travail, à un public composé majoritairement d'élèves, d'étudiants, d'enseignants ou de chercheurs directement concernés par l'acte d'enseignement, de formation ou l'activité de recherche nécessitant cette représentation ou cette reproduction, qu'elle ne fait l'objet d'aucune publication ou diffusion à un tiers au public ainsi constitué, que l'utilisation de cette représentation ou cette reproduction ne donne lieu à aucune exploitation commerciale et qu'elle est compensée par

24. Cass. civ. 1ère ch., 13 novembre 2003, n° de pourvoi 01-14.385.

une rémunération négociée sur une base forfaitaire sans préjudice de la cession du droit de reproduction par reprographie mentionnée à l'article L.122-10 ».

Cette exception suppose donc de nombreuses conditions et nécessite un décryptage.

- Elle ne concerne que des extraits d'œuvres (elle ne s'applique donc pas à un tableau ou à un film dans sa totalité).
- Elle ne s'applique pas aux manuels scolaires ni aux partitions.
- Elle s'applique dans le cadre de l'enseignement au sens large, y compris examens et concours.
- Le public visé doit être composé majoritairement de personnes bénéficiaires de l'enseignement (au sens large). Pour un usage numérique, cela signifie que l'extrait d'œuvre ne doit pas être accessible en ligne au grand public, mais réservé aux bénéficiaires, par exemple par un mot de passe ou par l'usage d'un espace numérique de travail (ENT).
- Il ne doit pas y avoir d'exploitation commerciale.
- Cette utilisation doit donner lieu à une compensation forfaitaire négociée avec les ayants droit, en plus de celle prévue par ailleurs pour les photocopies.

Le ministère de l'Éducation nationale, de l'Enseignement supérieur et de la Recherche a donc négocié, contre rémunération, des protocoles d'accord avec les représentants des ayants droit, afin d'autoriser les enseignants du secteur public à bénéficier de l'exception pédagogique. Toutefois, il est à noter que ces protocoles ont également porté sur des points qui excèdent l'exception pédagogique légale et qui permettent, dans certains cas, des usages plus larges que ceux prévus par le CPI.

Accord sur l'utilisation et la reproduction des livres, des œuvres musicales éditées, des publications périodiques et des œuvres des arts visuels

Le protocole d'accord signé avec les ayants droit[25] est applicable jusqu'au 31 décembre 2019. Selon son article 1, « il précise d'une part, les conditions de mise en œuvre de l'exception pédagogique prévue au e) du 3° de l'article L. 122-5 du code de la propriété intellectuelle et, d'autre part, autorise certains usages qui n'entrent pas dans le champ de cette exception. »

Le protocole prévoit « la reproduction et la représentation d'extraits d'œuvres et, dans leur forme intégrale [ce qui excède donc l'exception légale], d'œuvres des arts visuels (arts graphiques, plastiques, photographiques, architecturaux etc...) [...]

- pour une utilisation en présence ;
- pour une diffusion via un intranet, tel qu'un ENT (espace numérique de travail), destinée majoritairement aux utilisateurs autorisés directement concernés par l'acte d'enseignement, de formation ou l'activité de recherche nécessitant cette représentation ou cette reproduction ;
- pour une diffusion numérique, dès lors qu'elle est destinée à un public composé majoritairement d'utilisateurs autorisés directement concernés par l'acte d'enseignement, de formation ou l'activité de recherche nécessitant cette reproduction ou cette représentation et qu'elle ne fait l'objet d'aucune rediffusion à un tiers au public ainsi constitué ; il s'agit

25. Bulletin officiel de l'éducation nationale, n° 35 du 29 septembre 2016.

notamment d'une diffusion au moyen d'une messagerie électronique, d'un support amovible (notamment clé USB, CD-Rom… ou autre), ou dans le cadre d'une visioconférence… »

Sont également prévues « la reproduction et la représentation d'extraits d'œuvres et, dans leur forme intégrale, d'œuvres des arts visuels qu'il mentionne, par tout moyen ou procédé, lors de colloques, conférences ou séminaires à la condition que le public soit majoritairement composé d'utilisateurs autorisés ».

L'extrait est défini ainsi : « l'extrait s'entend d'une partie, d'un fragment d'une œuvre d'une ampleur raisonnable et non substituable à la création dans son ensemble ». Toutefois, « pour les œuvres ne relevant pas de l'exception pédagogique [manuels scolaires, partitions], les utilisations mentionnées par le présent protocole portent sur des extraits définis comme suit :

- pour les œuvres conçues à des fins pédagogiques éditées sous forme de livre, l'extrait ne peut excéder 4 pages consécutives, dans la limite de 10 % de la pagination de l'ouvrage, par travail pédagogique ou de recherche ;
- pour les œuvres conçues à des fins pédagogiques éditées sous forme de publications périodiques, l'extrait ne peut excéder 2 articles d'une même parution, dans la limite de 10 % de la pagination pour les publications imprimées, par travail pédagogique ou de recherche ;
- pour les œuvres musicales éditées, l'extrait ne peut excéder trois pages consécutives, dans la limite de 10 % de l'œuvre concernée (paroles et/ou musique), par travail pédagogique ou de recherche.

Par dérogation au présent article, la reproduction intégrale d'une œuvre est autorisée uniquement pour les œuvres des arts visuels (arts graphiques, plastiques, photographiques, architecturaux, etc…), pour lesquelles la notion d'extrait est inopérante ».

Seuls les manuels sur papier sont concernés *a priori*. Pour les manuels numériques, seuls ceux figurant au répertoire du Centre français d'exploitation du droit de copie (CFC) le sont.

Au-delà de l'exception légale qui ne prévoit que des extraits, le protocole « permet la reproduction et la représentation d'œuvres qu'il mentionne dans leur intégralité, par tout moyen ou procédé, à des fins d'illustration de l'enseignement et de la recherche :

- dans le cas de courtes œuvres (telles que des poèmes) et d'œuvres des arts visuels, pour les usages prévus au présent protocole ;
- dans le cadre d'une représentation en présence, afin de permettre l'étude de l'œuvre, à l'exclusion des œuvres conçues à des fins pédagogiques et des partitions de musique.

Les utilisations prévues par le présent article ne peuvent porter atteinte à l'exploitation normale de l'œuvre ni causer un préjudice injustifié aux intérêts légitimes de l'auteur. »

Une limitation concerne les œuvres des arts visuels : « le nombre des œuvres des arts visuels est limité à 20 œuvres par travail pédagogique ou de recherche. Toute reproduction ou représentation numérique de ces œuvres doit avoir sa définition limitée à 400 × 400 pixels et une résolution limitée à 72 DPI ».

La mise sur Internet en direction du grand public (sans mot de passe) est autorisée :

- pour les sujets d'examen et de concours : « les sujets d'examens permettant l'obtention d'un diplôme, titre ou grade délivré dans le cadre du service public de l'enseignement, les sujets de concours de la fonction publique organisés par le ministère, ainsi que les sujets du concours général des lycées et du concours général des métiers, comportant des extraits d'œuvres ou, dans leur forme intégrale, des œuvres des arts visuels mentionnées dans le présent protocole, peuvent être mis en ligne sur les sites Internet du ministère » ;

- pour les thèses : « est permise par le présent protocole la mise en ligne de thèses comportant des extraits d'œuvres ou, dans leur forme intégrale, des œuvres des arts visuels qu'il mentionne, à l'exception des œuvres musicales éditées, en l'absence de toute utilisation commerciale, à la double condition que les œuvres ou extraits d'œuvres ne puissent pas être extraits, en tant que tels, du document et que l'auteur de la thèse n'ait pas conclu, avant la mise en ligne, un contrat d'édition » ;
- pour la mise en ligne de conférences : « est permise par le présent protocole la mise en ligne des représentations et reproductions d'extraits d'œuvres ou, dans leur forme intégrale, des œuvres des arts visuels qu'il mentionne, figurant dans l'enregistrement audiovisuel de colloques, conférences et séminaires » ;

Les œuvres concernées par ce protocole sont celles gérées par les signataires. La source doit être licite. Les références doivent être précisées (sauf si l'objet de l'exercice pédagogique est de déterminer l'auteur). Aucune exploitation commerciale n'est possible.

Accord sur l'utilisation des œuvres cinématographiques et audiovisuelles

Le protocole signé avec les représentants des producteurs de cinéma et de télévision[26], pour les œuvres qu'ils gèrent, concerne également des œuvres de source licite. Les références doivent être précisées (sauf si l'objet de l'exercice pédagogique est de déterminer l'auteur). Aucune exploitation commerciale n'est possible. Il n'autorise pas la distribution aux élèves de reproductions d'œuvres. Les utilisations visées par l'accord ne doivent en aucun cas conduire à la création de bases de données d'œuvres ou d'extraits d'œuvres.

Le protocole autorise la représentation en classe d'extraits d'œuvres, ou d'œuvres intégrales issues de la télévision gratuite, ainsi que la reproduction temporaire de telles œuvres exclusivement destinée à cette fin.

L'incorporation d'extraits d'œuvres est autorisée dans les sujets d'examens et de concours, ainsi que pour les colloques, conférences et séminaires organisés par les établissements d'enseignement supérieur et de recherche, dont le public est majoritairement constitué d'élèves, étudiants ou enseignants.

La mise en ligne d'extraits d'œuvres inclus dans des travaux pédagogiques ou de recherche est possible, soit sur l'intranet de l'établissement, à la seule destination des élèves et enseignants concernés, soit sur l'extranet de l'établissement, à la seule destination des élèves et enseignants concernés inscrits à un programme d'enseignement à distance.

La mise en ligne (accessible au public) des extraits inclus dans des thèses soutenues est autorisée.

Les reproductions numériques temporaires à ces fins, ainsi que l'archivage numérique par l'établissement des travaux pédagogiques ou de recherche contenant des extraits, sont autorisés.

26. Bulletin officiel de l'éducation nationale, n° 5 du 4 février 2010.

Accord sur l'interprétation vivante et sur l'utilisation des enregistrements d'œuvres musicales

L'accord signé avec la Société des auteurs, compositeurs et éditeurs de musique (SACEM)[27] couvre « la représentation et la reproduction d'œuvres musicales et d'enregistrements musicaux à des fins exclusives d'illustration dans le cadre de l'enseignement et de la recherche. Les auteurs, les artistes-interprètes et le titre de l'œuvre musicale, ainsi que l'éditeur, doivent être mentionnés lors de son utilisation, sauf si l'identification de l'auteur ou de l'œuvre musicale constitue l'objet d'un exercice pédagogique. Les utilisations visées par l'accord ne doivent donner lieu, directement ou indirectement, à aucune exploitation commerciale. Les œuvres musicales ou enregistrements musicaux utilisés doivent avoir été acquis régulièrement. »

« Les utilisations visées par l'accord ne doivent en aucun cas conduire à la création de bases de données d'œuvres musicales ou d'enregistrements musicaux, ou d'extraits d'œuvres ou enregistrements musicaux. »

« Sont autorisées par l'accord la représentation dans la classe, aux élèves ou aux étudiants, d'enregistrements musicaux, ainsi que la représentation dans la classe des œuvres musicales par les élèves ou étudiants.

L'accord permet les reproductions temporaires d'œuvres et enregistrements musicaux exclusivement nécessaires aux utilisations prévues ».

L'incorporation d'extraits d'enregistrements musicaux est autorisée dans les sujets d'examens et de concours, ainsi que la représentation d'œuvres musicales par un candidat à un examen ou à un concours, ou dans le cadre des épreuves organisées dans les établissements pour l'évaluation de leurs élèves ou étudiants.

La représentation d'extraits d'œuvres ou enregistrements musicaux est autorisée pour les colloques, conférences et séminaires organisés par les établissements d'enseignement supérieur et de recherche, dont le public est majoritairement constitué d'élèves, étudiants ou enseignants.

La mise en ligne d'extraits d'enregistrements musicaux inclus dans des travaux pédagogiques ou de recherche est possible, soit sur l'intranet de l'établissement, à la seule destination des élèves et enseignants concernés, soit sur l'extranet de l'établissement, à la seule destination des élèves et enseignants concernés inscrits à un programme d'enseignement à distance.

La mise en ligne (accessible au public) des extraits d'enregistrement musicaux inclus dans des thèses soutenues est autorisée.

Les reproductions numériques temporaires à ces fins, ainsi que l'archivage numérique par l'établissement des travaux pédagogiques ou de recherche contenant des extraits, sont autorisés.

Exception de parodie et de caricature

L'article L122-5 du CPI prévoit une exception aux droits d'auteur en faveur de l'humour. Il dispose en effet :

« Lorsque l'oeuvre a été divulguée, l'auteur ne peut interdire : [...]

27. Bulletin officiel de l'éducation nationale, n° 5 du 4 février 2010.

4° La parodie, le pastiche et la caricature, compte tenu des lois du genre».

Les «lois du genre» consistent à faire rire de l'œuvre originale, ou à s'en inspirer pour faire rire, d'une manière qui ne suscite auprès du public aucun risque de confusion avec l'œuvre première. Ainsi, «il est nécessaire que la parodie soit le fruit d'un travail de travestissement ou de subversion et donc de distanciation par rapport à l'œuvre parodiée, de telle sorte que le public ne puisse se méprendre sur la portée du propos et sur l'auteur de la parodie. [A l'inverse, des] œuvres qui peuvent générer une confusion dans l'esprit de ceux qui les découvrent ne paraissent pas susceptibles de bénéficier de l'exception prévue par l'article L 122-5»[28].

La jurisprudence assimile le pastiche à la parodie: «le pastiche auquel l'appelante se réfère également pour justifier les emprunts dénoncés – dont le régime légal est au demeurant identique à celui de la parodie – [...]»[29].

Exception d'adaptation pour les personnes handicapées

Le 7° de l'article L122-5 autorise la reproduction et la représentation des œuvres, par des établissements ouverts au public comme les bibliothèques, sous une forme accessible aux personnes handicapées qui ne peuvent avoir accès à l'œuvre sous sa forme originale.

L'article L122-5-1 ajoute que les personnes morales et les établissements bénéficiant de cette autorisation à des fins non lucratives sont désignés par les ministres chargés de la culture et des personnes handicapées. Le 2° de cet article dispose que «la reproduction et la représentation peuvent également porter sur toute œuvre dont le fichier numérique est déposé par l'éditeur, dans un format facilitant la production de documents adaptés, auprès de la Bibliothèque nationale de France qui le met à la disposition des personnes morales et des établissements» autorisés. Ces derniers doivent présenter «des garanties et des capacités de sécurisation et de confidentialité des fichiers susceptibles d'être mis à leur disposition puis transmis par eux aux personnes bénéficiaires de la reproduction ou de la représentation».

«Ce dépôt [numérique] est obligatoire pour les éditeurs:

- en ce qui concerne les livres scolaires, pour ceux dont le dépôt légal ou la publication sous forme de livre numérique, au sens de la loi n° 2011-590 du 26 mai 2011 relative au prix du livre numérique, sont postérieurs au 1er janvier 2016, au plus tard le jour de leur mise à la disposition du public;
- pour les autres œuvres, sur demande d'une des personnes morales et des établissements mentionnés au même 1° formulée dans les dix ans suivant le dépôt légal des œuvres imprimées quand celui-ci est postérieur au 4 août 2006 ou dès lors que des œuvres sont publiées sous forme de livre numérique, au sens de la loi n°2011-590 du 26 mai 2011 précitée».

La liste des formats de dépôts autorisés est arrêtée par le ministre de la Culture.

L'article L122-5-1 dispose enfin:

28. TGI Paris, référé du 11 juin 2004.

29. CA Paris, 2e ch., 18 février 2011, n° 09/19272.

« d) La Bibliothèque nationale de France conserve sans limitation de durée les fichiers déposés par les éditeurs. Elle garantit la confidentialité de ces fichiers et la sécurisation de leur accès ;

e) Les personnes morales et les établissements agréés [...] détruisent les fichiers mis à leur disposition une fois effectué le travail de conception, de réalisation et de communication de documents adaptés au bénéfice des personnes physiques [handicapées] ;

f) Les fichiers des documents adaptés sous forme numérique sont transmis à la Bibliothèque nationale de France par les personnes morales et les établissements mentionnés au 1° du présent article qui les ont réalisés. La Bibliothèque nationale de France les met à la disposition des autres personnes morales et établissements. Elle procède à une sélection des fichiers qu'elle conserve. Elle rend compte de cette activité de sélection et de conservation dans un rapport annuel rendu public ;

g) La mise à disposition de documents adaptés est autorisée entre les personnes morales et les établissements mentionnés au même 1°. »

Enfin, la Commission européenne a lancé en 2016 un projet de directive en vue de faciliter l'accès aux œuvres publiées pour les aveugles, les déficients visuels et les personnes ayant d'autres difficultés de lecture des textes imprimés.

Exception de conservation et d'étude

Le 8° de l'article L122-5 dispose :

« Lorsque l'oeuvre a été divulguée, l'auteur ne peut interdire : [...]

8° La reproduction d'une œuvre et sa représentation effectuées à des fins de conservation ou destinées à préserver les conditions de sa consultation à des fins de recherche ou d'études privées par des particuliers, dans les locaux de l'établissement et sur des terminaux dédiés par des bibliothèques accessibles au public, par des musées ou par des services d'archives, sous réserve que ceux-ci ne recherchent aucun avantage économique ou commercial ».

Exception d'actualité

L'article L122-5 dispose :

« Lorsque l'oeuvre a été divulguée, l'auteur ne peut interdire : [...]

9° La reproduction ou la représentation, intégrale ou partielle, d'une oeuvre d'art graphique, plastique ou architecturale, par voie de presse écrite, audiovisuelle ou en ligne, dans un but exclusif d'information immédiate et en relation directe avec cette dernière, sous réserve d'indiquer clairement le nom de l'auteur.

Le premier alinéa du présent 9° ne s'applique pas aux oeuvres, notamment photographiques ou d'illustration, qui visent elles-mêmes à rendre compte de l'information.

Les reproductions ou représentations qui, notamment par leur nombre ou leur format, ne seraient pas en stricte proportion avec le but exclusif d'information immédiate poursuivi ou qui ne seraient pas en relation directe avec cette dernière donnent lieu à rémunération des auteurs sur la base des accords ou tarifs en vigueur dans les secteurs professionnels concernés».

Remarque: une erreur de numérotation lors des débats parlementaires de la loi du 7 octobre 2016 a conduit à insérer les 10° et 11° entre le deuxième et le troisième alinéa du 9°. Une loi rectificative est nécessaire pour rétablir l'ordre correct des alinéas du L122-5.

Exception pour la recherche

Les chercheurs scientifiques ont besoin d'effectuer des requêtes portant sur la masse des publications scientifiques auxquelles ils sont abonnés (*Text and data mining* (TDM) ou fouille de données). Pour cette raison, depuis 2016, l'article L122-5 du CPI prévoit, comme dans de nombreux autres pays d'Europe, une exception spécifique:

«Lorsque l'oeuvre a été divulguée, l'auteur ne peut interdire: [...]

10° Les copies ou reproductions numériques réalisées à partir d'une source licite, en vue de l'exploration de textes et de données incluses ou associées aux écrits scientifiques pour les besoins de la recherche publique, à l'exclusion de toute finalité commerciale. Un décret fixe les conditions dans lesquelles l'exploration des textes et des données est mise en œuvre, ainsi que les modalités de conservation et de communication des fichiers produits au terme des activités de recherche pour lesquelles elles ont été produites; ces fichiers constituent des données de la recherche».

Exception de panorama

Droit à l'image des bâtiments historiques

Comme on l'a vu dans la première partie, le droit d'auteur n'est pas lié à la possession physique de l'objet. Par conséquent, le propriétaire d'un bâtiment ne jouit pas des droits sur l'image de ce bâtiment, encore moins s'il s'agit d'un bâtiment historique pour lequel les droits de l'architecte sont épuisés. Il ne peut donc pas contrôler les reproductions qui en sont faites, sauf si ces reproductions lui causent un trouble anormal.

C'est ainsi que la Cour de cassation a énoncé que «le propriétaire d'une chose ne dispose pas d'un droit exclusif sur l'image de celle-ci; qu'il peut toutefois s'opposer à l'utilisation de cette image par un tiers lorsqu'elle lui cause un trouble anormal». En particulier, la Cour a rejeté le pourvoi du propriétaire d'un bâtiment historique, qui exploitait l'image de son bien en vendant des cartes postales, et qui se plaignait de l'insertion par une société immobilière, dans un dépliant publicitaire, d'une photo reproduisant sa façade. La Cour a estimé que, dans ce cas, le trouble anormal n'était pas établi[30]. À elle seule, la reproduction de la façade sans l'autorisation du propriétaire ne suffisait pas à caractériser le préjudice de celui-ci.

30. Cass. plén., 7 mai 2004, pourvoi n° 02-10.450.

On peut toutefois se demander si une concurrence frontale, par exemple, dans le cas précédent, en éditant des cartes postales sans l'autorisation du propriétaire du bâtiment, aurait constitué un trouble anormal de concurrence déloyale dans l'exploitation de l'image de son bien.

Nouvelle exception

Les bâtiments et les œuvres placées sur le domaine public relèvent du droit d'auteur en faveur de l'architecte ou de l'artiste qui les a créés. À Paris, des œuvres créées sur fonds publics, comme la pyramide du Louvre, l'Opéra Bastille, les colonnes du Palais-Royal, ou sur fonds privés comme les tours de la Défense ou l'éclairage nocturne de la Tour Eiffel, sont ainsi concernées. Concrètement, il est donc interdit de publier sur Internet, sans autorisation de l'auteur, des photos ou des vidéos reproduisant ces œuvres en sujet principal (elles peuvent toutefois apparaître de manière accessoire – pour plus de détails, se reporter à la section consacrée à ce thème), que ce soit sans but lucratif ou à titre commercial.

Cette situation est incompatible avec le développement de l'habitude de partager ses photos et ses vidéos personnelles sur Internet, et n'autorise pas à illustrer les encyclopédies collaboratives comme Wikipédia, ni à partager des images libres de droit de ces œuvres. Cela nuit d'ailleurs à la notoriété des œuvres en question, qui par conséquent sont très peu représentées sur Internet. Or, plusieurs pays de l'Union européenne ont introduit dans leur législation une exception concernant les œuvres placées dans l'espace public, au minimum pour un usage non lucratif, parfois même pour un usage commercial. Seules la France, l'Italie et la Grèce interdisent totalement la reproduction sans autorisation des œuvres placées sur le domaine public.

C'est pourquoi en 2016, sous la pression des internautes et d'une partie des députés, a été introduite dans le CPI une nouvelle exception de panorama. Le 11° de l'article L122-5 ajoute désormais parmi les exceptions :

> « Lorsque l'oeuvre a été divulguée, l'auteur ne peut interdire : […]
>
> 11° Les reproductions et représentations d'œuvres architecturales et de sculptures, placées en permanence sur la voie publique, réalisées par des personnes physiques, à l'exclusion de tout usage à caractère commercial. »

Cette rédaction n'est pas totalement satisfaisante. En restreignant l'exception aux personnes physiques, elle ne permet pas à des organismes comme Wikipédia d'en profiter.

Cas des domaines nationaux

Toutefois, quelques mois avant que l'exception de panorama ne fût inscrite dans le CPI, une « exception à rebours » était créée dans le Code du patrimoine, au profit des domaines nationaux.

En effet, selon l'article L621-34 du Code du patrimoine, « les domaines nationaux sont des ensembles immobiliers présentant un lien exceptionnel avec l'histoire de la Nation et dont l'Etat est, au moins pour partie, propriétaire ». Désignés par décret, il s'agira notamment des domaines du Louvre, de Chambord, de l'Élysée, etc. L'image de ces bâtiments fait partie du domaine public, leurs architectes étant décédés depuis plus de 70 ans. Or, l'article L621-42 du code du patrimoine encadre l'utilisation commerciale de cette image :

> « L'utilisation à des fins commerciales de l'image des immeubles qui constituent les domaines nationaux, sur tout support, est soumise à l'autorisation préalable du gestionnaire de la partie

concernée du domaine national. Cette autorisation peut prendre la forme d'un acte unilatéral ou d'un contrat, assorti ou non de conditions financières.

La redevance tient compte des avantages de toute nature procurés au titulaire de l'autorisation.

L'autorisation mentionnée au premier alinéa n'est pas requise lorsque l'image est utilisée dans le cadre de l'exercice de missions de service public ou à des fins culturelles, artistiques, pédagogiques, d'enseignement, de recherche, d'information et d'illustration de l'actualité. »

Cet article soumet donc à nouveau à des droits l'exploitation commerciale de l'image de bâtiments pourtant tombés dans le domaine public. En vertu du principe *Specialia generalibus derogant*, c'est le Code du patrimoine qui s'appliquera pour l'image des domaines nationaux, alors même que les œuvres en question sont, du fait de leur date de création, dans le domaine public au sens du Code de la propriété intellectuelle. Le Conseil constitutionnel a validé ces dispositions, au motif de l'intérêt général de la protection de l'image des domaines nationaux[31].

À retenir

- Les accords internationaux autorisent des exceptions au droit de reproduction sous réserve d'un « triple test » : l'exception doit concerner des cas spéciaux, ne pas porter atteinte à l'exploitation normale de l'œuvre, et ne pas causer un préjudice injustifié aux intérêts légitimes de l'auteur.
- Le CPI prévoit donc plusieurs exceptions au droit de reproduction dont les principales sont, concernant le numérique :
- l'exception de copie privée, réalisée à partir d'une source licite pour un usage personnel (exception compensée par une redevance sur les supports mémoire, dont les professionnels peuvent obtenir le remboursement) ;
- l'exception de courte citation ;
- l'exception pédagogique, pour les usages scolaires et universitaires, contre une compensation forfaitaire versée par le ministère de l'Éducation ;
- l'exception d'adaptation pour les personnes handicapées ;
- l'exception de *text and data mining* pour les chercheurs ;
- l'exception de panorama, pour les œuvres placées sur le domaine public.

31. Cons. cons., décision n °2017-687 QPC, 2 février 2018.

9

Les limites au droit d'auteur

Il existe également des limites au droit d'auteur procédant d'autres dispositions ou de la jurisprudence.

Liens hypertextes

Un lien hypertexte vers un contenu en ligne protégé par le droit d'auteur constitue-t-il une contrefaçon, ou est-il au contraire autorisé quelles que soient les circonstances ? Sur cette question qui n'est pas traitée par les textes, la CJUE a prononcé plusieurs arrêts.

Autorisation des liens vers des œuvres déjà en ligne

Position de la CJUE

Comme l'énonce la CJUE, « le propriétaire d'un site Internet peut, sans l'autorisation des titulaires des droits d'auteur, renvoyer, via des hyperliens, à des œuvres protégées disponibles en accès libre sur un autre site. Il en va ainsi même si les internautes qui cliquent sur le lien ont l'impression que l'œuvre leur est montrée depuis le site qui contient le lien »[1].

En effet, la CJUE rappelle que l'article 3 de la directive 2001/29 dispose que les auteurs jouissent du « droit exclusif d'autoriser ou d'interdire toute communication au public de leurs œuvres, par fil ou sans fil, y compris la mise à la disposition du public de leurs œuvres de manière

1. CJUE, 13 février 2014, affaire C-466/12 ; communiqué de presse n° 20/14.

que chacun puisse y avoir accès de l'endroit et au moment qu'il choisit individuellement». **La CJUE va examiner si les notions de communication et de public sont bien applicables. Pour un site tiers,** «le fait de fournir des liens cliquables vers des œuvres protégées constitue un acte de communication. En effet, un tel acte est défini comme la mise à disposition d'une œuvre au public de manière à ce que ce dernier puisse y avoir accès (même s'il ne fait pas usage de cette possibilité). En outre, les utilisateurs potentiels du site [tiers] peuvent être considérés comme un public, étant donné que leur nombre est indéterminé et assez important»[2].

Toutefois, la CJUE estime que l'autorisation de l'auteur n'est nécessaire qu'en cas de communication à un public nouveau, par exemple si le lien hypertexte met à disposition du grand public un contenu qui n'était réservé qu'à des abonnés. «La Cour rappelle cependant que la communication doit être adressée à un public nouveau, c'est-à-dire à un public qui n'a pas été pris en compte par les titulaires du droit d'auteur lors de l'autorisation de la communication initiale. Selon la Cour, un tel "public nouveau" fait défaut dans le cas du site [litigieux]. En effet, comme les œuvres proposées sur le site [d'origine] étaient en accès libre, les utilisateurs du site [litigieux] doivent être considérés comme faisant partie du public déjà pris en compte [...] lors de l'autorisation de la publication des articles sur le [site d'origine].»

Comme l'indique l'arrêt:

«25 En l'occurrence, il doit être constaté que la mise à disposition des œuvres concernées au moyen d'un lien cliquable, telle celle au principal, ne conduit pas à communiquer les œuvres en question à un public nouveau.

26 En effet, le public ciblé par la communication initiale était l'ensemble des visiteurs potentiels du site concerné, car, sachant que l'accès aux œuvres sur ce site n'était soumis à aucune mesure restrictive, tous les internautes pouvaient donc y avoir accès librement.

27 Dans ces conditions, il y a lieu de constater que, lorsque l'ensemble des utilisateurs d'un autre site auxquels les œuvres en cause ont été communiquées au moyen d'un lien cliquable pouvaient directement accéder à ces œuvres sur le site sur lequel celles-ci ont été communiquées initialement, sans intervention du gérant de cet autre site, les utilisateurs du site géré par ce dernier doivent être considérés comme des destinataires potentiels de la communication initiale et donc comme faisant partie du public pris en compte par les titulaires du droit d'auteur lorsque ces derniers ont autorisé la communication initiale.

28 Dès lors, faute de public nouveau, l'autorisation des titulaires du droit d'auteur ne s'impose pas à une communication au public telle que celle au principal».

L'arrêt de la CJUE conclut donc que l'article 3 de la directive 2001/29 «doit être interprété en ce sens que ne constitue pas un acte de communication au public, tel que visé à cette disposition, la fourniture sur un site Internet de liens cliquables vers des œuvres librement disponibles sur un autre site Internet».

La CJUE précise toutefois: «En revanche, dans l'hypothèse où un lien cliquable permet aux utilisateurs du site sur lequel ce lien se trouve de contourner des mesures de restriction prises par le site où se trouve l'œuvre protégée afin d'en restreindre l'accès par le public à ses seuls

2. CJUE, 13 février 2014, affaire C-466/12; communiqué de presse n° 20/14.

abonnés et, ainsi, constitue une intervention sans laquelle lesdits utilisateurs ne pourraient pas bénéficier des œuvres diffusées, il y a lieu de considérer l'ensemble de ces utilisateurs comme un public nouveau, qui n'a pas été pris en compte par les titulaires du droit d'auteur lorsqu'ils ont autorisé la communication initiale de sorte que l'autorisation des titulaires s'impose à une telle communication au public. Tel est le cas, notamment, lorsque l'œuvre n'est plus à disposition du public sur le site sur lequel elle a été communiquée initialement ou qu'elle l'est désormais sur ce site uniquement pour un public restreint, alors qu'elle est accessible sur un autre site Internet sans l'autorisation des titulaires du droit d'auteur. »

Interdiction contractuelle

Si la mise en place de liens vers le contenu d'un site web n'est ainsi pas interdite par le droit, elle peut l'être de manière contractuelle. De nombreux sites contiennent, dans leurs conditions générales d'utilisation (CGU), une clause imposant l'autorisation du propriétaire du site pour pouvoir créer des liens dirigeant vers son contenu. En cas de non-respect de cette obligation, l'utilisateur du site peut subir une désactivation de son compte.

En 2014, le site web *leboncoin.fr* a ainsi, par exemple, mis en demeure le site *lebonmail.fr* de cesser de proposer aux internautes un service d'alerte sur ses petites annonces. La société Le Bon Coin rappelait que selon ses conditions générales d'utilisation, aucun lien ne peut être créé vers son site sans son accord préalable et exprès[3]. Ce dernier argument n'est pas totalement convaincant. En effet, *lebonmail.fr* n'est pas un client de *leboncoin.fr* et « n'utilise » pas ce site pour acheter ou vendre des objets. La société *lebonmail.fr* n'est donc pas concernée par des conditions générales d'utilisation et ne les a sans doute pas acceptées formellement. Par conséquent, ces conditions d'ordre contractuel ne lui sont pas opposables. Comme le dit l'adage (cf. article 1103 du Code civil), *le contrat est la loi des parties*, mais encore faut-il que les deux parties l'aient signé, ce qui n'est pas le cas de CGU que l'utilisateur n'a pas expressément acceptées. Comme l'indiquait la Cour de cassation dans une autre affaire[4], lorsque l'accès à un site est « libre et direct et ne supposait ni prise de connaissance ni acceptation préalable des conditions générales d'utilisation […] la simple mise en ligne de ces dernières […] ne suffit pas à mettre à la charge des utilisateurs des services proposés une obligation de nature contractuelle, et que la lettre de mise en demeure […] d'avoir à respecter ces conditions générales d'utilisation, ne fait pas naître à la charge de cette dernière une obligation contractuelle de s'y conformer ».

Interdire, via les CGU, la création de liens vers un site web, n'est donc valable que si toutes les personnes accédant à ce site ont dû accepter lesdites CGU. Celles-ci ne sont pas opposables si le site est en accès libre. Dans ce cas, c'est sur les terrains de la contrefaçon et du parasitisme que le propriétaire du site aura intérêt à baser une éventuelle plainte.

---

3. Guillaume Champeau, « Le Bon Coin, ce site dont il faut taire le lien », www.numerama.com, 13 mai 2014.

4. Cass. civ., 1ère ch., 31 octobre 2012.

Autorisation des liens en framing

Position de la CJUE

La CJUE avait envisagé dans l'arrêt précédemment cité le fait que l'œuvre puisse donner l'impression à l'internaute de figurer sur le nouveau site, alors qu'elle est en fait localisée sur le site d'origine (technique dite de *framing*). Cette circonstance n'influerait pas sur la solution :

« 29 Une telle constatation ne saurait être remise en cause si la juridiction de renvoi devait constater, ce qui ne ressort pas clairement du dossier, que, lorsque les internautes cliquent sur le lien en cause, l'œuvre apparaît en donnant l'impression qu'elle est montrée depuis le site où se trouve ce lien, alors que cette œuvre provient en réalité d'un autre site.

30 En effet, cette circonstance supplémentaire ne modifie en rien la conclusion selon laquelle la fourniture sur un site d'un lien cliquable vers une œuvre protégée publiée et librement accessible sur un autre site a pour effet de mettre à la disposition des utilisateurs du premier site ladite œuvre et constitue donc une communication au public. Cependant, étant donné qu'il n'y a pas de public nouveau, en tout état de cause l'autorisation des titulaires du droit d'auteur ne s'impose pas à une telle communication au public. »[5]

Elle a confirmé peu après dans un autre arrêt[6] que ces considérations s'appliquaient bien à la technique du *framing* : « cette circonstance est, en substance, celle qui caractérise l'utilisation, comme dans l'affaire au principal, de la technique de la "transclusion", cette dernière consistant à diviser une page d'un site Internet en plusieurs cadres et à afficher dans l'un d'eux, au moyen d'un lien Internet "incorporé" ("inline linking"), un élément provenant d'un autre site afin de dissimuler aux utilisateurs de ce site l'environnement d'origine auquel appartient cet élément. »

La CJUE reconnaît que cela aboutit à faire croire à l'internaute que le contenu figure sur le nouveau site, donc éventuellement à profiter des investissements du site d'origine. C'est peut-être moralement critiquable, mais ce n'est pas illégal. « Certes, comme le relève la juridiction de renvoi, cette technique peut être utilisée pour mettre à la disposition du public une œuvre en évitant de devoir la copier et ainsi de tomber dans le champ d'application des dispositions relatives au droit de reproduction, mais il n'en demeure pas moins que son utilisation n'aboutit pas à ce que l'œuvre en cause soit communiquée à un public nouveau. En effet, dès lors que et tant que cette œuvre est librement disponible sur le site vers lequel pointe le lien Internet, il doit être considéré que, lorsque les titulaires du droit d'auteur ont autorisé cette communication, ceux-ci ont pris en compte l'ensemble des internautes comme public. »

La Cour conclut donc : « Le seul fait qu'une œuvre protégée, librement disponible sur un site Internet, est insérée sur un autre site Internet au moyen d'un lien utilisant la technique de la "transclusion" ("framing"), telle que celle utilisée dans l'affaire au principal, ne peut pas être qualifié de "communication au public", au sens de l'article 3, paragraphe 1, de la directive 2001/29/CE [...], dans la mesure où l'œuvre en cause n'est ni transmise à un public nouveau ni communiquée suivant un mode technique spécifique, différent de celui de la communication d'origine. »

---

5. CJUE, 13 février 2014, affaire C-466/12.

6. CJUE, 21 octobre 2014, affaire C-348/13.

Liens vers des contenus illicites

Position de la Cour de cassation

En 2012, la Cour de cassation a approuvé la condamnation pour contrefaçon de Google, dont le moteur de recherche Google Vidéo permettait aux internautes de visionner, sans autorisation des ayants droit, des contenus contrefaisants hébergés sur des sites tiers. La Cour avait indiqué « que l'arrêt [d'appel] relève que les sociétés Google offrent à l'internaute la possibilité, à partir des liens vers les autres sites, de visionner le film sur leur propre site Google Vidéo France, pour en déduire que celles-ci mettent en œuvre une fonction active qui leur permet de s'accaparer le contenu stocké sur des sites tiers afin d'en effectuer la représentation directe sur leurs pages à l'intention de leurs propres clients ; que, par ces motifs, la cour d'appel, qui a constaté que lesdites sociétés reproduisaient ainsi le film sur leur site Google Vidéo France, sans autorisation des titulaires des droits sur ce film, ce qui caractérise la contrefaçon, et qu'elles allaient ainsi au-delà de la mise en œuvre d'une simple fonctionnalité technique, a légalement justifié sa décision »[7].

Position de la CJUE

Les arrêts précédents de la CJUE reposaient sur l'hypothèse de liens établis vers des contenus légalement mis en ligne avec l'autorisation des auteurs et des ayants droit. La question s'est également posée de la légalité des liens établis vers des contenus pirates. Le caractère illicite d'un contenu mis en ligne sans autorisation de l'auteur ou des ayants droit contamine-t-il le lien qui pointe vers ce contenu ?

La CJUE[8] a énoncé que la solution dépend de la personne qui met en place le lien : « afin d'établir si le fait de placer, sur un site Internet, des liens hypertexte vers des œuvres protégées, librement disponibles sur un autre site Internet sans l'autorisation du titulaire du droit d'auteur, constitue une "communication au public" au sens de [la directive 2001/29], il convient de déterminer si ces liens sont fournis sans but lucratif par une personne qui ne connaissait pas ou ne pouvait raisonnablement pas connaître le caractère illégal de la publication de ces œuvres sur cet autre site Internet ou si, au contraire, lesdits liens sont fournis dans un tel but, hypothèse dans laquelle cette connaissance doit être présumée ».

En effet, selon la Cour, « lorsque le placement de liens hypertexte est effectué dans un but lucratif, il peut être attendu de l'auteur d'un tel placement qu'il réalise les vérifications nécessaires pour s'assurer que l'œuvre concernée n'est pas illégalement publiée sur le site auquel mènent lesdits liens hypertexte, de sorte qu'il y a lieu de présumer que ce placement est intervenu en pleine connaissance de la nature protégée de ladite œuvre et de l'absence éventuelle d'autorisation de publication sur Internet par le titulaire du droit d'auteur. Dans de telles circonstances, et pour autant que cette présomption réfragable ne soit pas renversée, l'acte consistant à placer un lien hypertexte vers une œuvre illégalement publiée sur Internet constitue une "communication au public" [nécessitant une autorisation] ».

7. Cass. civ., 12 juillet 2012, n° de pourvoi 11-13.666.

8. CJUE, 8 septembre 2016, affaire C-160/15.

Inversement, il convient, « lorsque le placement d'un lien hypertexte vers une œuvre librement disponible sur un autre site Internet est effectué par une personne qui, ce faisant, ne poursuit pas un but lucratif, de tenir compte de la circonstance que cette personne ne sait pas, et ne peut pas raisonnablement savoir, que cette œuvre avait été publiée sur Internet sans l'autorisation du titulaire des droits d'auteur. En effet, une telle personne, tout en mettant ladite œuvre à la disposition du public en offrant aux autres internautes un accès direct à celle-ci (voir, en ce sens, arrêt du 13 février 2014 [...]), n'intervient, en règle générale, pas en pleine connaissance des conséquences de son comportement pour donner à des clients un accès à une œuvre illégalement publiée sur Internet. En outre, lorsque l'œuvre en question était déjà disponible sans aucune restriction d'accès sur le site Internet auquel le lien hypertexte permet d'accéder, l'ensemble des internautes pouvait, en principe, déjà avoir accès à celle-ci même en l'absence de cette intervention ».

Une certaine bonne foi est toutefois attendue des personnes plaçant les liens sans but lucratif: « en revanche, lorsqu'il est établi qu'une telle personne savait ou devait savoir que le lien hypertexte qu'elle a placé donne accès à une œuvre illégalement publiée sur Internet, par exemple en raison du fait qu'elle en a été averti par les titulaires du droit d'auteur, il y a lieu de considérer que la fourniture de ce lien constitue une "communication au public" [nécessitant une autorisation]. Il en est de même dans l'hypothèse où ce lien permet aux utilisateurs du site Internet sur lequel celui-ci se trouve de contourner des mesures de restriction prises par le site où se trouve l'œuvre protégée afin d'en restreindre l'accès par le public à ses seuls abonnés, le placement d'un tel lien constituant alors une intervention délibérée sans laquelle lesdits utilisateurs ne pourraient pas bénéficier des œuvres diffusées ».

Cette solution, qui fait dépendre le caractère licite d'un lien du caractère lucratif ou non du but poursuivi par la personne qui l'a placé, a fait l'objet de critiques. Les annuaires et moteurs de recherche, à but lucratif, qui indexent automatiquement des sites et des contenus, sont désormais présumés avoir pleinement connaissance de l'éventuel caractère illégal de ces contenus. Le but lucratif lui-même peut se révéler difficile à trancher : un site personnel hébergeant de la publicité est-il à but lucratif ou non ? Peut-on placer, dans un but lucratif, un lien, non pas directement vers un contenu pirate, mais vers un site ou une page web hébergeant entre autres des contenus pirates ?

Jurisprudence française

Comme nous l'avons vu plus haut, la création d'un site de liens permettant le téléchargement de contenus, sans autorisation des titulaires de droits, a été analysée comme une contrefaçon par mise à disposition, au sens de l'article L335-4 du CPI qui réprime « toute fixation, reproduction, communication ou mise à disposition du public, à titre onéreux ou gratuit, ou toute télédiffusion d'une prestation, d'un phonogramme, d'un vidéogramme ou d'un programme, réalisée sans l'autorisation, lorsqu'elle est exigée, de l'artiste-interprète, du producteur de phonogrammes ou de vidéogrammes ou de l'entreprise de communication audiovisuelle ». Le responsable du site Wawa-mania de liens vers des téléchargements illégaux de films, qui comptait plus d'un million de membres, a été condamné à un an de prison ferme et à 20000 € d'amende, ainsi qu'à des dommages et intérêts de plus de 15 millions d'euros au profit des producteurs et ayants droit[9].

9. TGI Paris, 31e ch., 2 avril 2015 et (pour le calcul des réparations) 2 juillet 2015.

Autres limites du droit d'auteur

Libre accès aux publications scientifiques (Open Access)

Pour les chercheurs et les scientifiques, il est essentiel que leurs publications soient lues et citées. Leur reconnaissance institutionnelle est en effet indexée sur le nombre de leurs publications et sur le nombre de citations de leurs écrits. Or, l'accès aux revues scientifiques est le plus souvent payant, ce qui limite la visibilité des articles. Les droits d'exploitation des articles sont détenus par les éditeurs des revues, qui n'ont pas intérêt à permettre un accès gratuit.

C'est pourquoi a été inséré en 2016, dans le Code de la recherche[10], un droit pour les auteurs d'écrits scientifiques financés majoritairement sur fonds publics, de mettre en ligne gratuitement la version finale de leur manuscrit (sans la mise en page de l'éditeur). Cette publication peut avoir lieu immédiatement si la revue elle-même est gratuite, ou après un certain délai si la revue est payante, d'une durée dépendant du domaine scientifique concerné. Cette durée d'embargo vise à préserver les intérêts des éditeurs. En pratique, il a été constaté qu'après un certain temps, la diffusion payante de la revue devient négligeable ; autoriser une publication gratuite après ce délai n'a donc que des répercussions économiques limitées. Enfin, cette publication par l'auteur ne peut être exploitée commercialement.

Soulignons qu'il s'agit bien d'un droit et non d'une exception (laquelle, comme le prévoit le droit européen transposé dans l'article L122-5 présenté au chapitre précédent, ne pourrait porter atteinte à l'exploitation normale de l'œuvre par l'éditeur).

Ces dispositions font l'objet du I de l'article L533-4 du Code de la recherche :

« I.- Lorsqu'un écrit scientifique issu d'une activité de recherche financée au moins pour moitié par des dotations de l'Etat, des collectivités territoriales ou des établissements publics, par des subventions d'agences de financement nationales ou par des fonds de l'Union européenne est publié dans un périodique paraissant au moins une fois par an, son auteur dispose, même après avoir accordé des droits exclusifs à un éditeur, du droit de mettre à disposition gratuitement dans un format ouvert, par voie numérique, sous réserve de l'accord des éventuels coauteurs, la version finale de son manuscrit acceptée pour publication, dès lors que l'éditeur met lui-même celle-ci gratuitement à disposition par voie numérique ou, à défaut, à l'expiration d'un délai courant à compter de la date de la première publication. Ce délai est au maximum de six mois pour une publication dans le domaine des sciences, de la technique et de la médecine et de douze mois dans celui des sciences humaines et sociales.

La version mise à disposition en application du premier alinéa ne peut faire l'objet d'une exploitation dans le cadre d'une activité d'édition à caractère commercial. »

Par ailleurs, le même article ajoute que, sauf si la loi en dispose autrement, les données issues de recherches financées majoritairement par des fonds publics sont librement réutilisables après leur publication, et que l'éditeur ne peut s'y opposer. L'article L533-4 dispose en effet :

10. On peut regretter que cette disposition n'ait pas été insérée dans le CPI, ce qui nuit à la compréhension globale des droits.

« II.- Dès lors que les données issues d'une activité de recherche financée au moins pour moitié par des dotations de l'Etat, des collectivités territoriales, des établissements publics, des subventions d'agences de financement nationales ou par des fonds de l'Union européenne ne sont pas protégées par un droit spécifique ou une réglementation particulière et qu'elles ont été rendues publiques par le chercheur, l'établissement ou l'organisme de recherche, leur réutilisation est libre.

III.- L'éditeur d'un écrit scientifique mentionné au I ne peut limiter la réutilisation des données de la recherche rendues publiques dans le cadre de sa publication.

IV.- Les dispositions du présent article sont d'ordre public et toute clause contraire à celles-ci est réputée non écrite. »

Droit de photocopie

Au-delà des copies privées effectuées en application du 2° de l'article L122-5 évoqué plus haut, les photocopies d'œuvres relèvent de l'article L122-10 du CPI. Celui-ci définit la reprographie comme « la reproduction sous forme de copie sur papier ou support assimilé par une technique photographique ou d'effet équivalent permettant une lecture directe. »

L'article L122-10 dispose que la publication d'une œuvre emporte automatiquement la cession du droit de reprographie à un organisme de gestion collective. Par conséquent, les professionnels, aussi bien du secteur public que du secteur privé, doivent signer un contrat avec le Centre français d'exploitation du droit de copie (CFC). Ce dernier collectera les redevances et les redistribuera aux auteurs et aux éditeurs, sur la base des déclarations des utilisateurs.

Si les reprographies ainsi effectuées sont destinées à la vente, à la location, à la publicité ou à la promotion, l'accord de l'auteur ou de ses ayants droit est, selon l'article L122-10, indispensable. Le CFC lui-même a ainsi été condamné, ainsi que l'Institut de l'information scientifique et technique (INIST), filiale du CNRS, à 7 000 € chacun de dommages et intérêts, plus 4 000 € de frais de justice, pour avoir reproduit et mis en vente sur le site web de l'INIST des articles sans le consentement de l'auteur. En l'occurrence, le CFC et l'INIST n'avaient pas obtenu l'accord direct de l'auteur ; le CFC prétendait avoir obtenu l'accord des éditeurs des revues dans lesquelles les articles avaient été initialement publiés et se conformer ainsi à l'article L122-10. Cependant, comme les articles avaient été publiés sans contrat, c'était toujours l'auteur qui détenait les droits, pas les éditeurs. La Cour de cassation a ainsi rappelé que les copies effectuées sans autorisation de l'auteur en application de l'article L122-10 ne pouvaient être commercialisées : « si l'article L.122-10 du code de la propriété intellectuelle instaure la cession légale du droit de reproduction par reprographie au bénéfice d'une société collective agréée pouvant seule conclure toute convention avec les utilisateurs à des fins de gestion du droit ainsi cédé, ce même texte, en réservant pour les stipulations autorisant les copies aux fins de vente, de location, de publicité ou de promotion, l'accord de l'auteur ou de ses ayants droit, exclut du périmètre de la cession légale toute utilisation à des fins commerciales desdites copies »[11].

11. Cass. civ., 11 décembre 2013, n° de pourvoi 11-22.031.

Prêt en bibliothèque

Le prêt des œuvres en bibliothèque est prévu par l'article L133-1 du CPI qui dispose :

« Lorsqu'une œuvre a fait l'objet d'un contrat d'édition en vue de sa publication et de sa diffusion sous forme de livre, l'auteur ne peut s'opposer au prêt d'exemplaires de cette édition par une bibliothèque accueillant du public.

Ce prêt ouvre droit à rémunération au profit de l'auteur selon les modalités prévues à l'article L.133-4 ».

La CJUE a précisé dans quelles conditions ce droit au prêt en bibliothèque pouvait s'appliquer pour les livres électroniques : « la notion de "prêt", au sens de ces dispositions, couvre le prêt d'une copie de livre sous forme numérique, lorsque ce prêt est effectué en plaçant cette copie sur le serveur d'une bibliothèque publique et en permettant à un utilisateur de reproduire ladite copie par téléchargement sur son propre ordinateur, étant entendu qu'une seule copie peut être téléchargée pendant la période de prêt et que, après l'expiration de cette période, la copie téléchargée par cet utilisateur n'est plus utilisable par celui-ci »[12].

Les caractéristiques permises du prêt électronique reproduisent donc bien celles du prêt traditionnel : un seul exemplaire de l'œuvre peut être prêté à la fois et, après avoir rendu le livre, l'emprunteur n'en a conservé aucune copie. Comme l'indique la CJUE, le prêt ainsi défini présente « des caractéristiques comparables, en substance, à celles des prêts d'ouvrages imprimés, dans la mesure où, d'une part, la limitation des possibilités simultanées de téléchargement à une seule copie implique que la capacité de prêt de la bibliothèque concernée ne dépasse pas celle qui serait la sienne en ce qui concerne un ouvrage imprimé et où, d'autre part, ce prêt n'est effectué que pour un temps limité. »

La copie doit avoir été obtenue depuis une source légale. La CJUE précise que le droit de l'Union « s'oppose à ce que la dérogation pour le prêt public qu'il prévoit s'applique à la mise à disposition par une bibliothèque publique d'une copie de livre sous forme numérique dans le cas où cette copie a été obtenue à partir d'une source illégale ».

D'autres systèmes sont bien entendu envisageables, par exemple pour permettre le prêt en simultané de plusieurs exemplaires électroniques du même ouvrage, comme dans le système PNB (Prêt numérique en bibliothèque) expérimenté en France depuis 2015, mais ces systèmes ne sont pas couverts par cet arrêt de la CJUE et nécessitent un accord avec les titulaires de droits.

Théorie de l'accessoire

Origine

D'origine jurisprudentielle, la théorie de l'accessoire est une construction prétorienne qui autorise à reproduire sans autorisation une œuvre, par exemple en l'incluant dans une photo ou dans un film, à condition qu'elle ne constitue pas le sujet même de la représentation et demeure accessoire par rapport au sujet traité.

---

12. CJUE, 10 novembre 2013, affaire C-174/15.

La Cour de cassation a ainsi autorisé la commercialisation de cartes postales d'une place lyonnaise sur laquelle étaient installées des sculptures modernes, sans l'autorisation des auteurs de ces dernières, au motif que « telle que figurant dans les vues en cause, l'œuvre de MM. X... et Y... se fondait dans l'ensemble architectural de la place des Terreaux dont elle constituait un simple élément, [par conséquent] la cour d'appel en a exactement déduit qu'une telle présentation de l'œuvre litigieuse était accessoire au sujet traité, résidant dans la représentation de la place, de sorte qu'elle ne réalisait pas la communication de cette œuvre au public »[13] qui aurait nécessité une autorisation.

La Cour a de même approuvé les apparitions, dans un film, d'illustrations sous droit, sans l'autorisation de l'auteur. En effet, en l'espèce la Cour a souligné que « les illustrations dont M. X... est l'auteur ne sont que balayées par la caméra et vues de manière fugitive, que plus fréquemment elles sont à l'arrière-plan, les personnages [...] étant seuls mis en valeur, qu'elles ne sont à aucun moment présentées dans leur utilisation [...] et font corps au décor dont elles constituent un élément habituel, apparaissant par brèves séquences mais n'étant jamais représentées pour elles-mêmes ; que la cour d'appel en a exactement déduit qu'une telle présentation de l'œuvre litigieuse était accessoire au sujet traité [...], de sorte qu'elle devait être regardée comme l'inclusion fortuite d'une œuvre, constitutive d'une limitation au monopole d'auteur, au sens de la Directive 2001/29 CE du 22 mai 2001 »[14].

On comprend la pertinence de cette position de la Cour de cassation. Une solution contraire s'avérerait inextricable, par exemple dans le cas des films. Ainsi, les films français des années 1960 et 1970 louaient en grande partie leurs objets de décoration et d'ambiance à des sociétés spécialisées, qui se les procuraient auprès de créateurs contemporains. Si le droit de ces créateurs était reconnu pour chaque apparition fugace de leurs œuvres à l'écran, le réalisateur devrait demander leur autorisation à chaque prise de vue, ainsi que les chaînes de télévision à chaque rediffusion du film, sans même mentionner la question des droits sur les recettes des films à partager entre tous les auteurs d'œuvres apparaissant à l'écran...

Critique

Soulignons toutefois que dans son arrêt de 2011 cité ci-dessus, la Cour a précisé qu'elle basait sa décision sur l'exception de l'inclusion fortuite d'une œuvre « au sens de la Directive 2001/29 CE du 22 mai 2001, telle que le législateur a, selon les travaux préparatoires, entendu la transposer en considération du droit positif ». Or justement, l'article 5 de cette directive, qui dispose que « 3. Les États membres ont la faculté de prévoir des exceptions ou limitations aux droits prévus [...] dans les cas suivants : [...] i) lorsqu'il s'agit de l'inclusion fortuite d'une œuvre ou d'un autre objet protégé dans un autre produit » et qui pose donc le principe d'une exception facultative, n'a pas été transposé en droit français. Même si ce point a été évoqué lors des débats parlementaires cités par la Cour, il n'a finalement pas été retenu lors du vote de la loi. En invoquant une exception que le législateur avait consciemment décidé de ne pas adopter, la Cour de cassation donne une base juridique contestable à sa solution.

13. Cass. civ., 1ère ch., 15 mars 2005, n° de pourvoi 03-14.820.

14. Cass. civ., 1ère ch., 12 mai 2011, n° de pourvoi 08-20.651, 453.

En outre, on pourrait estimer que le caractère « accessoire » retenu par la Cour n'est pas l'exact équivalent du caractère « fortuit » prévu dans la directive. « Fortuit » exclut une intention délibérée, tandis que « accessoire » admet une telle intention, à condition qu'il ne s'agisse pas du sujet principal. Par ailleurs, si le terme « accessoire » apparaît dans la directive 2001/29, c'est uniquement pour caractériser les copies temporaires à usage strictement technique, donc dans un sens différent de celui utilisé par la Cour.

Cette construction prétorienne n'apporte pas de sécurité juridique à ceux qui s'en réclament. Une intervention du législateur serait donc bienvenue pour transposer enfin cette exception.

Limites

La Cour de cassation a précisé ultérieurement que « la notion "d'inclusion fortuite dans un autre produit", retenue par les dispositions invoquées de la Directive 2001/29/CE du 22 mai 2001, doit s'entendre comme une représentation accessoire et involontaire par rapport au sujet traité ou représenté [...], et non par rapport à une activité ou à une prestation de services »[15].

Inversement, la Cour de cassation avait estimé que l'apparition répétée de chaises de créateur dans un film publicitaire, dans lequel leur présence faisait partie du scénario, ne permettait pas de recourir à cette théorie de l'accessoire : en effet, « si les apparitions des chaises étaient rapides, leur présence dans le film était délibérée et répétée, excluant qu'elles puissent être considérées comme simplement accessoires, de sorte qu'il s'agissait d'une représentation des œuvres constitutive d'une contrefaçon »[16]. Comme le soulignait la cour d'appel, « non seulement le réalisateur du film n'avait pas cru devoir écarter les chaises mises à la disposition du producteur du film par la Villa Médicis, mais encore les avait volontairement intégrées au scénario d'abord en extérieur sous la pluie en utilisant, de surcroît, l'effet sonore provoqué par la chute de l'une d'elles puis, à l'intérieur du musée, sous la forme de rangées photographiées au surplus à deux reprises sous des angles sensiblement semblables, et ce, afin de créer des effets similaires et insolites dans une disposition qui ne relève ni d'un décor habituel ni d'un usage nécessaire dans un musée, tenant notamment à la pose puis à la reprise d'un manteau sur l'une d'elles. [En conclusion,] leur présence délibérée et répétée dans le déroulement du film publicitaire conduisait à écarter la qualification d'accessoire »[17].

L'apparition de plusieurs tableaux modernes, dans un reportage télévisé consacré à une exposition, ne peut bénéficier de la théorie de l'accessoire : « la présentation de l'exposition Maurice Utrillo à Lodève, objet propre et sous-titre final de la séquence contestée, pouvait s'effectuer sans reproduire intégralement à l'écran douze tableaux de l'artiste, faisant ressortir que ces apparitions successives étaient délibérées, excluant ainsi qu'elles puissent être tenues comme simplement accessoires par rapport au sujet traité »[18].

De même, la Cour de cassation a refusé d'appliquer cette théorie de l'accessoire, invoquée par le demandeur, pour des meubles contemporains reproduits dans des photos publicitaires. Elle

15. Cass. civ., 1ère ch., 12 juillet 2012, n° de pourvoi 11-15.165, 11-15.188, 827.

16. Cass. civ., 1ère ch., 12 décembre 2000, n° de pourvoi 98-15.142.

17. CA Paris, 4e ch., 18 février 1998.

18. Cass. civ., 1ère ch., 13 novembre 2003, n° de pourvoi 01-14.385.

a approuvé la cour d'appel qui a « décrit pour chacune des photographies incriminées, les éléments qui entrent dans leur composition et l'importance donnée à la présentation du fauteuil ou de la chaise longue, avant d'en conclure que ces meubles sont nettement visibles et parfaitement identifiables »[19].

Elle a également refusé d'appliquer cette théorie dans le cas de photos de mode, où le mannequin portait des chaussures de créateur : « les chaussures en cause reproduites sur les photographies litigieuses, loin d'être accessoires, se détachaient d'autant plus aisément que le mannequin qui les portait, vêtu d'une robe courte, était photographié de face et présenté seul sur fond blanc et par motifs adoptés que ces souliers étaient destinés à mettre en valeur la robe puisqu'ils étaient parfaitement assortis à ladite robe et mis en évidence par le port de jambières et les différentes positions adoptées par le mannequin qui met ainsi en avant les chaussures qu'il porte, lesquelles sont parfaitement identifiables et surtout qu'ils participent indéniablement à une mise en scène destinée à mettre en valeur les vêtements commercialisés »[20].

Pour bénéficier de la théorie de l'accessoire, les œuvres reproduites sans autorisation ne doivent donc pas être mises en valeur dans l'œuvre qui les intègre. Toutefois, ces exemples confirment le besoin d'une inscription non ambiguë de cette exception dans le droit positif.

Exploitation numérique des livres indisponibles

Origine

Dans l'objectif de permettre une nouvelle exploitation, sous forme numérique, des livres indisponibles dans le commerce, un dispositif a été mis en place en 2012.

Selon l'article L134-1 du CPI, « on entend par livre indisponible au sens du présent chapitre un livre publié en France avant le 1er janvier 2001 qui ne fait plus l'objet d'une diffusion commerciale par un éditeur et qui ne fait pas actuellement l'objet d'une publication sous une forme imprimée ou numérique. »

L'article L134-2 crée une base de données des livres indisponibles, gérée par la Bibliothèque nationale de France (BnF) et appelée ReLIRE (Registre des livres indisponibles en réédition électronique). L'article L134-3 dispose que, lorsqu'un livre est inscrit dans cette base depuis plus de six mois, « le droit d'autoriser sa reproduction et sa représentation sous une forme numérique est exercé par un organisme de gestion collective ». Dans ce cas, « la reproduction et la représentation du livre sous une forme numérique sont autorisées, moyennant une rémunération, à titre non exclusif et pour une durée limitée à cinq ans, renouvelable. »

Ce dispositif transfère donc autoritairement les droits de l'auteur à une société de gestion collective. Certes, selon l'article L134-4, « l'auteur d'un livre indisponible ou l'éditeur disposant du droit de reproduction sous une forme imprimée de ce livre peut s'opposer à l'exercice du droit d'autorisation [...] par un organisme de gestion collective », mais ce n'est possible que « au plus tard six mois après l'inscription du livre concerné dans la base de données ». Après ce

19. Cass. civ., 1ère ch., 12 juin 2012, n° de pourvoi 11-10.923.

20. Cass. com., 6 mai 2014, n° de pourvoi 11-22.108, 446.

délai, « l'auteur d'un livre indisponible peut s'opposer à l'exercice du droit de reproduction ou de représentation de ce livre s'il juge que la reproduction ou la représentation de ce livre est susceptible de nuire à son honneur ou à sa réputation ». Le traditionnel contrôle de l'auteur sur l'exploitation de son œuvre et sa communication au public se trouve ainsi remis en question, de même que le droit pour un auteur de ne plus souhaiter la diffusion d'une de ses œuvres. En outre, le consentement de l'auteur n'est pas activement recherché par le dispositif : c'est aux auteurs qu'il revient de surveiller la base de données et de faire éventuellement opposition.

Si c'est l'éditeur titulaire des droits qui souhaite faire opposition à cette forme d'exploitation, le II de l'article L134-4 lui impose d'exploiter lui-même l'œuvre : « l'éditeur ayant notifié son opposition dans les conditions prévues au premier alinéa du I du présent article est tenu d'exploiter dans les deux ans suivant cette notification le livre indisponible concerné. Il doit apporter par tout moyen la preuve de l'exploitation effective du livre à l'organisme agréé [...]. A défaut d'exploitation du livre dans le délai imparti, la mention de l'opposition est supprimée dans la base de données [...] et le droit d'autoriser sa reproduction et sa représentation sous une forme numérique est exercé » selon l'article L134-3.

Invalidation par la CJUE

Saisie d'une question préjudicielle sur ce dispositif, la CJUE a reconnu l'intérêt éventuel d'une exploitation numérique des ouvrages indisponibles, mais a sanctionné le fait que l'auteur ne soit pas averti de l'opération de manière effective et individualisée, ce qui fait obstacle à son droit d'interdire une nouvelle exploitation de l'œuvre. Elle a par conséquent déclaré le dispositif français de diffusion numérique des livres indisponibles opposé au droit européen.

La CJUE a ainsi rappelé que les dispositions de la directive 2001/29 « attribuent aux auteurs le droit exclusif d'autoriser ou d'interdire la reproduction directe ou indirecte de leurs œuvres, par quelque moyen et sous quelque forme que ce soit, ainsi que le droit exclusif d'autoriser ou d'interdire la communication au public de ces œuvres. [...] La protection que ces dispositions confèrent aux auteurs doit se voir reconnaître une large portée. [Par conséquent] tout acte de reproduction ou de communication au public d'une œuvre par un tiers requiert le consentement préalable de son auteur [et,] sous réserve des exceptions et limitations prévues, de façon exhaustive, à l'article 5 de la directive 2001/29, toute utilisation d'une œuvre effectuée par un tiers sans un tel consentement préalable doit être regardée comme portant atteinte aux droits de l'auteur de cette œuvre. [Certes, les dispositions de la directive] ne précisent pas la manière dont le consentement préalable de l'auteur doit se manifester, de sorte que ces dispositions ne sauraient être interprétées comme imposant qu'un tel consentement soit nécessairement exprimé de manière explicite. Il y a lieu de considérer, au contraire, que lesdites dispositions permettent également de l'exprimer de manière implicite. [...] Toutefois, l'objectif de protection élevée des auteurs auquel se réfère le considérant 9 de la directive 2001/29 implique que les conditions dans lesquelles un consentement implicite peut être admis doivent être définies strictement, afin de ne pas priver de portée le principe même du consentement préalable de l'auteur. [...] En particulier, tout auteur doit être effectivement informé de la future utilisation de son œuvre par un tiers et des moyens mis à sa disposition en vue de l'interdire s'il le souhaite. [...] En effet, en l'absence d'information préalable effective relative à cette future utilisation, l'auteur n'est pas en mesure de prendre position sur celle-ci et, partant, de l'interdire, le cas échéant, de sorte que l'existence même de son consentement implicite à cet égard demeure purement hypothétique. Par conséquent, à défaut de garanties assurant l'information effective des auteurs quant à l'utilisation envisagée de leurs œuvres et aux moyens mis à leur disposition en vue de l'interdire, il leur est de facto impossible d'adopter une prise de position quelconque quant à une telle utilisation. [...] Or, il ne ressort pas de la décision de renvoi que ladite réglementation comporte un mécanisme garantissant l'information effective et individualisée des auteurs. Il n'est donc pas exclu que certains des auteurs concernés n'aient en réalité pas même connaissance de l'utilisation envisagée de leurs œuvres, et donc qu'ils ne soient pas en mesure de prendre position, dans un sens ou dans un autre, sur celle-ci. Dans ces conditions, une simple absence d'opposition de leur part ne peut pas être regardée comme l'expression de leur consentement implicite à cette utilisation. Il en est d'autant plus ainsi qu'une telle réglementation vise des livres qui, tout en ayant fait dans le passé l'objet d'une publication et d'une diffusion commerciale, ne le font plus actuellement. Ce contexte particulier s'oppose à ce qu'il puisse être raisonnablement présumé que, à défaut d'opposition de leur part, tous les auteurs de ces livres « oubliés » sont pour autant favorables à la « résurrection » de leurs œuvres, en vue de l'utilisation commerciale de celles-ci sous une forme numérique. [En conclusion, les articles applicables au litige] de la directive 2001/29 doivent être interprétés en ce sens qu'ils s'opposent à ce qu'une réglementation nationale, telle que celle en cause au principal, confie à une société agréée de perception et de répartition de droits d'auteurs l'exercice du droit d'autoriser la reproduction et la communication au public, sous une forme numérique, de livres dits « indisponibles », à savoir des livres publiés en France avant le 1er janvier 2001 et ne faisant plus l'objet ni d'une diffusion commerciale ni d'une publication sous une forme imprimée ou numérique, tout en permettant aux auteurs ou ayants droit de ces livres de s'opposer ou de mettre fin à cet exercice dans les conditions que cette réglementation définit. »[21]

Annulation par le Conseil d'État

Conséquence de la position de la CJUE, le Conseil d'État a annulé les articles R134-5 à R134-10 du CPI qui organisaient la procédure d'opposition des auteurs à la numérisation de leurs œuvres. Il a en revanche maintenu les articles concernant la base de données des livres indisponibles, qui en elle-même n'est pas contraire au droit européen[22].

Usage non commercial d'une marque

Comme il a été exposé dans la première partie, la protection d'une marque a pour but de garantir l'origine et la qualité d'un produit dans le domaine de la « vie des affaires ». Une marque n'est donc pas protégée, par exemple, contre son utilisation dans un site de fans, dès lors que ce site n'exerce aucune activité économique ou commerciale susceptible de concurrencer les ayants droit et ne présente pas de risque de confusion pour les consommateurs[23].

21. CJUE, 3e ch., 16 novembre 2016.

22. CE, 10e et 9e ch. réunies, décision du 7 juin 2017.

23. TGI Paris, 28 novembre 2013.

La Cour de cassation a également reconnu que l'usage sans autorisation des marques et des logos d'une société pouvait être admis, au nom de la liberté d'expression, dans le cadre de polémiques visant cette société : « l'usage d'éléments des marques renommées distinguant les produits et services de la société [...], sous une forme modifiée résumant ces critiques dans un contexte polémique, constituait un moyen proportionné à l'expression de telles critiques »[24].

Sample

La pratique du *sample* (échantillon), répandue notamment dans la création musicale moderne, consiste à emprunter un court extrait musical pour le retravailler et l'insérer dans une nouvelle œuvre. S'agit-il d'une atteinte au droit de l'auteur de l'œuvre initiale, nécessitant l'autorisation de ce dernier, ou bien s'agit-il d'une œuvre composite au sens de l'article L113-2 du CPI (« Est dite composite l'œuvre nouvelle à laquelle est incorporée une œuvre préexistante sans la collaboration de l'auteur de cette dernière ») ? Dans ce dernier cas, l'article L113-4 du CPI prévoit que « l'œuvre composite est la propriété de l'auteur qui l'a réalisée, sous réserve des droits de l'auteur de l'œuvre préexistante ».

Il a ainsi été jugé que, dès lors que l'œuvre initiale est suffisamment modifiée pour ne plus être reconnaissable par un auditeur moyen, il n'y a pas contrefaçon, mais nouvelle création : « les prévenus soutiennent, sans être démentis, que le principe même de leur activité musicale était de produire, à partir de musiques enregistrées, et par diverses manipulations excellemment décrites par le tribunal, une musique nouvelle et différente, de telle sorte que la musique d'origine n'était plus reconnaissable par un auditeur moyen. Dans ces conditions, il apparaît que c'est à bon droit que le tribunal est entré en voie de relaxe »[25].

Cette solution revient donc à considérer que le *sampling* aboutit à la création d'une œuvre nouvelle et ne nécessite pas d'autorisation de l'auteur de l'œuvre première.

Une autre solution consiste, tout en reconnaissant la dette à l'égard de l'œuvre première, à invoquer la liberté d'expression artistique pour justifier un droit au *sampling* au détriment du droit d'auteur. La Cour de cassation a ainsi jugé, concernant l'insertion sans autorisation de photographies originales dans des œuvres de peinture, que la protection des droits sur l'œuvre initiale ne l'emporte pas automatiquement sur la liberté de création et qu'il convient de rechercher, en explicitant les arguments, « un juste équilibre entre les droits en présence »[26].

Afin de préciser ce juste équilibre, la Cour suprême allemande a saisi la CJUE sur ce sujet en juin 2017.

24. Cass. civ., 1ère ch., 8 avril 2008, n° de pourvoi 07-11.251 et 06-10.961.

25. CA Toulouse, 3e ch., 16 mars 2000.

26. Cass. civ., 1ère ch., 15 mai 2015, n° de pourvoi 13-27.391.

À retenir

- On peut librement créer des liens vers des contenus licites déjà en ligne, du moment que le public visé par ces nouveaux liens avait déjà accès aux contenus (cela ne constitue pas une mise à disposition d'un public nouveau, qui demeure le droit exclusif de l'auteur). Le *framing* est également autorisé.
- Si les contenus sont illicites, celui qui y fait pointer des liens dans un but lucratif est présumé être conscient de l'illégalité de son acte.
- Les chercheurs et scientifiques financés par des fonds publics ont le droit de publier, après un délai d'embargo, à titre personnel et hors but commercial, le manuscrit des articles dont ils ont cédé les droits à des revues spécialisées.
- Les professionnels utilisant la photocopie doivent payer une redevance qui est reversée aux auteurs et aux éditeurs.
- Les bibliothèques ont le droit de prêter des ouvrages, contre le versement d'une rémunération versée aux auteurs. Ce prêt peut s'effectuer sous forme électronique, du moment qu'il présente les mêmes caractéristiques que le prêt traditionnel (un seul exemplaire de l'ouvrage électronique prêté à la fois ; l'emprunteur ne conserve aucune trace une fois l'ouvrage rendu).
- La théorie de l'accessoire permet de faire figurer des œuvres, sans autorisation de l'auteur, par exemple dans des photos ou des films, du moment qu'elles ne sont pas représentées pour elles-mêmes et qu'elles demeurent accessoires au sujet traité.
- Le système français d'exploitation numérique par défaut des livres indisponibles (ReLIRE) a été déclaré contraire au droit européen par la CJUE. En effet, n'étant pas informé du projet d'exploitation de ses ouvrages, l'auteur ne peut exprimer son consentement ou son refus.
- La jurisprudence admet le *sampling*.

10

Les contenus libres

On distingue deux types de contenus librement utilisables : d'une part les contenus appartenant au domaine public et, d'autre part, ceux toujours sous droits, mais placés par leur auteur sous une licence d'utilisation libre ou ouverte.

Domaine public

Principes

Définition

Au sens de la propriété intellectuelle, on entend communément par domaine public le « régime de libre et gratuite exploitation qui devient applicable aux œuvres littéraires et artistiques, inventions brevetées, dessins et modèles, et marques, à l'expiration du délai pendant lequel leur auteur jouissait du droit exclusif de les exploiter ; se dit aussi de l'ensemble des œuvres et créations de l'esprit, dont l'exploitation patrimoniale, échappant ainsi au monopole de leur auteur, s'ouvre à tous (d'où le nom de domaine public). On dit volontiers que l'œuvre tombe dans le domaine public »[1].

En l'absence de définition par la loi, le domaine public est ainsi défini négativement : est dans le domaine public l'œuvre qui n'est pas ou plus protégée par les droits d'auteur, soit qu'elle ne remplisse pas les conditions pour bénéficier de cette protection, soit que la durée de cette protection ait expiré.

1. Gérard Cornu, *Vocabulaire juridique*, PUF, 8e édition, 2007.

Persistance du droit moral

Notons, dans ce dernier cas, que si les droits patrimoniaux de l'auteur ont expiré, les droits moraux demeurent au profit de ses héritiers. Ces derniers sont donc fondés à défendre son droit à la paternité, ainsi que son droit à l'intégrité de l'œuvre. Tout éditeur est donc, par exemple, libre de publier *Les Misérables*, mais le nom de Victor Hugo doit y être associé et le texte ne peut être modifié.

Au nom du droit moral et du respect de l'esprit de l'œuvre, les héritiers de Victor Hugo ont également tenté d'interdire la publication d'une suite de ce roman, mais, suite à un premier arrêt d'appel, la Cour de cassation a énoncé « que la "suite" d'une œuvre littéraire se rattache au droit d'adaptation ; que sous réserve du respect du droit au nom et à l'intégrité de l'œuvre adaptée, la liberté de création s'oppose à ce que l'auteur de l'œuvre ou ses héritiers interdisent qu'une suite lui soit donnée à l'expiration du monopole d'exploitation dont ils ont bénéficié »[2]. Les héritiers de Victor Hugo ont donc été déboutés, après renvoi, par la cour d'appel de Paris qui a énoncé « qu'un auteur ne peut, en se fondant sur les attributs du droit moral qui n'est pas un droit absolu, interdire que son œuvre fasse l'objet de toute adaptation et spécialement de toute suite du même genre ; que la liberté de création confère à tout un chacun la faculté de s'essayer à concevoir et à formaliser une suite, une fois l'œuvre tombée dans le domaine public [… ;] en revanche, qu'il incombe à l'auteur de la suite d'être fidèle à l'œuvre dont il se réclame, d'en respecter l'esprit, ce qui n'exclut pas pour autant une certaine liberté d'expression et de conception ; que c'est dans l'exercice de cette liberté que l'auteur de la suite fera œuvre originale, en se gardant toutefois de dénaturer l'œuvre première »[3].

Protection d'œuvres anciennes

Textes anciens

La transcription des textes anciens en langage moderne est une traduction protégée comme telle par le CPI. Néanmoins, leur retranscription dans leur langue d'origine n'est pas protégée, malgré le travail de restitution du paléographe qui va analyser plusieurs manuscrits éventuellement divergents. En effet, ce travail n'est pas œuvre de création personnelle, mais application de techniques scientifiques : « le savant qui va transcrire un texte ancien dont le manuscrit original a disparu, à partir de copies plus ou moins nombreuses, ne cherche pas à faire œuvre de création mais de restauration et de reconstitution et il tend à établir une transcription la plus fidèle possible du texte médiéval, en mobilisant ses connaissances dans des domaines divers. Il va effectuer des choix, mais ceux-ci ne sont pas fondés sur la volonté d'exprimer sa propre personnalité, mais au contraire sur le souci de restituer la pensée et l'expression d'un auteur ancien, en utilisant les moyens que lui fournissent les recherches scientifiques dans différents domaines. Il ne cherche pas à donner une interprétation personnelle des idées ou sentiments de l'auteur mais à être au plus près du texte d'origine en exposant les solutions qu'il retient ou qu'il écarte en fonction de critères scientifiques dictés par les connaissances acquises dans l'étude des manuscrits et non pas en fonction de sa propre subjectivité »[4].

2. Cass. civ., 1ère ch., 30 janvier 2007, pourvoi n° 04-15.543.

3. CA Paris, 19 décembre 2008, n° 07/05821.

4. TGI Paris, 3e ch., 27 mars 2014, confirmé par CA Paris, pôle 5, ch. 2, 9 juin 2017, n° 16/00005, cité par Philippe Mouron, « La restitution d'un manuscrit du Moyen-Age n'est pas une œuvre originale », *Revue Lamy droit de l'immatériel*, n° 143, décembre 2017.

Peintures anciennes

Les peintures pariétales des grottes préhistoriques ayant été divulguées pendant des milliers d'années, avant l'obstruction de leur accès, le droit d'exploitation qui appartenait à leurs auteurs et à leurs héritiers est désormais épuisé. Les découvreurs modernes de la grotte ne peuvent donc s'en prévaloir. En effet, la Cour de cassation a précisé dans un tel cas « que la grotte, d'une surface de plusieurs centaines de mètres carrés, était un lieu fréquenté lors de l'accomplissement de rites et portait les traces d'activités humaines qui s'y étaient exercées pendant des milliers d'années, comme en attestent les datations au carbone 14, et que les fresques en cause, réalisées à des époques distinctes, sur une période de près de 5 000 ans, étaient accessibles ; que la cour d'appel a pu en déduire que les œuvres avaient été divulguées avant l'obstruction de l'accès à la grotte »[5].

Politique de droits des musées

Code général de la propriété des personnes publiques

Les œuvres des musées *tombées dans le domaine public au sens du CPI* devraient être libres d'exploitation. Or, les musées français continuent à prétendre à des droits d'exploitation sur leurs collections, même sur les œuvres anciennes. Ils s'appuient sur une interprétation du Conseil d'État basée, non sur le CPI, mais sur le Code général de la propriété des personnes publiques, qui traite du *domaine public au sens de la propriété de l'État*. L'article L2111-1 de ce code donne ainsi pour définition : « le domaine public d'une personne publique mentionnée à l'article L.1 est constitué des biens lui appartenant qui sont soit affectés à l'usage direct du public, soit affectés à un service public ».

L'article L2112-1 de ce code dispose que : « Sans préjudice des dispositions applicables en matière de protection des biens culturels, font partie du domaine public mobilier de la personne publique propriétaire les biens présentant un intérêt public du point de vue de l'histoire, de l'art, de l'archéologie, de la science ou de la technique, notamment : […] 8° Les collections des musées ».

Le Conseil d'État en déduit que « la prise de vues d'œuvres relevant des collections d'un musée, à des fins de commercialisation des reproductions photographiques ainsi obtenues, doit être regardée comme une utilisation privative du domaine public mobilier impliquant la nécessité, pour celui qui entend y procéder, d'obtenir une autorisation ainsi que le prévoit l'article L2122-1 du même code ; qu'une telle autorisation peut être délivrée dès lors qu'en vertu de l'article L2121-1 de ce code, cette activité demeure compatible avec l'affectation des œuvres au service public culturel et avec leur conservation ; qu'il est toutefois loisible à la collectivité publique affectataire [de ces œuvres], dans le respect du principe d'égalité, de ne pas autoriser un usage privatif de ce domaine public mobilier sans que […] puisse utilement être opposé à ce refus aucun droit, fondé sur le principe de la liberté du commerce et de l'industrie, à exercer une activité économique sur ce domaine public »[6]. L'acte de prise

5. Cass. civ., 1ère ch., 30 novembre 2016, pourvoi n° 15-17.301.

6. CE, 29 octobre 2012, décision n° 341173.

de vue est donc considéré comme une occupation spatiale du domaine public (la salle de musée) pour un usage privatif et, donc, soumis à autorisation. Cette interprétation, qui peut à la rigueur se comprendre si le photographe demande à la direction du musée de lui réserver l'accès à la salle pour éviter la foule et s'il installe du matériel (trépied et éclairage), est plus critiquable concernant une personne qui photographie une œuvre à l'occasion de la visite d'une salle, surtout si elle le fait sans intention commerciale, et qui ne procède pas à davantage « d'utilisation privative » de l'espace du musée que n'importe quel autre visiteur.

Le Conseil d'État précise, concernant le conflit potentiel de cette interprétation avec le CPI : « Les dispositions de l'article L123-1 du code de la propriété intellectuelle, qui prévoient qu'à l'expiration des soixante-dix années suivant l'année civile du décès de l'auteur d'une œuvre, il n'existe plus, au profit de ses ayants droit, de droit exclusif d'exploiter cette œuvre, n'ont ni pour objet, ni pour effet de faire obstacle à l'application à des œuvres relevant du 8° de l'article L2112-1 du code général de la propriété des personnes publiques des règles découlant de ce code, et notamment de celles relatives aux conditions de délivrance d'une autorisation devant être regardée comme tendant à l'utilisation privative de ce domaine public mobilier »[7]. Par conséquent, une telle utilisation à des fins commerciales des œuvres appartenant aux musées doit donner lieu au paiement d'une redevance, puisque l'article L2125-1 du même code dispose : « toute occupation ou utilisation du domaine public d'une personne publique mentionnée à l'article L.1 donne lieu au paiement d'une redevance ». Notons que, même selon cette interprétation, un musée ne peut interdire les photos à usage privé d'œuvres tombées dans le domaine public (au sens du CPI). Il peut néanmoins imposer des conditions liées à la préservation des œuvres, comme l'interdiction du flash.

Cette interprétation du Conseil d'État a toutefois pour résultat de vider de son sens le domaine public au sens du CPI, en empêchant la libre exploitation d'œuvres dont le monopole d'exploitation de l'auteur a expiré. En outre, ce régime bénéficie, non pas aux héritiers de l'auteur, mais aux propriétaires des œuvres, en contradiction avec le principe de séparation des droits et de la propriété matérielle de l'œuvre. Il serait donc souhaitable qu'une initiative législative clarifie cette situation.

Dans un arrêt plus récent, le Conseil d'État a toutefois établi une distinction entre les prises de vue excédant le droit d'usage appartenant à tous (typiquement, celles nécessitant une privatisation temporaire des locaux) et les prises de vue « courantes » : « l'occupation ou l'utilisation du domaine public n'est soumise à la délivrance d'une autorisation que lorsqu'elle constitue un usage privatif de ce domaine public, excédant le droit d'usage appartenant à tous, [et] lorsqu'une telle autorisation est donnée par la personne publique gestionnaire du domaine public concerné, la redevance d'occupation ou d'utilisation du domaine public constitue la contrepartie du droit d'occupation ou d'utilisation privative ainsi accordé ». De plus, « l'utilisation à des fins commerciales de l'image d'un tel bien ne saurait être assimilée à une utilisation privative du domaine public »[8].

On remarquera, pour conclure, que cette tendance à créer de toutes pièces des droits nouveaux est récente. Il y a 150 ans, on considérait au contraire qu'un monument national, dès son inauguration, tombait de par son statut dans le domaine public : « la statue de Napoléon placée sur la colonne

7. CE, 23 décembre 2016, décision n° 378879.

8. CE, 13 avril 2018, n° 397047.

de la place Vendôme étant un monument national, le droit de la reproduire, soit à l'aide de la gravure, de la lithographie, de la sculpture ou de toute autre manière, est un droit qui est tombé dans le domaine public »[9].

Photos en ligne des collections des musées

Les musées français et, plus largement, la Réunion des musées nationaux (RMN), mettent en ligne des photos de leurs collections. On pourrait donc penser, quand il s'agit d'œuvres tombées dans le domaine public (au sens du CPI), que l'interprétation du Conseil d'État ne s'applique pas, puisque l'internaute qui télécharge ces clichés ne réalise aucune prise de vue, n'empiète pas physiquement sur l'espace public du musée et ne privatise aucunement les œuvres ni le musée, puisque le téléchargement d'un fichier numérique, simple duplication de données, ne prive en rien les autres internautes ni les visiteurs du musée. Or, les musées prétendent disposer d'une cession de droits d'auteur de la part de leurs photographes. Cette prétention est critiquable car, pour bénéficier de la protection du droit d'auteur, une photographie doit, selon la jurisprudence et comme nous l'avons vu, remplir un critère d'originalité.

Peut-être, s'agissant de statues ou d'objets, pourra-t-on chercher une originalité dans l'angle de prise de vue, l'éclairage, voire le fond de décor. A ainsi été reconnu le bénéfice de la protection du droit d'auteur pour des photographies d'objets d'arts, pour lesquelles le photographe « a effectué une recherche particulière non seulement du positionnement de chacun des objets mais également pour certains d'entre eux de son cadrage en retenant arbitrairement un détail particulier de l'objet […], que le positionnement des objets a fait l'objet de choix esthétiques particuliers […], plusieurs objets pouvant figurer sur la même photographie en opposition ou en complémentarité les uns par rapport aux autres […], créant ainsi une dynamique particulière […]. Il se dégage ainsi […] une recherche de mise en valeur des objets photographiés traduisant un parti pris esthétique empreint de la personnalité de son auteur »[10].

S'agissant de reproductions de tableaux ou de gravures anciennes, la solution peut être identique si le photographe opère des choix personnels, par exemple en agrandissant certains détails. Toutefois, ce critère est difficilement plaidable dans les reproductions pour lesquelles on demande au contraire au photographe de s'effacer totalement derrière l'œuvre et de la reproduire de la manière la plus neutre possible, comme s'il l'avait scannée. Dans une telle situation, « la mission confiée au photographe consistait à effectuer une reproduction fidèle des œuvres d'art […], ce qui exclut a priori toute subjectivité ou interprétation de la part du photographe » et ne donne pas droit à la protection du droit d'auteur[11].

Le juge se doit d'examiner pour chaque cliché si la protection du droit d'auteur peut être accordée. Ainsi, dans un litige entre un musée et son photographe professionnel, portant sur les droits d'auteur des clichés des œuvres, a été cassé un arrêt qui « pour reconnaître le bénéfice de la protection au titre du droit d'auteur à quarante-six photographies revendiquées par M. X…, […] après avoir procédé à l'analyse de trois d'entre elles, se borne à énoncer, pour les autres, qu'à travers les

9. T. corr. Seine, 17 mai 1837, cité par Adrien Gastambide, *Traité théorique et pratique des contrefaçons en tous genres*, 1837, p. 394.

10. CA Paris, 1ère ch., 10 mars 2015, n° 13/09634.

11. CA Paris, 4e ch., 24 juin 2005, n° 03/11140.

choix esthétiques qu'elles révèlent, M. X… a magnifié le projet […] tout en livrant une interprétation personnelle du message complexe que ce projet entend livrer, que les commentaires dont il a fait suivre quatre photographies pour les besoins de la procédure ne laissent aucun doute sur la part de lui-même qu'il a mise dans ces œuvres et que, dans chaque cas, il a exalté la quintessence du site avec son regard personnel et sa sensibilité »[12]. La Cour de cassation a énoncé « qu'en se déterminant ainsi, sans rechercher si et en quoi chacune des photographies, dont la protection était sollicitée, résultait d'un effort créatif portant l'empreinte de la personnalité de leur auteur, seul de nature à leur conférer le caractère d'une œuvre originale, la cour d'appel n'a pas donné de base légale à sa décision ». En cas de litige sur le bénéfice de la protection par le droit d'auteur pour des clichés d'œuvres muséales, le juge doit donc, pour chaque cliché, justifier son caractère original et rechercher l'empreinte de la personnalité de l'auteur. Cette solution contredit clairement les prétentions des musées français et de la RMN à détenir des droits sur les reproductions neutres des œuvres de leurs collections tombées dans le domaine public.

Au contraire, des musées étrangers comme le Metropolitan Museum of Arts et le Rijksmuseum ont mis en ligne des centaines de milliers d'images d'œuvres utilisables gratuitement. On notera toutefois que ces images sont sous licence libre Creative Commons (voir plus loin), ce qui signifie de manière paradoxale que ces musées, tout en mettant les images à disposition gratuitement, estiment conserver des droits dessus.

Droit sur l'image d'une chose

De manière plus générale, un propriétaire peut-il interdire la reproduction de l'image d'un bien qu'il possède? Selon l'article 544 du Code civil, « la propriété est le droit de jouir et disposer des choses de la manière la plus absolue, pourvu qu'on n'en fasse pas un usage prohibé par les lois ou par les règlements ». Toutefois, ce droit n'entraîne pas un monopole d'exploitation sur le bien. Dans un tel cas d'utilisation de l'image d'un bien sans l'autorisation de son propriétaire, la Cour de cassation a énoncé que « le propriétaire d'une chose ne dispose pas d'un droit exclusif sur l'image de celle-ci ». La Cour a précisé les droits du propriétaire, en indiquant « qu'il peut toutefois s'opposer à l'utilisation de cette image par un tiers lorsqu'elle lui cause un trouble anormal »[13]. Il revient donc au propriétaire de prouver le trouble anormal (trouble de tranquillité ou trouble financier dû à une concurrence dans l'exploitation de l'image).

De même, s'agissant d'un bien appartenant à une collectivité publique, le Conseil d'État a précisé, en se référant à la jurisprudence de la Cour de cassation, que « les personnes publiques ne dispos[e]nt pas d'un droit exclusif sur l'image des biens leur appartenant »[14]. Il en déduit que « l'autorité administrative ne saurait, en l'absence de disposition législative le prévoyant [voir au chapitre 8 le cas des domaines nationaux], soumettre à un régime d'autorisation préalable l'utilisation à des fins commerciales de prises de vues d'un immeuble appartenant au domaine public, un tel régime étant constitutif d'une restriction à la liberté d'entreprendre et à l'exercice du droit de propriété ».

12. Cass. soc., 24 avril 2013, n° de pourvoi 10-16.063 et 10-30.676.

13. Cass. plén., 7 mai 2004, n° de pourvoi 02-10.450.

14. CE, 13 avril 2018, n° 397047.

Licences libres

Face au développement des logiciels propriétaires, édités par des grandes sociétés d'informatique, le monde du logiciel connaît, depuis le lancement en 1983 par Richard Stallman du projet GNU, le mouvement des logiciels dits libres. Ce mouvement se répand désormais également dans les licences concernant les ressources en ligne et les données.

Dans tous les cas, il conviendra d'éviter deux contre-sens. D'une part, l'appellation de « libre » ne signifie pas que l'œuvre est dans le domaine public, qu'elle est « libre de droits » et que l'on peut la réutiliser « librement » et sans contraintes. Même si l'auteur décide d'accorder des droits aux utilisateurs, il peut, comme on le verra, délimiter ces droits. En outre, le droit moral ne s'abdique pas et l'auteur en demeure toujours titulaire. D'autre part, si le terme anglais « free », qui a donné « libre », signifie également « gratuit », on ne peut pour autant en déduire une équivalence automatique entre « licence libre » et « gratuité ».

Licences libres sur les données

Les licences libres constituent une modalité simplifiée de gestion des droits d'auteur sur une œuvre. Juridiquement, il s'agit de contrats, choisis par l'auteur, que l'utilisateur de l'œuvre s'engage à respecter. Destinées aux auteurs qui souhaitent une exploitation simplifiée de leur œuvre, ces licences visent à accorder certains droits aux utilisateurs, classés en plusieurs catégories :

- droit d'utilisation, avec ou sans obligation de mentionner l'auteur de l'œuvre (paternité) ;
- (pour un logiciel, etc.) droit d'étude du fonctionnement et d'adaptation de l'œuvre ;
- droit de modification de l'œuvre et d'incorporation dans une œuvre dérivée, avec ou sans obligation de conserver à la nouvelle œuvre le même type de licence ;
- droit de redistribution, éventuellement dans un but commercial.

Pour les données placées sous une telle licence, on parle d'*open data.*

Licences Creative Commons

Les licences Creative Commons (CC), élaborées depuis 2002 par l'association du même nom, constituent une famille de licences destinées aux œuvres, notamment sur Internet, et sont sans doute les licences libres les plus connues. Elles proposent plusieurs paramètres binaires, que l'auteur détermine selon l'étendue des droits qu'il souhaite concéder aux utilisateurs :

- obligation ou non d'attribution de paternité ;
- droit ou non de modifier l'œuvre ;
- s'il y a droit de modification, obligation ou non de conserver à l'œuvre dérivée le même type de licence ;
- droit ou non d'utilisation commerciale.

Ces paramètres combinables portent les noms suivants :

- CC BY : attribution.
- CC ND *(No derivs)* : pas de modification autorisée (incompatible avec l'option suivante SA).

- CC SA *(Share alike)* : l'œuvre dérivée doit être placée sous le même type de licence (on parle de licence « contaminante »).
- CC NC *(Non commercial)* : la licence n'autorise pas *a priori* les usages commerciaux, qui nécessitent l'autorisation de l'auteur selon le droit commun.

Il existe également un paramètre Zéro (CC 0), selon lequel l'auteur renonce à tous ses droits selon les lois applicables (ce qui revient, en France, à une licence BY).

Les différentes combinaisons possibles sont rassemblées dans la figure 1. En partant du bas de la figure (œuvre sous droit d'auteur – copyright) et en remontant, on trouve ainsi :

- les licences de partage libre sans modification CC BY ND (obligation d'attribution, pas de modification) et CC BY ND NC (idem, usage commercial interdit) ;
- les licences de partage libre avec modification possible, sans usage commercial CC BY NC et CC BY NC SA (obligation de partager l'œuvre dérivée selon la même licence) ;
- les licences de partage libre avec modification possible et usage commercial autorisé CC BY SA (obligation de partager l'œuvre dérivée selon la même licence), CC BY (seule l'attribution de paternité est exigée) et CC 0 (si la loi applicable l'autorise).

Au-dessus de ces licences figure le domaine public : l'œuvre n'est pas protégeable (par exemple, pour défaut d'originalité), l'auteur n'a aucun droit et ne peut donc fixer une licence.

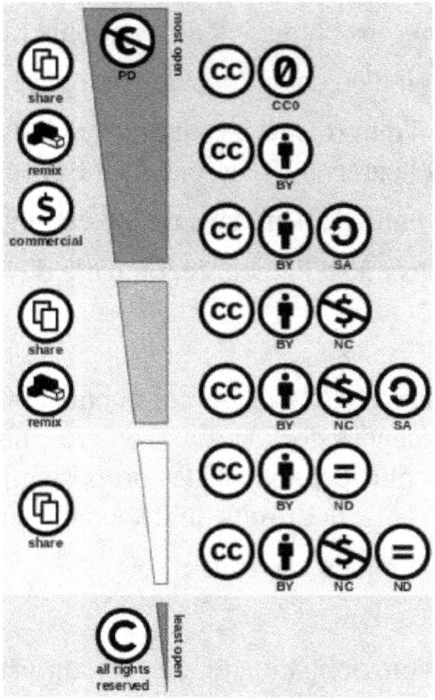

Figure 1 – *Les différentes combinaisons formant les licences CC existantes (Image elle-même sous licence CC BY 4.0 by Shaddim)*

Selon l'association Creative Commons, en 2015[15], plus d'un milliard d'œuvres étaient sous licence CC, réparties comme suit :

• BY SA	37 %
• BY	24 %
• BY SA NC	14 %
• BY NC ND	14 %
• BY NC	6 %
• BY ND	2 %
• Zéro et classé domaine public	3 %

Les auteurs qui choisissent une licence CC ne sont donc qu'un tiers à interdire les usages commerciaux de leurs œuvres ; très peu interdisent les modifications ou l'insertion dans une œuvre dérivée ; plus de la moitié exigent toutefois que cette œuvre dérivée conserve le même type de licence. Par exemple, les articles de Wikipédia sont tous publiés sous la licence CC BY SA, ce qui implique qu'ils sont librement réutilisables et modifiables, à condition de citer leur auteur et de placer l'œuvre dérivée sous la même licence. Cela permet par exemple d'adapter des articles Wikipédia et de vendre le résultat, mais pas d'exiger un monopole d'exploitation sur cette œuvre dérivée.

Banques d'images et moteurs de recherche d'images

Comme nous l'avons écrit précédemment, « libre » n'équivaut pas nécessairement à « gratuit ». Par exemple, de nombreuses banques d'images proposent des images et des photos sous des licences libres payantes. Ainsi, Fotolia propose des licences dont le prix dépend de la définition de l'image et des usages prévus (illustration de sites web, fond d'écran de téléphone, illustration d'ouvrages ou d'articles, décoration d'objets…). La licence est ici clairement une modalité simplifiée de gestion des droits d'auteur. Inversement, les internautes peuvent également mettre leurs images en vente sur Fotolia en touchant une commission. De même, Shutterstock, Graphicriver ou iStockphoto permettent d'acheter ou de vendre des photographies, des images vectorielles, des clips vidéo, de la musique…

Poursuivant un but différent, Flickr est un service de gestion et de partage des photos et des vidéos créées par les internautes. Flickr ne propose pas de monétiser les créations : la fonctionnalité Market a été fermée. Plusieurs musées, comme le National Museum of Denmark, utilisent Flickr pour publier des images du domaine public.

Enfin, la fonctionnalité Google Images est un moteur de recherche qui trouve sur Internet des images relatives à la requête effectuée. Google Images affiche les images mais renvoie l'internaute vers le site d'origine ; il n'héberge donc pas ces images et n'en gère pas les droits.

Toutefois, en 2016, a été créée une redevance sur le référencement d'images, au motif que les moteurs de recherche, en affichant les images, empiétaient sur les droits d'exploitation des auteurs. Le nouvel article L136-1 du CPI donne la définition suivante :

15. https://stateof.creativecommons.org/2015

« On entend par service automatisé de référencement d'images, au sens du présent chapitre, tout service de communication au public en ligne dans le cadre duquel sont reproduites et mises à la disposition du public, à des fins d'indexation et de référencement, des œuvres d'art plastiques, graphiques ou photographiques collectées de manière automatisée à partir de services de communication au public en ligne. »

Le I de l'article L136-2 du CPI dispose que la mise en ligne « d'une œuvre d'art plastique, graphique ou photographique » entraîne automatiquement, de la part de l'auteur, mise en gestion collective « du droit de reproduire et de représenter cette œuvre dans le cadre de services automatisés de référencement d'images ». Les moteurs de recherche doivent donc conclure des conventions avec les organismes de gestion collective et leur verser une redevance. Comme l'indique le I de l'article L136-4, « la rémunération due au titre de la reproduction et de la représentation des œuvres d'art plastiques, graphiques ou photographiques par des services automatisés de référencement d'images est assise sur les recettes de l'exploitation ou, à défaut, évaluée forfaitairement [...]. Le barème et les modalités de versement de cette rémunération sont fixés par voie de convention entre les organismes agréés pour la gestion des droits des œuvres d'art plastiques, graphiques ou photographiques et les organisations représentant les exploitants des services automatisés de référencement d'images. La durée de ces conventions est limitée à cinq ans. »

Cette nouvelle redevance a fait l'objet de critiques, par exemple de la part de la fondation Wikimédia France. En effet, les œuvres du domaine public et les œuvres sous licence libre gratuite entrent dans son assiette, ainsi que toutes les photos simplement partagées par les internautes. Et les organismes de gestion collective ne reverseront jamais à ces internautes la fraction de redevance leur revenant, détournant ainsi la collecte à leur profit.

Logiciels libres

Principes

Par opposition aux logiciels propriétaires, dans lesquels l'utilisateur n'a pas accès au code source et n'a pas le droit de le modifier, le logiciel dit libre est ouvert à l'analyse et à la modification. Cela offre une plus grande sécurité, puisque des experts indépendants peuvent auditer le code, une meilleure qualité, puisque l'on peut repérer et corriger les bogues, et enfin une plus grande adaptabilité aux besoins. Par ailleurs, ce logiciel peut bénéficier d'une licence de redistribution libre, au sens vu précédemment.

Il ne faut pas confondre le logiciel libre avec le logiciel gratuit ou *freeware*, souvent propriétaire et offert en échange de publicité, ni avec le *freemium*, stratégie commerciale qui consiste à offrir un premier niveau de service gratuit en espérant inciter le client à souscrire des services complémentaires payants.

Parmi les logiciels libres les plus connus, citons Linux pour les systèmes d'exploitation, Mozilla Firefox pour les navigateurs, OpenOffice pour la bureautique, le lecteur multimédia VLC...

Licences

Historiquement, la première licence de logiciel libre a été GNU GPL, écrite par Richard Stallman. Elle garantit à l'utilisateur d'un logiciel quatre droits :

- droit d'exécuter le logiciel ;
- droit d'étudier le fonctionnement du logiciel et de l'adapter à ses besoins (ce qui implique un libre accès au code source) ;
- droit d'en distribuer des copies (éventuellement à titre payant) ;
- droit d'en distribuer des versions modifiées et améliorées (idem).

D'autres licences existent, par exemple la famille CeCILL créée par les institutions de recherche françaises (CEA, CNRS, INRIA) pour concilier les principes du logiciel libre et le droit français. Ces licences concernent les logiciels et les bibliothèques de composants.

Pour les bases de données, citons la licence ODbL *(Open Database License)* qui repose sur des principes similaires.

À retenir

- Les œuvres qui ne remplissent pas les critères pour être protégées par le droit d'auteur, ou qui sont protégées par ce droit mais dont la durée de monopole d'exploitation a expiré, forment le domaine public au sens du CPI. Elles sont librement utilisables.
- Le droit moral des auteurs décédés est exercé par leurs héritiers, il exige le respect du nom de l'auteur et de l'intégrité de l'œuvre.
- Les musées français exigent une redevance pour l'exploitation commerciale de leurs œuvres, en application du Code général de la propriété des personnes publiques.
- Les licences libres sont des contrats par lesquels l'auteur détermine les modalités d'exploitation de son droit d'auteur. La licence choisie précise les droits d'exploitation et de modification que l'auteur décide d'accorder à l'utilisateur.
- La licence libre n'est pas nécessairement gratuite.
- Un logiciel libre est celui sur lequel l'utilisateur bénéficie notamment d'un droit d'accès au code source et d'un droit de modification, ainsi que d'un droit de redistribution des versions modifiées. Il n'est pas nécessairement gratuit.

11

Les données publiques

Le principe des données publiques remonte à la loi 78-753 du 17 juillet 1978 qui a créé deux droits : d'une part, le droit pour tout citoyen d'accéder aux documents administratifs *(open data)* et, d'autre part, le droit de les réutiliser. Cette loi a récemment été codifiée dans le nouveau code des relations entre le public et l'administration (CRPA).

Le CRPA contient une innovation heureuse dans la codification. Dans les autres codes, les articles législatifs créés par la loi (numérotés L) sont rassemblés dans une partie, et les articles d'application créés par décrets (numérotés R ou D) dans une autre, avec des renvois incessants entre les deux, ce qui rend la compréhension du droit fastidieuse. Au contraire, les articles du CRPA font l'objet d'une numérotation continue, les articles d'application R et D étant placés immédiatement après l'article L qu'ils complètent.

La loi du 17 juillet 1978 a également créé la Commission d'accès aux documents administratifs (CADA), commission indépendante consultative chargée de donner des avis en cas de refus de l'administration de communiquer un document.

Droit d'accès aux documents administratifs

Principes

Documents administratifs

Le périmètre des documents concernés est très large. Selon l'article L300-2 du CRPA, « sont considérés comme documents administratifs [...], quels que soient leur date, leur lieu de conservation, leur forme et leur support, les documents produits ou reçus, dans le cadre de leur mission de service public, par l'État, les collectivités territoriales ainsi que par les autres personnes de droit public ou les personnes de droit privé chargées d'une telle mission. Constituent de tels documents notamment les dossiers, rapports, études, comptes rendus, procès-verbaux, statistiques, instructions, circulaires, notes et réponses ministérielles, correspondances, avis, prévisions, codes sources et décisions». Le premier alinéa de l'article L311-2 précise que «le droit à communication ne s'applique qu'à des documents achevés».

L'article L311-1 du CRPA dispose que les autorités «sont tenues de publier en ligne ou de communiquer les documents administratifs qu'elles détiennent aux personnes qui en font la demande»: il y a donc une obligation de communication de ces documents. Les données et les codes sources[1] sont inclus dans cette obligation.

Cette obligation concerne les documents existants et non les données, certes contenues dans des bases de l'administration, mais dont l'extraction nécessiterait des opérations excessives. «Le Conseil d'État a posé le principe selon lequel le droit à communication posé par l'article 2 de la loi du 17 juillet 1978 [désormais par le CRPA] ne s'applique qu'à des documents existants. Par conséquent l'administration n'est tenue, lorsqu'elle est saisie d'une demande tendant à la communication d'un dossier qui n'existe pas en tant que tel, ni «de faire des recherches en vue de collecter l'ensemble des documents éventuellement détenus» (CE, 27 septembre 1985, Ordres des avocats de Lyon c/ Bertin, recueil page 267), ni d'établir un document en vue de procurer les renseignements ou l'information souhaités (CADA, 8 janvier 1987, Thomas, 5e rapport page 109 – CE, 30 janvier 1995, Min. d'État, min. éduc. nat. c/ Mme Guigue et CE, 22 mai 1995, Association de défense des animaux victimes d'ignominie ou de désaffection). [La CADA] précise toutefois que sont regardés comme des documents administratifs existants, au sens de l'article 1er de la même loi, les informations qui sont contenues dans des fichiers informatiques et qui peuvent en être extraites par un traitement automatisé d'usage courant»[2].

Documents non communicables

Selon l'article L311-4 du CRPA, ne peuvent être communiqués les documents protégés par le droit d'auteur de tiers: «les documents administratifs sont communiqués ou publiés sous réserve des droits de propriété littéraire et artistique».

L'article L311-5 liste un certain nombre d'autres documents qui ne sont pas communicables, notamment ceux concernant le secret de la politique gouvernementale, la défense nationale, la sécurité publique, la recherche des infractions, etc. Les documents dont la communication porterait atteinte à la sécurité des systèmes d'information ne sont pas non plus communicables, ce qui est susceptible de limiter l'accès aux codes sources déjà mentionné.

1. Les codes sources n'étaient pas expressément cités par l'article L300-2 dans sa rédaction antérieure à octobre 2016; toutefois il avait été jugé qu'ils faisaient partie des documents administratifs communicables (TA Paris, 2e ch., 10 mars 2016).

2. CADA, séance du 10 octobre 2013, conseil 20133264. Voir dans le même sens TUE, 2 juillet 2015, affaire T-214/13.

Documents contenant des données personnelles

Le droit d'accès aux données publiques n'est pas absolu et il peut générer des conflits avec d'autres droits. En particulier, lorsque des données publiques comportent des informations personnelles, il y a restriction des possibilités d'utilisation. L'article L311-6 du CRPA dispose que :

« Ne sont communicables qu'à l'intéressé les documents administratifs :

1° Dont la communication porterait atteinte à la protection de la vie privée, au secret médical et au secret en matière commerciale et industrielle, lequel comprend le secret des procédés, des informations économiques et financières et des stratégies commerciales ou industrielles et est apprécié en tenant compte, le cas échéant, du fait que la mission de service public de l'administration mentionnée au premier alinéa de l'article L. 300-2 est soumise à la concurrence ;

2° Portant une appréciation ou un jugement de valeur sur une personne physique, nommément désignée ou facilement identifiable ;

3° Faisant apparaître le comportement d'une personne, dès lors que la divulgation de ce comportement pourrait lui porter préjudice.

Les informations à caractère médical sont communiquées à l'intéressé, selon son choix, directement ou par l'intermédiaire d'un médecin qu'il désigne à cet effet, dans le respect des dispositions de l'article L.1111-7 du code de la santé publique. »

Ainsi, la communication de documents administratifs contenant des données personnelles de tiers n'est pas interdite. Elle ne l'est que dans un certain nombre de situations particulières. Comme le rappelle la Commission d'accès aux documents administratifs (CADA)[3], « un tiers peut ainsi accéder à des informations qui, seraient-elles "nominatives" au sens de la loi du 6 janvier 1978, ne sont pas couvertes par l'un des secrets prévus par la loi du 17 juillet 1978 [désormais par le CRPA], notamment parce qu'elles ne concernent pas la vie privée ». Par exemple, la liste nominative des fonctionnaires travaillant dans un service est communicable ; en revanche leurs dates de naissance ou leurs salaires ne le sont pas.

Communication d'un document expurgé

L'article L311-7 du CRPA dispose :

« Lorsque la demande porte sur un document comportant des mentions qui ne sont pas communicables en application des articles L.311-5 et L.311-6 mais qu'il est possible d'occulter ou de disjoindre, le document est communiqué au demandeur après occultation ou disjonction de ces mentions. »

Concernant les données personnelles, la CNIL recommande notamment de rendre anonymes les bases de données de décisions de justice accessibles librement par Internet[4]. Si ce principe est évidemment le plus protecteur pour l'individu, il peut toutefois conduire à des aberrations lorsqu'il est appliqué de manière automatique, telle cette décision du Conseil d'État qui, dans

3. CADA, séance du 12 février 2009, avis 20090521.

4. CNIL, 29 novembre 2001, délibération n° 01-057 portant recommandation sur la diffusion de données personnelles sur Internet par les banques de données de jurisprudence.

sa version publiée sur Legifrance[5], rend anonymes les membres du gouvernement: « le décret attaqué porte la signature de M. I… C…, Premier ministre, ainsi que de M. E… H…, Garde des sceaux, ministre de la justice et des libertés, de M. A… M…, ministre de l'intérieur, de l'outre-mer, des collectivités territoriales et de l'immigration, de Mme K… G…, ministre de l'économie, des finances et de l'industrie et de M. I… B…, ministre du budget, des comptes publics, de la fonction publique et de la réforme de l'État, porte-parole du Gouvernement » !

Droit de réutilisation des documents administratifs

Principes

Étendue du droit de réutilisation

Les citoyens ont également un droit de réutilisation de ces données. L'article L321-1 du CPRA pose le principe d'une libre réutilisation des données communicables:

« Les informations publiques figurant dans des documents communiqués ou publiés par les administrations mentionnées au premier alinéa de l'article L.300-2 peuvent être utilisées par toute personne qui le souhaite à d'autres fins que celles de la mission de service public pour les besoins de laquelle les documents ont été produits ou reçus ».

Sont toutefois exclues de cette possibilité de réutilisation les informations dont la communication ne constitue pas un droit pour toute personne ou qui n'ont pas été diffusées publiquement, ainsi que celles sur lesquelles des tiers détiennent des droits de propriété intellectuelle (article L321-2).

Selon l'article L322-1 du CRPA, « sauf accord de l'administration, la réutilisation des informations publiques est soumise à la condition que ces dernières ne soient pas altérées, que leur sens ne soit pas dénaturé et que leurs sources et la date de leur dernière mise à jour soient mentionnées ».

L'article L322-6 dispose que « les administrations qui produisent ou détiennent des informations publiques tiennent à la disposition des usagers un répertoire des principaux documents dans lesquels ces informations figurent. Elles publient chaque année une version mise à jour de ce répertoire. Les conditions de réutilisation des informations publiques ainsi que, le cas échéant, le montant des redevances prévues aux articles L.324-1 et L.324-2 et les bases de calcul retenues pour la fixation de ce montant sont rendus publics, dans un standard ouvert, par les administrations […] qui ont produit ou reçu ces informations publiques ».

L'État publie ses données sur le site *data.gouv.fr*; les autres structures publiques utilisent différents sites, par exemple *opendata.paris.fr* pour la Ville de Paris.

Bases de données

L'article L321-3 du CRPA précise que le droit *sui generis* des administrations, en tant que productrices de bases de données (articles L342-1 et L342-2 du CPI, voir partie I), ne peut faire obstacle

5. CE, 10e sous-section, 20 novembre 2013, n° 347349.

à la réutilisation du contenu des bases de données que ces administrations publient, sauf droits de propriété intellectuelle sur ces contenus détenus par des tiers.

Cette nouvelle disposition adoptée en 2016 met fin aux refus de communication de bases de données par l'administration, basées sur la jurisprudence *Notrefamille.com*: en se fondant sur le droit à la protection des bases de données, la cour administrative d'appel de Bordeaux avait validé[6] le refus du conseil général de la Vienne d'autoriser la réutilisation de sa base de données d'état civil par la société *Notrefamille.com* (aujourd'hui *Filae.com*). En effet, pour constituer cette base à partir des documents originaux, le conseil général avait procédé à des investissements financiers, techniques et matériels « substantiels », bénéficiant ainsi de la qualification de producteur de base de données. Il pouvait donc, conformément à l'article L342-1 du CPI, interdire l'extraction de la totalité ou d'une partie substantielle du contenu de cette base de données, ainsi que sa réutilisation.

Réutilisation de données personnelles

Selon l'article L322-2 du CRPA, la réutilisation de données personnelles est subordonnée au respect de la loi Informatique et Libertés, qui pose des contraintes très strictes, notamment en termes d'information et de consentement des personnes concernées, à tout traitement de données non prévu initialement.

Ainsi, sur la base de la rédaction de l'époque (article 13 de la loi 78-753), le département du Cantal a refusé de fournir ses données d'état civil à la société *Notrefamille.com*, car celle-ci ne respectait pas les exigences de la loi Informatique et Libertés : en l'occurrence, elle souhaitait les exporter pour traitement hors de l'Union européenne, vers un pays ne disposant pas d'un niveau équivalent de protection des données personnelles et sans détenir une autorisation de la CNIL, ce qui est contraire à l'article 68 de cette loi. La cour administrative d'appel a à cette occasion souligné que le responsable administratif était même « tenu de rejeter » une demande n'apportant pas toutes les garanties de conformité aux exigences de la loi Informatique et Libertés[7].

L'article R322-3 du CRPA précise que « lorsque la réutilisation n'est possible qu'après anonymisation des données à caractère personnel, l'autorité détentrice y procède sous réserve que cette opération n'entraîne pas des efforts disproportionnés ».

Exclusivité

Par principe, il n'y a pas d'exclusivité sur la réutilisation des données publiques, sauf cas particulier. L'article L325-1 du CRPA dispose que : « la réutilisation d'informations publiques ne peut faire l'objet d'un droit d'exclusivité accordé à un tiers, sauf si un tel droit est nécessaire à l'exercice d'une mission de service public ».

Selon l'article L325-2, « lorsqu'un tel droit est accordé, la période d'exclusivité ne peut dépasser dix ans. Le bien-fondé de l'octroi d'un droit d'exclusivité fait l'objet d'un réexamen périodique au moins tous les trois ans ». Toutefois, selon l'article L325-3, « lorsqu'un droit d'exclusivité est accordé pour les besoins de la numérisation de ressources culturelles, la période d'exclusivité

6. CAA Bordeaux, 4e ch., 26 février 2015, annulé par CE, 10e – 9e ch. réunies, 8 février 2017.

7. CAA Lyon, 3e ch., 4 juillet 2012.

peut, par dérogation, être supérieure à dix ans, sans dépasser quinze ans. Elle doit faire l'objet d'un réexamen au cours de la onzième année et ensuite, le cas échéant, lors de la treizième année ».

Les articles R325-5 et R*325-6 prévoient que l'autorité qui a accordé un droit d'exclusivité procède au réexamen de son bien-fondé avant tout renouvellement de celui-ci, et que le renouvellement d'un droit d'exclusivité ne peut résulter que d'une décision explicite et motivée.

Enfin, l'article L325-8 dispose que « les accords d'exclusivité et leurs avenants sont transparents et rendus publics sous forme électronique ».

Recommandations concernant la réutilisation de données personnelles

Caveat

Afin de mieux faire connaître ces dispositions aux personnes souhaitant réutiliser des données personnelles issues de documents administratifs, la CNIL, la CADA, la Direction de l'information légale et administrative (DILA) et Etalab ont rédigé conjointement en 2015 un avertissement (*caveat*) rappelant le cadre juridique applicable. Ce *caveat* précise notamment que « lorsque les données personnelles que cette information publique contient ont, préalablement à leur diffusion, fait l'objet d'une anonymisation totale ou partielle, conformément à des dispositions légales ou aux recommandations de la CNIL, la réutilisation ne peut avoir pour objet ou pour effet de réidentifier les personnes concernées. » Ce *caveat* est disponible sur la page *data.gouv.fr* des jeux de données concernés.

Données des archives publiques non réutilisables

La CNIL recommande[8] d'exclure la réutilisation de certaines catégories de données issues des archives publiques :

- Les données dites « sensibles » listées à l'article 8 de la loi Informatique et Libertés, c'est-à-dire celles « qui font apparaître, directement ou indirectement, les origines raciales ou ethniques, les opinions politiques, philosophiques ou religieuses ou l'appartenance syndicale des personnes, ou qui sont relatives à la santé ou à la vie sexuelle de celles-ci ». La CNIL estime que seule la réutilisation de telles données à des fins de recherche médicale ou d'intérêt public, et sous réserve de son autorisation, est possible, conformément à l'article 36 de la loi. Toute autre réutilisation, notamment commerciale, est pour la CNIL « interdite, y compris lorsqu'elles concernent des personnes décédées, dès lors que leur divulgation serait de nature à porter préjudice aux ayants droit de ces personnes. En conséquence, même si des documents d'archives publiques comportant de telles données sont communicables au titre de la loi CADA [désormais CRPA] et du Code du patrimoine, ils doivent être rendus anonymes ou occultés de ces données avant toute réutilisation, l'efficacité de ce masquage devant pouvoir être vérifiée par la CNIL. »

8. CNIL, délibération n° 2010-460, 9 décembre 2010.

- Les données liées aux infractions, condamnations et mesures de sûreté (article 9 de la loi Informatique et Libertés), pour lesquelles toute réutilisation non autorisée par la loi est interdite ; de même que pour les données sensibles, il faut utiliser un procédé d'anonymisation ou d'occultation validable par la CNIL.
- Les mentions marginales de l'état civil, car certaines d'entre elles « et notamment la reconnaissance d'un enfant naturel, l'adoption ou encore la révocation d'adoption, la francisation des nom et/ou prénom après acquisition de la nationalité française, le changement de sexe ainsi que la mention "mort en déportation", sont de nature à porter atteinte à la vie privée, y compris lorsqu'elles concernent des personnes décédées, dès lors que leur divulgation serait de nature à porter préjudice aux ayants droit de ces personnes. En conséquence, même si de telles données sont communicables au titre de la loi CADA [désormais CRPA] et de la loi sur les archives, elles doivent être rendues anonymes ou occultées avant toute réutilisation des actes de l'état civil, l'efficacité de ce masquage devant pouvoir être vérifiée par la CNIL. »

Précautions pour la réutilisation de données personnelles

Dans la même délibération[9], la CNIL recommande par ailleurs certaines précautions lors de la réutilisation de données personnelles sans occultation :

- Publication d'une information générale, claire et complète à destination des personnes concernées, particulièrement en cas de mise en ligne. Cette information devrait porter sur « la finalité de la réutilisation, les catégories de données, les destinataires des données ainsi que sur les modalités d'exercice du droit d'opposition, d'accès, de rectification et de suppression ». Par ailleurs, « compte tenu des risques d'atteinte à la vie privée susceptibles de résulter de la réutilisation et de la diffusion de documents d'archives publiques comportant des données personnelles ainsi que de la nécessité de protéger l'intérêt et les droits fondamentaux des personnes concernées, la commission reconnaît à toute personne vivante dont des données figureraient sur des traitements résultant de la réutilisation de documents d'archives publiques le droit d'en obtenir la suppression sans condition. La commission se réserve également le droit d'apprécier si, au regard de la réutilisation envisagée, des garanties complémentaires doivent être prévues. »
- La CNIL rappelle que, pour les personnes décédées, l'article 40 de la loi Informatique et Libertés permet aux héritiers d'exiger une actualisation des données. La CNIL recommande aux responsables de traitement, afin de préserver la mémoire et la vie privée des défunts, de prévoir une information générale et de faire droit aux demandes justifiées de suppression. En cas de mise en ligne, les mesures d'information sont indispensables.
- Afin d'éviter des recoupements d'information par les moteurs de recherche, la CNIL recommande de limiter les possibilités d'indexation, notamment en rendant impossible l'indexation par les moteurs de recherche pour les données relatives aux personnes nées depuis moins de 120 ans. Cela s'ajoute aux obligations usuelles de sécurité des données, prévues à l'article 34 de la loi Informatique et Libertés tendant à garantir l'intégrité et la confidentialité des données.

9. CNIL, délibération n° 2010-460, 9 décembre 2010.

Afin d'encadrer la communication et la diffusion des données personnelles issues des archives publiques, la CNIL a publié en 2012 une autorisation unique (AU 029) qui énumère un certain nombre de conditions. Les responsables de services d'archives publiques qui s'engagent à s'y conformer sont autorisés par défaut à mettre en ligne de telles données. Cela ne signifie pas qu'il est interdit d'y déroger, mais le responsable de traitement qui souhaite mettre en œuvre d'autres modalités doit déposer, si les données sont potentiellement sensibles ou relatives à la vie privée des personnes, une demande d'autorisation spécifique à la CNIL.

Licences d'utilisation

Conditions et contenu

L'article L323-1 du CRPA dispose que « la réutilisation d'informations publiques peut donner lieu à l'établissement d'une licence. Cette licence est obligatoire lorsque la réutilisation est soumise au paiement d'une redevance ».

Le premier alinéa de l'article L323-2 précise : « cette licence fixe les conditions de la réutilisation des informations publiques. Ces conditions ne peuvent apporter de restrictions à la réutilisation que pour des motifs d'intérêt général et de façon proportionnée. Elles ne peuvent avoir pour objet ou pour effet de restreindre la concurrence ».

L'article R323-3 dispose : « les clauses des licences délivrées par les autorités mentionnées à l'article L.300-2 doivent porter au moins sur les informations faisant l'objet de la réutilisation, leur source et leur date de mise à disposition, le caractère commercial ou non de leur réutilisation, ainsi que sur les droits et obligations du licencié, dont le montant de la redevance et les modalités de son paiement ».

Choix des licences

L'article L323-2 précise ensuite la publicité à donner aux licences et la liste des licences possibles :

« Les administrations qui élaborent ou détiennent des documents contenant des informations publiques pouvant être réutilisées dans les conditions prévues au présent chapitre sont tenues de mettre préalablement des licences types, par voie électronique, à la disposition des personnes intéressées par la réutilisation de ces informations.

Les conditions dans lesquelles une offre de licence est proposée au demandeur sont fixées par voie réglementaire.

Lorsque la réutilisation à titre gratuit donne lieu à l'établissement d'une licence, cette licence est choisie parmi celles figurant sur une liste fixée par décret, qui est révisée tous les cinq ans, après concertation avec les collectivités territoriales et leurs groupements. Lorsqu'une administration souhaite recourir à une licence ne figurant pas sur cette liste, cette licence doit être préalablement homologuée par l'Etat, dans des conditions fixées par décret ».

L'État a rédigé une licence afin de faciliter la réutilisation des données publiques. Cette « licence ouverte / Open licence » est compatible avec la licence Creative Commons BY. Elle autorise gratuitement la reproduction, la diffusion, l'adaptation et la transformation des données, ainsi que toute combinaison et exploitation commerciale, sous réserve de mentionner la source de la donnée et la date de mise à jour, éventuellement en insérant un lien vers la source.

Figure 2 – *Le logo de la « Licence Ouverte / Open Licence » est également librement réutilisable.*

De nombreuses administrations utilisent également, pour les bases de données, la version française de la licence ODbL *(Open Database License).*

Redevance

La loi fixe un principe de gratuité de la réutilisation des données publiques. Toutefois, l'instauration d'une redevance est possible dans certains cas.

Possibilité d'instauration

L'article L324-1 du CRPA dispose ainsi :

« La réutilisation d'informations publiques est gratuite. Toutefois, les administrations mentionnées au premier alinéa de l'article L.300-2 peuvent établir une redevance de réutilisation lorsqu'elles sont tenues de couvrir par des recettes propres une part substantielle des coûts liés à l'accomplissement de leurs missions de service public.

Le produit total du montant de cette redevance, évalué sur une période comptable appropriée, ne dépasse pas le montant total des coûts liés à la collecte, à la production, à la mise à la disposition du public ou à la diffusion de leurs informations publiques.

Une redevance de réutilisation ne peut être établie pour des informations qui ont fait précédemment l'objet d'un accord d'exclusivité prévu au chapitre V. »

L'article L324-2 prévoit également une redevance en cas de numérisation de fonds et de collections :

« La réutilisation peut également donner lieu au versement d'une redevance lorsqu'elle porte sur des informations issues des opérations de numérisation des fonds et des collections des bibliothèques, y compris des bibliothèques universitaires, des musées et des archives, et, le cas échéant, sur des informations qui y sont associées lorsque ces dernières sont commercialisées conjointement. Le produit total du montant de cette redevance, évalué sur une période comptable appropriée, ne dépasse pas le montant total des coûts de collecte, de production, de mise à disposition ou de diffusion, de conservation de leurs informations et d'acquisition des droits de propriété intellectuelle. »

Calcul des coûts

Selon l'article L324-3, « le montant des redevances mentionnées aux articles L. 324-1 et L. 324-2 est fixé selon des critères objectifs, transparents, vérifiables et non discriminatoires. Ce montant est révisé au moins tous les cinq ans ».

Les articles suivants précisent les administrations concernées et la méthode de calcul des coûts servant de base à la redevance. L'article R324-4-4 du CRPA précise notamment que « les coûts liés à la mise à disposition du public ou à la diffusion des informations publiques mentionnés aux articles L.324-1 et L.324-2 comprennent, le cas échéant, le coût des traitements permettant de rendre ces informations anonymes ».

Administrations concernées

L'article D324-5-1 liste les informations et les catégories d'informations susceptibles d'être soumises au paiement d'une redevance de réutilisation, produites par l'Institut national de l'information géographique et forestière, Météo-France, le Service hydrographique et océanographique de la marine, l'État et les établissements publics de l'État à caractère administratif. En revanche, l'article L324-6 dispose que la réutilisation des informations publiques produites par l'INSEE ne peut donner lieu au versement d'une redevance.

Sanctions

L'article L326-1 du CRPA prévoit des amendes pour les cas de non-respect des conditions de réutilisation.

Si la réutilisation des données était à but non commercial, l'article L326-1 prévoit une contravention d'un montant maximum de 1 500 € (3 000 € en cas de récidive) en cas de violation de l'article L.322-1 (selon lequel sauf accord de l'administration, la réutilisation des informations publiques est soumise à la condition que ces dernières ne soient pas altérées, que leur sens ne soit pas dénaturé et que leurs sources et la date de leur dernière mise à jour soient mentionnées), ou en cas de méconnaissance « des conditions de réutilisation prévues par une licence délivrée à cet effet ou en violation de l'obligation d'obtenir une licence ».

Si la réutilisation des données était à but commercial, l'article L326-1 prévoit, en cas de violation de l'article L.322-1 ou des conditions de réutilisation prévues par une licence délivrée à cet effet ou en violation de l'obligation d'obtenir une licence, une amende dont le montant est proportionné à la gravité du manquement commis et aux avantages tirés de ce manquement. « Le montant de l'amende prononcée pour sanctionner un premier manquement ne peut excéder un million d'euros. En cas de manquement réitéré dans les cinq années à compter de la date à laquelle la sanction précédemment prononcée est devenue définitive, il ne peut excéder deux millions d'euros ou, s'agissant d'une entreprise, 5% du chiffre d'affaires hors taxes du dernier exercice clos dans la limite de deux millions d'euros ». L'auteur de l'infraction peut également se voir interdire « la réutilisation d'informations publiques pendant une durée maximale de deux ans. Cette durée peut être portée à cinq ans en cas de récidive dans les cinq ans suivant le premier manquement ».

Catégories particulières de données

La loi n° 2016-1321 du 7 octobre 2016 pour une République numérique a créé deux nouvelles catégories de données : les données d'intérêt général et les données de référence.

Données d'intérêt général

Données issues d'une concession de service public

L'article 17 de la loi du 7 octobre 2016 dispose que « lorsque la gestion d'un service public est déléguée, le concessionnaire fournit à l'autorité concédante, sous format électronique, dans un standard ouvert librement réutilisable et exploitable par un système de traitement automatisé, les données et les bases de données collectées ou produites à l'occasion de l'exploitation du service public faisant l'objet du contrat et qui sont indispensables à son exécution. L'autorité concédante ou un tiers désigné par celle-ci peut extraire et exploiter librement tout ou partie de ces données et bases de données, notamment en vue de leur mise à disposition à titre gratuit à des fins de réutilisation à titre gratuit ou onéreux ».

Cet article, applicable aux nouvelles concessions, concerne par exemple les données des opérateurs de transports publics.

Publications des jugements

La justice est rendue publiquement, mais en pratique très peu de jugements étaient jusqu'ici accessibles gratuitement en ligne. La collecte et la mise en ligne des décisions constituaient d'ailleurs une branche d'activité des éditeurs juridiques.

L'article 20 de la loi du 7 octobre 2016 insère dans le code de justice administrative que les jugements administratifs « sont mis à la disposition du public à titre gratuit dans le respect de la vie privée des personnes concernées. Cette mise à disposition du public est précédée d'une analyse du risque de ré-identification des personnes. Les articles L.321-1 à L.326-1 du code des relations entre le public et l'administration sont également applicables à la réutilisation des informations publiques figurant dans ces jugements ».

De même, l'article 21 de la loi du 7 octobre 2016 insère dans le Code de l'organisation judiciaire que « sans préjudice des dispositions particulières qui régissent l'accès aux décisions de justice et leur publicité, les décisions rendues par les juridictions judiciaires sont mises à la disposition du public à titre gratuit dans le respect de la vie privée des personnes concernées. Cette mise à disposition du public est précédée d'une analyse du risque de ré-identification des personnes. Les articles L. 321-1 à L. 326-1 du code des relations entre le public et l'administration sont également applicables à la réutilisation des informations publiques figurant dans ces décisions ».

Vitesses maximales sur le réseau routier

En vue de « fiabiliser les informations relatives à la circulation routière et de développer des services innovants », l'article 22 de la loi du 7 octobre 2016 prévoit la création d'une base de données nationale des vitesses maximales autorisées sur le réseau routier, alimentée par les gestionnaires du domaine public routier.

Fournisseurs d'énergie

« En vue de permettre la réutilisation des données détaillées de consommation et de production issues de leur système de comptage d'énergie, dans l'objectif de favoriser notamment le développement d'offres d'énergie, d'usages et de services énergétiques », les opérateurs de transport et de distribution d'électricité et de gaz naturel sont chargés par l'article 23 de la loi du 7 octobre 2016 :

« 1° De procéder au traitement de ces données dans le respect des secrets protégés par la loi ;

2° De mettre ces données à disposition du public par voie électronique, dans un format ouvert, aisément réutilisable et exploitable par un système de traitement automatisé sous une forme agrégée garantissant leur caractère anonyme ».

Valeurs foncières

L'article 24 de la loi du 7 octobre 2016 dispose que l'administration fiscale doit transmettre les informations qu'elle détient sur les valeurs foncières déclarées à l'occasion de mutations à un certain nombre d'acteurs publics ou privés, dont les professionnels de l'immobilier et les « personnes dont l'activité économique consiste à développer des services contribuant à l'information des vendeurs et des acquéreurs et à la transparence du marché immobilier [...]. La transmission, est effectuée à titre gratuit, sous forme dématérialisée dans le cadre d'une procédure en ligne. Elle est subordonnée à une déclaration de motifs préalable, aux fins de laquelle le demandeur doit justifier de sa qualité et accepter les conditions générales d'accès au service ».

Données de référence

Base légale

La loi n° 2016-1321 du 7 octobre 2016 pour une République numérique a créé l'article L321-4 du CRPA qui dispose :

« I.- La mise à disposition des données de référence en vue de faciliter leur réutilisation constitue une mission de service public relevant de l'Etat. Toutes les administrations mentionnées au premier alinéa de l'article L.300-2 concourent à cette mission.

II.- Sont des données de référence les informations publiques mentionnées à l'article L.321-1 qui satisfont aux conditions suivantes :

1° Elles constituent une référence commune pour nommer ou identifier des produits, des services, des territoires ou des personnes ;

2° Elles sont réutilisées fréquemment par des personnes publiques ou privées autres que l'administration qui les détient ;

3° Leur réutilisation nécessite qu'elles soient mises à disposition avec un niveau élevé de qualité. »

Service public des données de référence

La liste des données de référence et leurs critères de qualité font l'objet des articles R321-5 et suivants du CRPA. On y trouve notamment le répertoire des entreprises de l'INSEE (SIREN, SIRET), le répertoire national des associations, le plan cadastral informatisé, la base de données de l'organisation administrative de l'État, etc.

À retenir

- Les documents administratifs sont notamment tous les dossiers, rapports, études, données et codes sources… produits par l'État, les collectivités territoriales et les personnes chargées d'une mission de service public.
- Les administrations doivent publier en ligne ces documents ou les communiquer aux personnes qui en font la demande.
- Ne sont pas communicables les documents protégés par le droit d'auteur de tiers, ceux concernant le secret de la politique gouvernementale, la défense nationale, la sécurité publique, etc., ou dont la diffusion porterait atteinte à la sécurité des systèmes d'information.
- La communication des documents contenant des données personnelles est possible s'ils ne portent pas atteinte au secret de la vie privée de la personne concernée, au secret médical ou au secret commercial et industriel, s'ils ne portent pas une appréciation ou un jugement sur une personne identifiable, ou s'ils ne font pas apparaître un comportement susceptible de lui porter préjudice.
- Un document comportant des données non communicables peut éventuellement être expurgé de ces éléments avant communication.
- La réutilisation des documents communicables est libre, sous réserve de citer la source et la date de mise à jour.
- Les bases de données de l'administration ne bénéficient pas de la protection *sui generis* du producteur de bases de données.
- La réutilisation de données personnelles est encadrée par la CNIL.
- La réutilisation des données publiques peut donner lieu à l'établissement d'une licence, qui est obligatoire en cas de paiement d'une redevance.
- L'État a notamment publié une « licence ouverte » compatible avec la licence CC BY.
- La réutilisation des données publiques est gratuite, sauf pour celles issues de certaines administrations et établissements publics.
- Certains bénéficiaires de concessions de service public ont l'obligation de publier certaines données d'intérêt général.
- Les administrations mettent notamment en ligne des données dites « de référence », qui constituent une référence commune pour nommer ou identifier des produits, des services, des territoires ou des personnes

Bibliographie

Du même auteur

MATTATIA Fabrice

Outils numériques pour l'huissier de justice, LexisNexis, 2e édition, 2018.

RGPD et droit des données personnelles, Eyrolles, 3e édition, 2018.

Internet et les réseaux sociaux : que dit la loi ?, Eyrolles, 3e édition, 2019.

Expliquer Internet et la loi en milieu scolaire, Canopé-Eyrolles, 2015.

Ouvrages

BELLANGER Pierre, *La souveraineté numérique*, Stock, 2014.

BERGADAÀ Michelle, *Le plagiat académique*, L'Harmattan, 2015.

BRUGUIÈRE Jean-Michel, *Droit des propriétés intellectuelles*, Ellipses, 2e édition, 2011.

CORNU Gérard, *Vocabulaire juridique*, PUF, 8e édition, 2007.

DOURNES Manuela, *L'image et le droit*, Eyrolles, 2010.

DOURNES Manuela, *Les photographes et le droit – Droit d'auteur et droit à l'image*, Eyrolles, 2015.

FÉRAL-SCHUHL Christiane, *Cyberdroit – Le droit à l'épreuve de l'Internet*, Dalloz, 7e édition, 2017.

ITÉANU Olivier, *Quand le digital défie l'État de droit*, Eyrolles, 2016.

MOURON Philippe, *Le droit d'exposition des œuvres graphiques et plastiques*, Presses universitaires d'Aix-Marseille, 2013.

PIERRAT Emmanuel et NEAUD Fabrice, *Le droit d'auteur*, Le Lombard, 2016.

STALLMAN Richard, WILLIAMS Sam, MASUTTI Christophe, *Richard Stallman et la révolution du logiciel libre*, Eyrolles, 2e édition, 2013.

Rapports officiels

COLIN Nicolas, COLLIN Pierre, *Mission d'expertise sur la fiscalité de l'économie numérique*, 2013.

Conseil d'État, *Étude annuelle 2014, le numérique et les droits fondamentaux*, 2014.

Conseil national du numérique, *Concertation sur la fiscalité du numérique*, 2013.

Hadopi, *Rapport d'activité 2015-2016 de la Haute autorité pour la diffusion des œuvres et la protection des droits sur Internet*, 2017.

LESCURE Pierre, *Contribution aux politiques culturelles à l'ère numérique*, 2013.

WIPO – de Thuiskopie, *International survey on private copying*, 2015.

Travaux historiques

FERRIÈRE Claude-Joseph de, *Nouvelle traduction des Institutes de l'empereur Justinien*, Paris, Saugrain, 1750, 6 tomes.

GASTAMBIDE Adrien, *Traité théorique et pratique des contrefaçons en tous genres*, 1837.

GODEFROY Denys, *Corpus juris civilis*, Genève, Laemarium, 1591.

LUBLINER Sabine, *Les fabricants parisiens de bronzes d'ameublement, 1848-1900*, thèse de doctorat, Paris IV, 2003.

LUBLINER Sabine, « L'apport de l'industrie du bronze à la protection juridique des industries du luxe au XIXe siècle », dans Coquery (N.), Bonnet (A.) dir., *Le commerce du luxe. Production, exposition et circulation des objets précieux du Moyen Âge à nos jours*, Paris, Mare et Martin, 2015, pp. 177-183.

POUILLET Eugène, *Traité théorique et pratique des Dessins et Modèles*, 5e édition refondue par André Taillefer et Charles Claro, Paris, Marchal et Godde, 1911.

SOLEAU Eugène, *Réunion des Fabricants de Bronzes et des Industries qui s'y rattachent. Étude sur la propriété des modèles d'art appliqués à l'industrie, par E. Soleau, vice-président de la Réunion des Fabricants de Bronzes. Congrès des Arts Décoratifs (Paris 1894). Autres congrès, vœux et tendances diverses ayant pour but d'améliorer notre législation*, Paris, Imprimerie générale Lahure, 1897.

Principaux textes juridiques cités

Directive 2001/29 CE du 22 mai 2001 sur l'harmonisation de certains aspects du droit d'auteur et des droit voisins dans la société de l'information.

Règlement (UE) 2016/679 du Parlement européen et du Conseil du 27 avril 2016 relatif à la protection des personnes physiques à l'égard du traitement des données à caractère personnel et à la libre circulation de ces données, et abrogeant la directive 95/46/CE (règlement général sur la protection des données).

Loi n° 78-17 du 6 janvier 1978 relative à l'informatique, aux fichiers et aux libertés.

Loi n° 78-753 du 17 juillet 1978 portant diverses mesures d'amélioration des relations entre l'administration et le public et diverses dispositions d'ordre administratif, social et fiscal.

Loi n° 2004-575 du 21 juin 2004 pour la confiance dans l'économie numérique (article 6).

Loi n° 2009-669 du 12 juin 2009 favorisant la diffusion et la protection de la création sur Internet.

Loi n° 2009-1311 du 28 octobre 2009 relative à la protection pénale de la propriété littéraire et artistique sur Internet.

Loi n° 2016-1321 du 7 octobre 2016 pour une République numérique (articles 17 à 24).

Code de la propriété intellectuelle.

Code civil (notamment articles 1240 – anciennement 1382 – et 544).

Code des relations entre le public et l'administration (Livre III : L'accès aux documents administratifs et la réutilisation des informations publiques).

Code de la consommation (article L623-1 et suivants).

Code des postes et des communications électroniques (notamment articles L45-2 et R20-44-46).

Code général de la propriété des personnes publiques (articles L2111-1, L2112-1, L2121-1, L2122-1, L2125-1).

Code de la recherche (article L533-4).

Sites de jurisprudence et de doctrine

www.legifrance.gouv.fr

curia.europa.eu

www.courdecassation.fr

www.legalis.net

www.droit-technologie.org

Sites d'opinion

scinfolex.com

www.nextinpact.com

www.numerama.com

www.01net.com

Index

A

accessoire 161
action de groupe 16
Afnic 80, 93
APP 79, 93
auteur 10

B

base de données 34

C

Celog 93
CGU 15, 83, 85, 155
Code de la propriété intellectuelle 7
commerce en ligne 88
compétence 81, 85, 88, 89
concurrence déloyale 26, 46, 52
constat 90
contrat d'adhésion 16
contrefaçon 22, 32, 45, 59, 88
copie privée 134
coupure d'accès à Internet 103, 111
Creative Commons 175
cybersquatting 49, 58

D

déplombage 117
dépôt 77
directeur de la publication 128
domaine public 169
données 40
  de référence 192
  d'intérêt général 191
  publiques 181
données personnelles 69
DRM 119, 135, 140
droit à l'image 64
droit au nom 61
droit d'auteur
  cession 13
  des employés 18
  des fonctionnaires 19
  droit de représentation 11
  droit de reproduction 11
  exception de parodie 25
  moral 11, 30
  patrimonial 11, 30
  rémunération 13
droit sur l'image d'une chose 174
droits voisins 17

E

éditeur 122, 127
exception
  d'actualité 148
  d'adaptation pour les personnes handicapées 147
  de caricature 146
  de courte citation 141
  de panorama 149
  de parodie 146
  pédagogique 142
  recherche 149

F

FAI 129
faute 24, 50
Filecys 79
fisc 50
framing 156

H

Hadopi 108
hébergeur 122
huissier 90

I

impression 3D 140
INPI 78
interopérabilité 118

L

liberté d'expression 167
libre
  licence 175
  logiciel 178
liens hypertextes 153
livres indisponibles 164
logiciel 29
loi du 29 juillet 1881 128

M

marque 53
mesures techniques efficaces 119
moteur de recherche 126
musée 171

N

négligence caractérisée 109
nom de domaine 48, 53
nom de marque 50
nom patronymique 62

O

œuvre
  œuvre anonyme ou pseudonyme 11
  œuvre collective 21
  œuvre composite 20
  œuvre de collaboration 20
OMPI 95
Open Access 22, 159
open data 175
organisme de gestion collective 80
originalité 17, 24, 29, 43, 45, 47, 51, 52, 87

P

parasitisme 24, 32, 46, 51
PARL 94
peer-to-peer 112
photocopie 160
plagiat 96
plombage 117
présomption de titularité 11
prêt 161
procédure 81

R

réalité virtuelle 33
redevance 177
  copie privée 136
  référencement d'images 126
référé 81
ReLIRE 164
responsabilité
  en cascade 128
  limitée 123
revente de logiciel d'occasion 33

S

SACD 78
SACEM 79
sample 167
secret des affaires 42
SGDL 78
site web 43

Soleau 79
spécialité 55
streaming 104, 112
sui generis 34, 184
SYRELI 94

T

TDM 149
téléchargement illégal 101
Text and data mining 149
triple test 133
typosquatting 52

V

vol de données 40

Merci d'avoir choisi ce livre Eyrolles. Nous espérons que sa lecture vous a été utile et vous aidera pour mener à bien vos projets.

Nous serions ravis de rester en contact avec vous et de pouvoir vous proposer d'autres idées de livres à découvrir, des nouveautés, des conseils ou des événements avec nos auteurs.

Intéressé(e) ? Inscrivez-vous à notre lettre d'information.

Pour cela, rendez-vous à l'adresse go.eyrolles.com/newsletter ou flashez ce QR code (votre adresse électronique sera à l'usage unique des éditions Eyrolles pour vous envoyer les informations demandées) :

Vous êtes présent(e) sur les réseaux sociaux ? Rejoignez-nous pour suivre d'encore plus près nos actualités :

Eyrolles Web Dev et Web Design

Merci pour votre confiance.
L'équipe Eyrolles

P.S. : chaque mois, 5 lecteurs sont tirés au sort parmi les nouveaux inscrits à notre lettre d'information et gagnent chacun 3 livres à choisir dans le catalogue des éditions Eyrolles. Pour participer au tirage du mois en cours, il vous suffit de vous inscrire dès maintenant sur go.eyrolles.com/newsletter (règlement du jeu disponible sur le site).

www.ingramcontent.com/pod-product-compliance
Lightning Source LLC
LaVergne TN
LVHW080934071026
849535LV00013B/4204
* 9 7 8 2 2 1 2 6 7 7 3 9 3 *